경연과 성군 담론

권연웅

지식산업사

권연웅 權延雄

1941년 중국 옌지延吉 출생. 1965년 서강대에서 역사 공부를 뒤늦게 시작했다. 1970년부터 미국 하와이대학 사학과에서 석사와 박사과정을 이수하며 시야를 넓혔고, '경연'을 주제로 박사논문을 썼다. 1979년부터 경북대학 사학과에서 강의하다가 2006년에 정년퇴직했다. 그 뒤 평소에 공부하던 과제들을 정리해 왔으며, 앞서 《경연과 임금 길들이기》(2015)를 펴냈다.

경연과 성군 담론

초판 1쇄 인쇄   2021. 6. 24.
초판 1쇄 발행   2021. 7. 8.

지은이   권연웅
펴낸이   김경희
펴낸곳   (주)지식산업사
본사 ● 10881, 경기도 파주시 광인사길 53(문발동)
전화 031 - 955 - 4226~7 팩스 031 - 955 - 4228
서울사무소 ● 03044, 서울시 종로구 자하문로6길 18 - 7
전화 02 - 734 - 1978, 1958 팩스 02 - 720 - 7900
영문문패   www.jisik.co.kr
전자우편   jsp@jisik.co.kr
등록번호   1 - 363
등록날짜   1969. 5. 8.

ⓒ 권연웅, 2021
  ISBN 978 - 89 - 423 - 9093 - 9(93910)

이 책에 대한 문의는
지식산업사로 연락해 주시길 바랍니다.

경연과 성군 담론

권 연 웅 지음

지식산업사

책머리에

　　앞서 《경연과 임금 길들이기》(2015)에서 경연經筵의 외형을 다루었고, 여기서는 강의 내용을 살핀다. 원래 단행본 한 권을 내려다가, 두 권으로 나누었다. 교재·경연관·강의 방식·경연 출석 등은 경연제도의 외형이고, 강의는 거기에 담긴 내용이다. 경연제도는 하드웨어, 강의 내용은 소프트웨어라고 할 수 있다. 이제 경연 연구의 후반을 책으로 낸다.

　　조선의 경연관들은 임금을 '성군聖君'으로 만들려고 애썼다. 그들의 강의 내용은 모두 성군으로 수렴收斂되며, 그런 뜻에서 성군 담론이다. 이 담론의 핵심 요소들은 무엇인가? 각 주제는 어떤 명제와 개념들로 구성되나? 그것은 조선시대의 현실 정치와 어떻게 연결되었나? 필자는 이렇게 질문하며, 성군 담론을 재구성했다. 앞 책 제목이 말하듯이, 관점은 '임금 길들이기'다.

　　이 책은 다섯 주제로 구성된다. 위임론委任論·간쟁론諫諍論·재이론災異論·절검론節儉論·수기론修己論이다. 앞의 네 주제는 오래 전에 조금씩 다룬 내용을 확장했고, 다섯째 주제는 원래 '이단異端'이었는데, 뒤에 '수기'로 바꿔서 새로 썼다. 16세기 이후에는 불교 비판이 드물고, 성리학 논의가 쏟아졌기 때문이다. 애초에 연구 범위를 15세기로 한정했다가, 여기서는 19세기까지 확 넓혔다.

경연의 내면은 외형보다 서술하기 어렵다. 경연관직·교과과정·출석 빈도 등은 겉으로 드러난다. 애쓰는 만큼 경연의 모습을 더 자세히 그릴 수 있고, 주관의 개입이 적다. 그러나 경연 담론은 머릿속에 든 생각이라, 잡아내기 힘들다. 몇 마디 발언들을 근거로 전체 모습을 복원해야 하고, 연구자의 생각도 뒤섞인다.

어렵더라도 경연 담론은 꼭 연구해야 한다. 경연은 조선의 일급 유학자들이 국왕과 함께 출연하던 무대였다. 경연 강의는 2천 년 유가儒家사상의 결실을 잘 집약했고, 거기서 논의된 유가 정치사상이 현실 정치에 자못 반영되었다. 더구나 경연의 겉과 속은 뗄 수 없다. 아직 연구 결과가 미흡하지만, 여기서 마무리하겠다.

이 책을 내면서 네 분에게 큰 신세를 졌다. 세명대학교 구완회 교수와 영남고등학교 이재두 박사는 원고를 꼼꼼히 읽고, 오류를 많이 고쳐 주었다. 지식산업사 김경희 사장님과 편집인 김연주 님은 글의 품격을 한결 높여 주셨다. 과분한 도움에 고맙기 그지없다.

2021년 6월
권 연 웅

차 례

일러두기

1. 주제어는 '임금'이다. 《조선왕조실록》 원문에는 인군人君(5,300회), 인주人主 (3,934회), 제왕帝王(2,879회), 군주君主(122회), 주군主君(9회) 등이 나온다. 인군과 인주는 현재 쓰지 않고, 군주는 조선시대에 거의 안 썼다. 제왕은 황제와 국왕을 합친 말이라, 사용하기 불편하다. 임금 이외에 국왕이나 군주 등도 가끔 쓰겠다.

2. 삼경의 명칭을 《시경詩經》·《상서尚書》·《주역周易》으로 통일했다. 실록의 경연 기사에는 《시전詩傳》·《서전書傳》·《역易》 등으로 나온다. 《서경》은 《시경》과 혼동하기 쉬워서 피했다. 자주 나오는 역사책 《자치통감資治通鑑》과 《자치통감강목資治通鑑綱目》은 각각 《통감》과 《강목》으로 약칭한다.

3. 각주에서 《조선왕조실록》을 인용할 때, 왕대와 연월일을 적은 다음 몇 번째 기사라고 동그라미 문자로 밝혔다. 보기: 세종 2.3.16①. 즉위년은 '0'으로 표기하고, 윤달은 아라비아 숫자 앞에 '윤'을 넣었다. 보기: 0.윤6.12.

4. 이 책에서 인용한 한문 자료는 모두 저자가 번역했다. 종종 원문의 까다로운 표현을 간명하게 줄였다. 보기: '원수총좌元首叢脞' → '임금이 꼼꼼하면'. 경연에서 왕과 신하들의 대화를 한문에서 우리말로 다시 번역할 때 임금의 말은 반말로, 신하들의 말은 존댓말로, 똑같이 단순화했다.

5. 〈참고문헌〉에는 이 책의 본문과 각주에서 인용한 자료와 논저들만 적는다. 중국 고전은 제목만 적고, 번거로운 서지書誌 정보는 생략한다.

6. 오래전에 발표한 논문 네 편은 다음과 같다. 〈조선전기 경연의 재이론〉《역사교육논집》 13·14합집(1990) ; 〈조선전기 경연의 간쟁론〉《경북사학》 14집(1991) ; 〈조선전기 경연의 위임론〉《경북사학》 21집(1998) ; 〈조선전기 경연의 절검론〉《경북사학》 24집(2001). 내용은 모두 초고草稿 단계다.

1. 연구주제

　수기修己와 치인治人은 유가儒家가 사는 방식이자, 사는 이유였다. 그들의 꿈은 성군聖君을 모시고 이상 정치를 베푸는 것이었다. 공자孔子를 비롯하여 어느 유가도 성군을 만나지 못했지만, 그들은 지치至治의 꿈을 포기할 수 없었다. 어떻게 하면 임금을 성군으로 만들고, 이상 정치를 베풀 수 있을까? 2천 년 이상 유가는 이런 문제와 씨름했고, 그 노력의 자취가 많이 남아 있다.

　조선의 유학자들도 공자와 맹자孟子의 꿈을 품고, 중국의 성군 담론을 계승했다. 특히 경연관들은 임금을 가르쳐서 성군을 만드는 책임을 졌다. 그들은 국왕에게 성군의 길을 가르치며, 풍성한 말잔치를 벌였다. 이 말잔치를 '성군 담론'이라고 부르겠다. 바로 이 책의 연구 주제다. 여기서 담론은 '진술의 집합'이란 뜻이다.

　원래 경연 강의는 교재 강독이다. 책을 한 구절씩 읽으면서, 중요한 내용을 설명하고 문답하는 방식이다. 그래서 경연관들은 특정 주제를 집중적으로 논의하지 않았다. 저자는 그들의 단편적인 발언들을 모아서 주제별로 다시 정리했다. 곧 이 연구의 과제는 성군 담론을 주제별로 재구성하는 것이다.

2. 중요성

왜 성군 담론을 연구하나? 이유는 세 가지다. 첫째, 이 주제는 바로 유가 정치사상의 핵심이다. 이것은 어느 개인의 생각이 아니라, 조선의 지배집단이 5백 년 동안 공유했던 사상이다. 소이小異가 아니라 대동大同이고, 변화가 아니라 지속이다. 경연에서 임금과 신하들이 이런 논의를 펼쳤고, 그 내용이 현실 정치에 자못 영향을 미쳤다. 이를테면 조선시대를 살짝 들여다보는 창문이다.

둘째, 자료가 풍부하다. 경연에서 강독하고 토론한 기록이 많이 남아 있다. 《조선왕조실록》과 《승정원일기》는 기본이고, 경연관들의 강의록도 《한국문집총간》에 많이 실려 있다. 더구나 자료 이용이 편리해졌다. 방대한 한문 기록이 모두 활자화되고, 대부분 우리말로 번역되고, 데이터베이스가 구축되었다. 2015년 말부터 《승정원일기》의 DB를 이용할 수 있게 된 것은 저자에게 큰 축복이었다.

셋째, 성군 담론에 대한 연구가 거의 없다. 지금까지 몇몇 연구가 나왔으나, 대개 특정한 경연 교재를 부분적으로 고찰하거나, 어느 임금 때의 강의 경향을 살피는 데 그쳤다. 이를테면 숲 전체가 아니라 그 일부만 그랬고, 그나마 몇 편 되지 않는다. 이제 나무들이 아니라 숲을 그리는 작업도 필요하다. 거시적 고찰은 매우 어렵지만, 누군가 시작해야 한다.

3. 자료집들

어떤 자료들을 쓰나? 첫째는 《조선왕조실록》이다. 사관들은 경연의 현장에서 왕과 신하들의 말을 기록했다. 왕이 죽은 뒤 실록을 만들 때, 편찬자들은 사관들이 작성한 〈경연일기〉와 사초史草에서 중요한 내용을 골라 실었다. 실록의 경연 기사들은 두세 차례 편집과정을 거친 결과다. 발언들을 간추리고 다듬는 과정에서, 유학자 관료의 집단 지성이 작동했다. 그래서 저자는 실록 기사를 우대한다.[1]

둘째는 《승정원일기》다. 매일 승정원 주서注書가 국왕과 신하들의 언행을 현장에서 기록했는데, 경연에 관한 정보가 매우 상세하다. 맨 앞에 3강의 실시 여부를 적었다. 경연(2대 포함)을 열었으면, 시간(시작)·장소·경연의 종류·강독 교재·참석자 명단을 먼저 적었다. 다음에 공부한 범위, 경연관들의 설명, 왕과 참석자들의 문답, 국정 토론 등을 차례로 적었다. 아쉽게도 원본의 절반 이상이 없어졌다.[2]

먼저 1592년(임진전쟁)과 1624년(이괄의 반란)의 화재로 2백여 년 기록이 송두리째 사라졌다. 또 1744년(영조 20)의 화재로 인조~경종

---

[1] 실록의 편찬이 끝나면, 〈경연일기〉는 〈시정기時政記〉와 사초史草 등 다른 자료들과 함께 세초洗草했다. 현재 〈경연일기〉라는 문건이 더러 남아 있는데, 사관이 현장에서 작성한 공식 기록이 아니라, 경연관들이 집에서 만든 개인 기록이다.

[2] 경연은 크게 두 가지로 나뉜다. 정식 경연은 조강朝講·주강晝講·석강夕講, 곧 '3강'이다. 다음 날 실시 여부를 결정해서 대신 등 여러 참석자들에게 미리 알렸다. 또 《승정원일기》 첫머리에 그날 3강을 했는지 안 했는지 반드시 기록했다. 약식 경연은 소대召對(낮)와 야대夜對(밤), 곧 '2대'인데, 그날 당직하는 승지(1명)·홍문관(2명)·사관(3명)을 아무 때나 불러서 함께 공부했다. '승정원일기 번역팀'이 함께 집필한 《후설喉舌 : 승정원일기 역사의 현장을 기록하다》(한국고전번역원, 2014)는 이 사료에 관한 온갖 정보를 푸짐하게 제공한다.

의 기록이 불탔다. 인조 이후 백여 년 치를 다시 만들었으나, 분량이
적고, 내용도 부실하다. 영조 재위 52년의 경연 기록은 상세하고 분
량도 많아서, 마치 크나큰 보물창고 같다. 정조 때는 경연 강의가 드
물었다. 1888년(고종 25)에도 30여 년 치가 불타서, 새로 만들었다.

　셋째는 개인 문집이다. 국왕을 가르치는 것은 유학자의 보람이고,
가문의 영광이며, 제자들의 자랑이었다. 경연관들은 강의록을 열심히
준비했다. 중종 이후 문집 간행이 유행했는데, 자신의 경연일기나 강
의록이 있으면 꼭 실었다. 선조 이후에는 아예 문집에 남기려고 강의
록을 만들었는지, 분량이 꽤 많다. 대개 자신의 말을 많이 싣고, 다
른 참석자들의 말은 가끔 덧붙였다. 이 연구에서는 더러 참고했다.

4. 작업 과정

　작업은 세 단계로 진행되었다. 첫째, 경연관들이 가장 강조한 주제
들을 골랐다. 강의 기록을 훑어보면, 발언이 대개 몇 가지 주제에 집
중되어 있다. 모두 경연 교재에 실려 있고, 대간과 홍문관의 상소에
도 자주 나온다. 저자는 큰 주제들을 다섯 개로 압축했다. (1) 위임委
任 (2) 간쟁諫諍 (3) 재이災異 (4) 절검節儉 (5) 수기修己다. 이단(불교)
논의는 15세기에 큰 비중을 차지했지만, 그 뒤 거의 사라졌다.

　둘째, 다섯 주제와 관련된 경연 발언을 사료에서 찾아내고, 주제별
로 구성요소들을 연결했다. 담론을 재구성하는 방법은 가상假想 문답
이다. 주제가 간쟁이면, 이렇게 묻는다. 간쟁이란 무엇인가? 왜 간쟁
이 중요한가? 어떤 방식으로 간쟁하나? 임금은 간쟁에 어떻게 대응

하나? 반대 개념과 반대 신문訊問도 중요하다. 이런 문답을 계속하면, 핵심 개념과 명제들로 구성된 담론의 골격이 모습을 드러낸다. 마치 공룡 화석의 머리·몸통·네 다리·꼬리 등 각 부분이 제자리에 놓여, 공룡의 전체 모습이 드러나는 것 같다.

셋째, 이렇게 조립한 발언들을 역사적 맥락과 연결했다. 진술(텍스트)의 의미는 역사적 상황(콘텍스트) 속에서 분명해진다. 이를 위해서 저자는 춘추전국시대부터 조선왕조에 이르는 2천 년 이상의 시간과 중국─조선의 공간을 넘나들며, 수많은 학자들의 증언을 청취했다. 힘겹지만 꼭 필요한 일이다. 속담에 "구슬이 서 말이라도 꿰어야 보배"라고 했다. 발언이 구슬이라면, 맥락은 꿰는 줄이다.

5. 관점 : 진단과 처방

저자는 경연 담론을 두 가지 관점에서 고찰한다. 첫째, 모든 사상은 어떤 문제에 대한 해답이다. 특히 정치사상이 그렇다. 가령 유가와 법가는 춘추전국시대의 극심한 혼란을 진단하고 처방을 마련했다. 그들은 두 가지 문제와 씨름했다. 왜 이런 혼란이 생겼나? 이를 어떻게 해결하나? 이런 관점에서 보면, 두 학파의 진단과 처방을 쉽게 이해할 수 있다. '도전과 대응'도 이와 비슷한 관점이다.

둘째, 성군 담론은 임금 길들이기 프로그램이다. 유가는 세상의 무질서를 해결하는 방법으로 '예치禮治'를 처방했다. 이것은 천자부터 백성들까지 모든 사람을 길들이는 프로그램이다. 한편 '성군 담론'은 오직 임금을 위한 맞춤형 프로그램이다. 이런 각도에서 보면, 경연 강의에 나오는 많은 생각의 조각들이 하나씩 제자리를 찾고, 여러 갈래들이 하나의 체계를 형성한다.

관점이 다르면, 대상의 모습이 달라진다. 일찍이 시인 소동파蘇東坡는 여산廬山을 바라보며, 내가 선 자리, 보는 자리마다 산의 모습이 다르다고 읊었다. 함석헌은 《뜻으로 본 한국역사》에서 '성서적聖書的 입장'이라는 자신의 역사관을 밝히면서, 이 시를 인용했다.[3] 저자는 위의 관점에서 성군 담론의 모습을 살피겠다. 다른 관점에서 보면, 이 담론의 모습도 물론 달라진다.

이 책은 다섯 장으로 구성되어, 성군 담론의 다섯 주제와 핵심 명제들을 다룬다. (1) 위임론 : 국정을 신하들에게 맡겨라. (2) 간쟁론 : 신하들의 비판을 모두 받아들여라. (3) 재이론 : 천재지변이 생기면, 반성하고 잘못을 고쳐라. (4) 절검론 : 세금을 덜 거두고 검소해라. (5) 수기론 : 네 마음과 언행을 바로잡아, 신하들의 모범이 되어라. 맺음말은 담론의 구성요소를 살피고, 성군의 신화적 성격을 언급한다.

---

3 소동파의 명시는 다음과 같다. "횡간성령측성봉橫看成嶺側成峰, 원근고저각부동遠近高低各不同, 불식여산진면목不識廬山眞面目, 지연신재차산중只緣身在此山中." 함석헌은 '원근고저'를 '처처간산處處看山'으로 바꿔, '선 자리, 보는 자리'의 중요성을 강조한 것 같다.

제1장

위임론

성군 담론의 첫째 주제는 위임이다. 임금이 국정을 신하들에게 맡기라는 말이다. 왕권王權을 약화하고, 신권臣權을 강화하는 강령이며, 임금을 길들이는 가장 강력한 처방이다. 이대로 하면 임금은 이빨 빠진 호랑이가 된다. 유가는 이 명제를 매우 강조했지만, 역대 제왕들은 대개 건성으로 들었다. 조선의 경연관들은 임금을 어떻게 설득했을까? 이 담론의 배경과 구성요소를 차례로 살펴보자.

위임 담론은 춘추전국시대(기원전 770~221)에 처음 나타났다. 춘추시대에는 170개가 넘는 제후국들이 서로 싸우다가 약 20개로 통합되고, 전국시대에는 일곱 강대국들이 막판 승부를 겨룬 끝에 진秦나라가 중국을 통일했다. 극심한 생존경쟁 속에서 몇몇 제후들은 뛰어난 인재에게 국정을 도맡겨서, 부국강병富國强兵을 이루었다. 제齊나라 환공桓公과 관중管仲, 진나라 효공孝公과 상앙商鞅이 대표적 사례였다. 실패한 경우도 많다.

진시황의 중국 통일은 정치 지형을 확 바꿨다. 진나라는 대제국이 되었고, 황제는 절대 권력을 휘둘렀다. 법가法家의 통치 시스템이 권력과 자원을 모두 그에게 집중시킨 결과였다. 바로 그것이 문제였다. 황제가 크게 잘못해도 바로잡을 장치가 없었고, 그가 무능하면 시스템이 통째 무너진다. 대진제국大秦帝國은 이 문제를 해결하지 못해서 망했다. 그렇다고 낡은 봉건제(지방분권)로 돌아갈 수도 없었다. 이를 어찌 해결하나?

유가儒家의 처방은 위임이었다. 현명한 대신에게 국정을 맡기면 모두 해결된다. 이유는 분업分業, 곧 역할 분담이다. 임금이 국정을 혼자 감당할 수가 없어서 유능한 신하에게 맡긴다. 그러면 천하의 인재들을 모두 활용할 수 있고, 필요하면 책임자를 바꾸기도 쉽다. 오늘날 대기업의 소유자가 전문 경영인을 고용하는 것과 같은 원리다.[1]

다만 위임은 관행이나 법규가 아니라, 성현들의 가르침이다. 입법자인 황제를 법으로 규제할 수도 없다. 그러나 그에게 도덕규범을 가르치고, 이를 따르게 할 수는 있다. 유가는 위임이라는 원리를 경서 곳곳에 집어넣고, 좋고 나쁜 사례들을 역사책에 많이 실었다. 그리고 황제와 황태자에게 위임론을 가르쳤다. 황제야 경연을 기피할 수도 있지만, 황태자는 서연書筵에서 이런 강의를 들어야 했다.

위임하려면, 사람을 잘 골라야 한다. 그래서 위임은 용인用人, 곧 인재 등용과 바로 연결된다. 누가 적임이고, 누가 비적임인가? 공자이후, 유가 용인론의 핵심은 군자와 소인의 구별이다. 군자가 적임자고, 소인이 비적임자다. 그러면 누가 군자고, 누가 소인인가? 둘을 어떻게 구별하나? 군자·소인 담론은 경연 강의에서 매우 큰 비중을 차지한다.

제1장은 조선의 경연관들이 가르친 위임 이론을 몇 가지 문답으로 재구성한다. 첫째, 왜 국정을 신하에게 맡겨야 하나? 둘째, 임금과 재상은 국정을 어떻게 분담하나? 셋째, 왜 군자에게만 위임하고, 소인은 배제하나? 넷째, 위임 담론은 조선의 현실 정치에 얼마만큼 반영되었나? 다섯 주제들 가운데, 위임은 논의구조가 가장 간명하다.

---

1 위중喩中은 국정의 위임을 현대 기업에서 소유권과 경영권의 분리에 비겼다. 《상서 깊이 읽기》(이은호 옮김, 글항아리, 2013), 〈입정立政〉(39)편의 부제목이 '천하의 소유권과 경영권'이다.

1. 위임이냐, 친정이냐

왜 국정을 신하들에게 위임해야 하나? 이유는 많았다. 첫째, 국정
은 업무가 과중해서, 임금 혼자서는 감당할 수 없다. 둘째, 천하의
인재들을 뽑아 국정을 위임해야, 그들의 능력을 잘 활용할 수 있다.
셋째, 임금과 신하는 명분이 다르다. 임금은 위에서 느긋하고, 신하들
은 아래서 분주해야 마땅하다. 사실 세습 군주들은 대개 능력이 모자
랐으니, 이렇게 가르쳐야 한다.

위임 담론은 춘추전국시대의 산물이다. 당시 유가와 묵가墨家는 물
론, 도가道家와 법가까지, 모두 임금이 신하에게 국정을 위임하라고
주장했다. 세상만사에 대한 생각이 아주 달라도, 위임에 대한 의견은
거의 같았다. 이 지식인들은 모두 세상을 바꾸려고 애썼다. 제후의
힘을 빌려 국정을 주도하고, 무능한 귀족이 권력과 자원을 세습하는
구체제를 끝내려고 했다. 그래서 너도나도 위임론을 펼쳤고, 상당한
성과를 거두었다.[2]

춘추전국시대는 격동의 시기였다. 원래 170개가 넘던 크고 작은
제후국들이 치열한 생존경쟁 끝에 대제국으로 통일되었다. 지방분권
적 봉건제가 중앙집권적 군현제로 바뀌고, 경제와 사회도 큰 변화를
겪었다. 사상 분야에서는 백가쟁명百家爭鳴이 일어났다. 유가·묵가·도
가·법가 등 지식인 집단이 등장하여, 저마다 새 세상을 전망하고 새
질서를 설계했다. 이른바 제자백가諸子百家는 뜨겁게 논쟁하며 영향을

---

2 곽존복郭存福의 《권력장權力場》(김영수 옮김, 도서출판 푸른숲, 1998)은 권력 행사
   의 다양한 유형들을 분석하고, 중국사의 수많은 사례들을 소개했다. 황제편·재상
   편·관리편의 3부로 구성하고, 황제편에서 친정과 위임을 분석틀로 사용했다.

주고받았다.

당시 지식인들은 제후들과 공생관계였다. 제후가 경쟁력을 높이려면, 낡은 시스템을 바꿔야 한다. 바꾸지 않으면 도태된다. 문제는 세습귀족의 기득권이다. 그들을 국정에서 배제해야, 유능한 인재들을 등용할 수 있다. 그들이 세습하던 토지와 인민도 중앙정부가 차지해야 한다. 법가는 매우 실용적인 패러다임을 마련했고, 이들을 기용한 제후들은 부국강병을 이루었다. 이로써 왕권이 더욱 강해지고, 조정에 지식인들이 넘쳤다.

약자들을 삼킨 제후국의 힘은 갈수록 커졌는데, 세습 군주의 능력은 들쭉날쭉했고, 나이 어린 임금도 있었다. 어찌할 것인가? 유능한 신하들이 국정을 맡으면 된다. 유가·도가·법가 모두 임금과 신하들의 '분업'을 처방했다. 그래야 자신들의 몫이 커진다. 장자莊子는 임금의 무위無爲와 신하들의 유위有爲를 구분했다. 뒷날 한나라 양웅揚雄은 '군일신로君逸臣勞'(임금은 편히 쉬고 신하가 애쓴다)라고 표현을 바꾸었다.[3] 이들 모두 무위를 성군聖君의 필수조건으로 여겼는데, 역할 분담의 구체적인 방식은 다양했다.

법가는 변법變法을 주장하고, 유가의 상고尙古를 비웃었다. 시대가 바뀌면 삶의 방식도 변하므로, 법을 고쳐야 한다. 옛날에는 옛 성인의 방식이 맞았지만, 지금은 새 성인이 새 질서를 세워야 한다. 이른바 변법이다. 임금은 유능한 신하에게 일을 맡기고, 잘하도록 지켜보면 된다. 한비韓非는 군주의 자질을 세 등급으로 나누었다. 하군下君은 자신의 능력을 죄다 쓰고, 중군中君은 남의 힘을 죄다 쓰며, 상군

---

3 《장자莊子》〈천도天道〉편; 양웅, 《법언法言》〈효지孝至〉편.

上君은 남의 지혜를 죄다 쓴다.[4] 여기서 하군은 곧 친정親政 모델이고, 중군과 상군은 위임 모델에 가깝다.

유가는 옛 성군들의 신화神話를 만들었다. 이들은 모두 국정을 어진 신하에게 일임一任했다. 요堯임금은 순舜에게 국정을 도맡겼다가, 나중에 임금 자리까지 넘겼다. 순임금도 우禹에게 황하黃河의 치수治水 등 중요한 국정을 모두 맡겼다가, 뒤에 자신의 후계자로 삼았다. 우임금도 백익伯益에게 왕위를 넘겼는데, 그가 뒷날 우임금의 아들 계啓에게 되돌렸다. 은(상)나라 탕왕湯王은 이윤伊尹에게, 주나라 문왕은 강태공姜太公(여상呂尙)에게 각각 국정을 맡겼다.[5] 이들은 유가의 영원한 이상 군주였다.

유가의 성군들은 만기萬機, 곧 온갖 국정을 모두 신하에게 맡겼다. 그래서 조선의 경연관들은 위임을 '선왕지제先王之制'(선왕의 제도)라고 불렀다. 여기서 선왕이란 앞에 말한 하夏·상商(은殷)·주周, 삼대三代의 성군들이다. 이들은 관직을 설치하고 관리들에게 국정을 분담시켰다. 이른바 '설관분직設官分職'이다. 그들은 총재冢宰 이하의 신하들에게 국정을 맡기고, 일을 잘하도록 독려督勵했다. 이것이 '위임책성委任責成'이다.[6]

가령 주나라 문왕은 재상·근시近侍·사법관司法官을 선발하여 국정

---

4 《한비자韓非子》〈팔경八經〉편.

5 상商이 나라 이름이고, '은殷'은 도읍 이름인데, 나라 이름처럼 불렀다. 임금 자리를 넘겨주는 선양禪讓은 후대의 허구일 가능성이 크다. 《맹자》〈만장〉편에도, 임금 자리는 사람이 아니라 하늘이 주는 것이라고 했다. 제자백가의 선양 담론에 대한 검토는 장현근, 《성왕 : 동양 리더십의 원형》(민음사, 2012), 261~283쪽에 나온다.

6 '설관분직'은 《주례周禮》의 〈천관天官〉 등 여섯 편의 첫머리마다 나온다. '위임책성'은 곧 '위임이책성공委任而責成功'으로, 《사기史記》〈열전列傳〉 '풍당馮唐'에 나온다.

을 맡겼다. 《상서》〈입정立政〉편에 "문왕은 이를 알려 하지 않았다." 고 했다. 이 책 〈익직益稷〉편에서 고요皐陶가 순임금에게 충고했다. "임금이 꼼꼼하면, 신하들이 게을러져서 만사가 엉망이 됩니다." 경연 관들은 이 두 구절을 즐겨 인용했다. 가령 중종이 석강夕講에서 《강 목綱目》을 공부하다가, 당 현종이 과거 시험 답안지를 직접 채점한 일에 이르렀다. 시강관侍講官 허지許遲는 황제의 잘못을 지적하고, 국 왕의 좀스러운 행동도 에둘러 비판했다.

> 옛말에 "문왕은 소송(민사)과 재판(형사)을 캐묻지 않았다."고 했 습니다. 무릇 임금은 대강大綱을 잡아야 하며, 세무細務는 친결親決 하지 않습니다. …… 《상서》에 이르기를, "임금이 꼼꼼하면, 신하들 이 게을러져서, 만사가 엉망이 됩니다."라고 했습니다. 임금은 마땅 히 이를 살펴야 합니다.[7]

요컨대 성군들은 국정의 대강大綱만 잡고, 세목細目은 신하들에게 맡겼다. 대강은 벼리, 곧 그물의 굵은 줄이고, 세목은 그물코다. 어부 가 벼리를 당기면, 그물코는 저절로 딸려 온다. 임금은 국정의 큰 줄 만 잡고, 세세한 실무는 참견하지 말라는 것이다. 세밀하게 살피는 찰찰察察은 미덕이 아니다. 대강이란 무엇인가? 국정을 맡길 인재를 찾고, 국정 방향을 잡는 일이다. 그러면 임금은 편안하고, 신하들이

---

7 중종 8.1.17③. 당 현종 개원開元 13년에 과거시험의 채점이 문제되자, 황제가 직 접 채점했고, 언관言官 오긍吳兢이 그 잘못을 비판했다. 위의 인용문 뒤에 사관이 설명을 덧붙였다. 중종이 공문서를 보다가 틀린 글자를 하나하나 지적했는데, 시강 관이 이를 빗댔다는 것이다.

애쓰는 '군일신로'가 실현된다. 오늘날 재벌 기업에서 소유권과 경영권을 분리해야 한다는 주장과 같다.

공자는 순임금의 다스림을 '무위이치無爲而治'라고 했다. 그는 어떻게 다스렸나? 몸가짐을 공손히 하고, 바르게 남면南面했을 뿐이다. 주나라 무왕은 옷자락을 드리우고 두 손을 마주 잡고 있어도, 천하가 잘 다스려졌다. 이른바 '수공이천하치垂拱而天下治'다.[8] 이것이 성군의 다스림이다. 성종이 《대학연의大學衍義》를 공부할 때, 시강관 안침安琛은 성군의 다스림을 치수治水에 비기고, 솔선수범率先垂範을 강조했다. 물길을 잘 터놓고 몸소 표준을 보이면, 나라가 저절로 다스려진다는 것이다.

> 가만히 앉아서 하는 일이 천혀 없어도, 천하가 저절로 다스려진다는 말이 아닙니다. 성인은 막히지 않은 곳으로 흐르게 할 뿐입니다. 《상서》에 이르기를 "임금이 지극함을 이룬다."고 했는데, 이를 풀이하여 "지극은 표준을 의미하니, 사방의 취하는 바가 바름이다."라고 했습니다. 대개 임금이 위에서 모범을 보이면, 아랫사람들이 이를 바라보고 감화를 받아서 저절로 다스려집니다. 이것이 곧 "하는 일이 없어도, 천하가 잘 다스려진다."는 뜻입니다.[9]

친정親政은 위임의 반대, 곧 전제專制다. 진시황은 친정의 전형典型이었다. 그는 중국 역대 제왕들 가운데 가장 큰 업적을 남겼다. 넓고

---

[8] 《논어論語》〈위령공衛靈公〉편; 《상서》〈무성武成〉편.
[9] 성종 10.1.20③. 우임금의 치수治水는 《맹자孟子》〈이루離婁〉편에, 황극皇極은 《상서》〈홍범〉편에 나온다.

넓은 중국 땅을 처음 통일했고, 대제국 경영에 필요한 통치 시스템을 새로 마련했다. 그는 초인적인 행정가로서 하루에 처리한 서류(죽간 竹簡)의 무게를 달아서 120근斤을 꼭 채웠다. 이른바 '형석정서衡石程書'인데, 저울로 문서의 무게를 달았다는 뜻이다. 유가가 친정을 비판할 때면 으레 이 구절을 인용했다. 황제가 국정을 친히 결정하면, 승상은 이를 집행할 따름이다.

수 문제도 정력적인 행정가였다. 해가 기울도록 5품 이상 관리들과 국정을 논의하다가 위병들을 시켜 새참을 가져왔다. 이른바 '위사전찬衛士傳餐'이다. 당 태종은 그를 혹평했다. 천하가 넓고 업무가 많아, 임금은 유능한 신하들을 뽑아서 일을 맡겨야 한다. 사사건건 직접 결정하면 심신이 피로해서 실수하는데, 신하들은 알고도 감히 바로잡지 못한다. 수 문제가 부지런했지만, 의심이 많고 너무 꼼꼼했기 때문에, 왕조가 아들 대에 끝났다는 것이다.[10] 명종의 경연에서 시강관 남응룡南應龍이 이들의 친정을 비판했다.

> 대개 임금은 현인을 구할 때 부지런히 애쓰고, 편안할 때 편안합니다. 아래로 신하들의 일을 하면, 번거롭고 세밀해져서 만사가 엉망이 됩니다. 임금은 이것을 크게 경계해야 합니다. 순임금은 옷깃을 늘어뜨려도 천하가 다스려졌습니다. 진시황의 형석정서와 수 문제의 위사전찬은 헛수고였고 무익無益했습니다. 임금은 마땅히 삼공三公이 도를 논하게 하고, 육경六卿에게 직무를 분담시켜, 권력의 벼리를 장악합니다. 그러므로 "현인을 구하느라 애쓰고, 사람에게 맡기면 편안하다."고 했습니다.[11]

---

10 《당감唐鑑》 권2, 태종 상; 《정관정요貞觀政要》 권1, 〈정체政體〉 5.

친정이라면, 명 태조를 빼놓을 수 없다. 그는 국정을 총괄하던 승상丞相과 중서성中書省을 없애고, 육부의 장관들이 황제에게 직계直啓(직접 보고)하도록 했다. 또 하루에 두 번 신하들을 접견하고 모든 국정을 친히 결재했다. 육부 직계는 왕권을 강화하고, 신권臣權을 축소하는 제도다.[12] 앞서 진시황과 수 문제도 친정했으나 승상은 있었다. 뒷날 청나라의 강희康熙·옹정雍正·건륭乾隆 황제 등은 친정을 가법家法으로 삼았다. 조선에서는 이를 '시왕時王의 제도'라고 불렀다. 같은 시대 중국 황제의 제도라는 말이다. 정종이 경연에서 명 태조의 근정勤政(국정에 부지런함)을 칭찬하고, 공신 학살을 비판하자, 경연관과 간관은 그의 부지런함을 진시황에 비겼다.

고황제高皇帝는 참으로 부지런하고 검소했습니다. 그러나 그는 천하의 일을 어진 신하에게 위임하지 않고, 몸소 보고받고 결재했습니다. 임금이 신하의 일을 한 것은 설관분직의 원칙에 크게 어긋납니다. 이것은 진시황의 형칙정서에 가깝습니다.[13]

사실 진시황 이후에는 친정이 대세였다. 한 무제武帝·한 선제宣帝·당 덕종德宗·송 태종·청 성조聖祖(강희제康熙帝) 등은 일 중독자였다.

---

11 명종 4.2.3①.

12 명 태조와 아들 성조成祖가 몽골제국의 '대칸大汗'을 본받았다는 주장도 있다. 티모시 브룩 지음, 《하버드 중국사: 원·명》(조영헌 옮김, 너머북스, 2014), 179~180쪽, 184~185쪽.

13 정종 1.1.9⑧. 《정종실록》은 이 날짜 아래에 사흘 치 경연기사를 함께 실었다. 지경연사와 간관의 말도 한 묶음으로 적었다. 오함吳晗은 《주원장전朱元璋傳》(박원호 옮김, 지식산업사, 2003)에서 명 태조가 권력을 독점하는 방식을 잘 밝혔다.

송 태종은 〈근정론勤政論〉을 지어 돌에 새겨서 국자감國子監의 공자 사당 앞에 세웠는데, 친정 예찬으로 추측된다.[14] 청나라 강희제 등의 조훈祖訓도 황제의 큰 책임을 강조했을 뿐이다. 인조가 소대김對에서 진시황과 수 문제 이후의 비슷한 사례를 묻자, 참찬관 김상헌金尙憲 은 당 덕종을 들었다. 자신의 총명을 믿고 신하들을 의심하고 꺼려 서, 육지陸贄 같은 명신名臣도 끝내 뜻을 펼 수 없었다고 했다.[15]

위임이냐, 친정이냐? 역대 황제들은 이 문제를 놓고 고민했다. 한 무제가 물었다. 순임금은 팔짱을 끼고 앉아 있었고, 주 문왕은 아침 부터 저녁까지 밥 먹을 겨를도 없었는데, 둘 다 잘 다스렸다. 어느 쪽이 옳은가? 동중서董仲舒는 안정기와 혼란기의 차이로 설명했다. 뒷날 당 헌종憲宗이 책문策問하자, 백거이白居易는 수기修己와 구현求賢 에 애쓴 다음에 편안할 수 있다고 대답했다. 유위有爲 다음에 무위無 爲라는 말이다.[16] 그는 재상들에게도 물었다. 옛날부터 어떤 제왕은 서정庶政에 부지런했고, 어떤 제왕은 두 손을 마주 잡고 앉아서 하는 일이 없었다. 어느 것이 옳은가? 두황상杜黃裳이 잘 대답했다.

　　임금은 위로 천지와 종묘를 받들고, 아래로는 백성들과 사방의
　오랑캐를 어루만집니다. 새벽부터 밤까지 근심하고 애쓰니, 진실로
　느긋하게 줄길 수가 없습니다. 그러나 위아래는 나눔이 있고, 기강
　은 차례가 있습니다. 천하의 어진 인재를 삼가 뽑아서 일을 맡기고,
　공이 있으면 상을 주고 죄가 있으면 벌을 주면, 누가 진력盡力하지

14 곽존복, 앞의 책, 83쪽. 송 태종의 〈근정론〉은 후대에 전해지지 않는다.
15 인조 9.윤11.16②.
16 곽존복, 앞의 책, 92~96쪽.

않겠습니까? 그러므로 밝은 임금은 사람을 구하는 데 애쓰고 맡기고 나서 편안하니, 바로 요·순이 무위無爲로 다스린 것입니다.

문서·형옥刑獄·쟁자 등 자질구레한 일은 각각 담당 부서가 있으니, 임금이 몸소 할 바가 아닙니다. 옛날 진시황은 결재한 문서의 무게를 달았고, 위魏 명제明帝는 상서尚書가 할 일을 몸소 했으며, 수 문제는 위사를 시켜 새참을 가져왔습니다. 모두 당시 보탬이 되지 않았고 후세에 조롱받았으니, 힘쓴 바가 도리에 어긋납니다.[17]

성종 16년 9월, 주강晝講에서 시독관侍讀官 민사건閔師騫이 진시황과 수 문제를 비판했다. 임금의 도리는 대강을 총람總攬할 뿐인데, 이들은 신하들이 할 일에 부지런했다는 것이다. 같은 해 11월, 왕이 《통감通鑑》을 공부하다가 당 덕종의 질문을 되풀이하자, 시독관 이균李均이 간명하게 대답했다. 《상서》의 〈무일無逸〉편은 제왕의 근로勤勞를 말하고, 〈입정立政〉편은 문왕의 안일安逸을 말하는데, 사람을 얻기에 힘쓰고, 위임하여 편안하다는 것이다.[18] 이런 문답이 계속되었다.

광해군이 경연에서 《상서》〈무일〉편을 공부하다가 물었다. 무일은 수명壽命과 어떤 관계인가? 무일은 구체적으로 어떻게 하라는 말인가? 임금은 어떻게 살아야 하나? 역대 임금들이 경연에서 되풀이하던 질문이다. 입시했던 영사 이항복李恒福, 동지사 이정구李廷龜, 참찬관 남이공南以恭 등이 돌아가며 대답했다. 이정구는 진시황과 수 양제, 주 문왕을 차례로 들어 설명하고 나서, 두려워하고 공경하는 마

---

17 《강목》당 헌종 원화元和 원년 및 《당감》권9. 이것은 답변의 요약이고, 《구당서舊唐書》〈헌종기〉에 긴 답변이 실려 있다.

18 성종 16.9.28②, 16.11.15②.

음을 가지라고 덧붙였다.

> 처리한 문서의 무게를 달고, 위사를 시켜 새참을 가져오는 것은
> 참된 무일이 아니라, 이른바 "임금이 꼼꼼하다."는 것입니다. 그래서
> "(문왕은) 감히 소송이나 형옥에 관여하지 않았다."고 했으니, 이는
> 임금이 본받을 바입니다. 대개 외경畏敬하는 마음을 항상 품고 있으
> 면, 무일은 저절로 이루어집니다. 헛되이 세세한 일에 부지런한 것
> 은 무일의 도리가 아닙니다.[19]

임금은 국정에 부지런하고 늘 국정을 생각해야 한다. 그래서 경복
궁景福宮의 정전正殿을 근정전勤政殿, 편전便殿을 사정전思政殿이라고
일컬었다. 조선의 국왕들은 신하들과 함께 국정을 처리했다. 친정과
위임은 누가 결정을 주도하느냐 하는 문제였고, 두 모델 사이에 다양
한 절충이 가능했다. 임금은 국정의 큰 방향을 정하고, 실무를 대신
들에게 맡기면 된다. 누구에게 맡기고, 재량권을 얼마큼 주어야 하
나? 경연관들은 국정을 최대한 대신들에게 맡기라고 가르쳤다. 이것
이 권력 배분의 가장 큰 원칙이다.

---

19 광해군(중초본) 2.3.26①. 실록의 편찬은 초초初草·중초中草·정초正草의 세 단계를
　거쳐, 정초를 활자로 찍었다. 《광해군일기》는 물자 부족으로 인쇄하지 못하고, 필사
　한 정초 2부와 중초 1부를 사고史庫에 보관했다. 중초에는 정초보다 훨씬 더 많은
　기사가 실려 있다.

2. 재상이 하는 일

삼대의 성군들은 모두 국정을 위임했다. 요·순·우임금을 비롯하여, 은(상)나라 탕왕과 이윤伊尹, 무정武丁과 부열傅說, 주나라 무왕·문왕과 강태공 등은 전설이 되었다. 가령 탕왕은 유신有莘의 들에서 일하던 이윤에게 국정을 맡겨, 하나라를 멸망시키고 새 왕조를 세웠다. 무정(고종高宗)은 꿈에서 본 부열을 찾아내어 상나라의 중흥中興을 이루었다. 위수渭水에서 낚시질하던 태공망太公望은 문왕과 무왕을 도와 새 왕조를 열고, 병법兵法의 원조가 되었다. 성군들은 현인을 애써 찾아내어 국정을 몽땅 맡겼다.

선조가 즉위하여 경연에서 물었다. 요·순과 탕왕·무왕 등 삼대의 성군들은 모두 어진 신하를 얻어서 함께 이상 정치를 이루었다. 그러나 그 뒤로는 세상을 구할 현인들이 숨어 지낸다. 왜 그런가? 때를 못 만났나? 시강관 기대승奇大升이 대답했다. 산림山林을 편애하는 괴짜도 더러 있지만, 진짜 유학자는 명덕明德을 밝히고 백성을 새롭게 해야 마땅하다. 다만 임금의 구현求賢하는 정성이 부족해서, 현인들이 뜻을 펼 수 없다. 기대승은 은나라 탕왕이 이윤을 초빙한 일을 인용했다.

> 이윤이 유신有莘의 들에서 밭을 갈았는데, 탕왕이 폐백幣帛을 보내어 모셔 오게 했습니다. 이윤이 말하기를 "차라리 밭 가운데 머물면서, 요·순의 도를 즐기겠다."고 했습니다. 탕왕이 세 번 초빙하자, 마침내 마음을 바꾸고 일어나서 "차라리 이 임금을 요·순으로 만들고, 이 백성을 요·순의 백성으로 만들겠다."고 했습니다.[20]

춘추전국시대에도 모범 사례들이 많았다. 가령 제齊 환공桓公은 관
중管仲에게 국정을 모두 맡겼다. 관중은 국가 경영의 새로운 패러다
임을 도입하여, 제나라를 부강하게 만들었다. 진秦 효공孝公은 상앙商
鞅을 발탁하여 국정을 맡겼다. 상앙은 법가의 개혁 정책을 철저히 시
행하여, 후진국 진나라를 강대국으로 바꾸었다. 한나라가 망할 무렵,
유비劉備가 제갈량諸葛亮을 세 번 찾아갔고, 마침내 함께 대업을 이루
었다. 남북조시대에는 전진前秦의 3대 황제 부견苻堅이 이름 없는 왕
맹王猛에게 국정을 모두 맡기자, 이 사람이 철저한 내정 개혁과 탁월
한 전략으로 국력을 강화하여 화북華北을 평정했다.

이런 고사들은 책으로, 그림으로 조선에 전해졌다. 명종은 화원畫員
들을 시켜 중국 그림 네 폭을 모사模寫하고, 문신들에게 제사題詞를
쓰게 했다. 주제는 문왕과 태공, 고종과 부열, 탕왕과 이윤, 유비와
제갈량이었다.[21] 경연에서는 이런 고사들을 자주 논의했다. 성종의 석
강에서, 도승지 현석규玄碩圭는 탕왕과 이윤, 문왕과 주공, 제 환공과
관중, 부견과 왕맹, 유비와 제갈량 등을 위임의 본보기로 들었다. 인
종의 주강에서, 검토관檢討官 이휘李輝는 탕왕과 이윤, 고종과 부열,
문왕과 태공, 유비와 제갈량을 꼽았다.[22]

위임을 잘하려면, 현인을 애써 찾아내야 하고, 맡기기를 오로지 해
야 한다. 이른바 '전임專任'이다. 간섭하거나 의심해서는 안 된다. 위

---

20 선조 0.11.17①. 실록에는 기대승의 직함이 빠졌으나, 당시 홍문관 응교(시강관)
였다. 《고봉집高峰集》〈연보年譜〉참조.

21 명종 14.7.24①. 족자 그림들의 제목은 〈문왕방태공도文王訪太公圖〉·〈고종몽부열도
高宗夢傅說圖〉·〈성탕방이윤도成湯訪伊尹圖〉·〈현덕방제갈도玄德訪諸葛圖〉였다.

22 성종 8.7.22③, 인종 1.4.2①.

임받은 사람이 임금의 지극한 정성을 느끼도록 해야 한다. 이른바 '추성推誠'이다. 중종 15년, 소대에서 《논어》〈계씨季氏〉편을 공부하다가, 공자가 제자 염유冉有를 꾸짖는 대목에 이르렀다. 여기서 왕은 염유의 무책임한 행동을 개탄했으나, 시독관 손수孫洙와 박윤경朴閏卿은 계씨를 탓했다. 추성으로 위임하고 책성해야 신하가 몸을 바친다는 것이다.[23]

헌종憲宗이 소대에서 《강목》을 공부할 때, 검교 직각 윤치영尹致英이 원소袁紹와 조조曹操의 승패를 두 사람의 용인用人에 돌렸다. 원소는 전풍田豊과 저수沮授의 말을 듣지 않다가 백마白馬에서 패했고, 조조는 곽가郭嘉와 순욱荀彧의 계책을 받아들여 대업을 이루었다. 윗사람이 믿고 맡겨야 신하가 충절忠節을 다하고, 그렇지 않으면 장량張良·진평陳平 같은 참모와 관우關羽·장비張飛 같은 장수가 있어도 소용이 없다는 것이다. 끝으로 4백 년 전에 세종이 김종서金宗瑞에게 전임하여 책성責成한 고사를 덧붙였다.

> 옛날 우리 세종대왕께서 김종서를 시켜 육진六鎭을 개척할 때, 반대하는 사람이 많았습니다. 그러나 끝내 오로지 맡기고 흔들리지 않으셔서 육진이 완성되었습니다. 일찍이 말씀하시기를 "내가 있더라도 종서가 없으면 이 일을 해내지 못하고, 종서가 있더라도 내가 없으면 이 일을 주도하지 못한다."고 하셨습니다. 오직 대성인이 사람을 이와 같이 씁니다. 이 또한 깊이 생각하시기 바랍니다.[24]

---

23 중종 15.2.5①.

24 《승정원일기》 헌종 14.6.5.

삼대에는 강가에서 낚시질하거나, 들에서 일하던 사람을 임금이
모셔왔다. 그러나 통일제국의 황제는 그럴 필요가 없었다. 인재들이
스스로 찾아왔다. 관료조직이 갈수록 발달했고, 그 최고 책임자가 재
상宰相이었다. 그래서 "인주지직人主之職, 재론일상在論一相"이라는 말이
생겼다. 임금 노릇은 재상 한 명을 결정하는 일이라는 뜻이다. 적임
자를 찾아서 위임하는 일이 그만큼 중요했다. 선조 6년, 야대夜對에서
이이李珥가 《상서》〈태갑太甲〉편을 강의하다가 말했다.

> 비록 성인의 지혜를 가진 임금이라도, 그나큰 천하를 홀로 다스
> 릴 수가 없습니다. 그러므로 반드시 현인을 얻는 일이 급선무입니
> 다. 그래서 맹자가 말하기를, "요임금은 순을 얻지 못할까 걱정했
> 고, 순임금은 우禹와 고요皐陶를 얻지 못할까 걱정했다."고 했습니
> 다. 임금의 직책은 현인을 얻는 것뿐입니다.[25]

재상宰相 제도는 전국시대에 생겼다. 진秦나라는 승상丞相을 두었
고, 한나라가 이 제도를 물려받았다. 이 무렵 편찬된 《주례周禮》에는
〈천관天官〉 "총재冢宰"(대재大宰)를 비롯한 육경六卿이 나온다. 총재는
육경의 으뜸으로, 나라를 다스리고 백관百官을 지휘하며 사해四海를
고르게 한다고 했다. 《상서》〈주관周官〉편에는 삼공三公과 육경이 나
온다. 삼공은 나라의 원로元老로서, 도道를 논하고 나라를 경영하고
음양陰陽을 섭리燮理하며, 총재는 국정의 실무를 책임진다. 재상이란
말은 주공周公이 총재로서 성왕成王을 보좌(相)하여 생겼다는데, 삼공

과 총재를 겸한 셈이다.[26]

재상은 무슨 일을 하나? 진평陳平이 명답名答을 남겼다. 한 문제가 승상 진평에게 1년 동안 형사刑事 판결한 건수를 물었더니, 책임자인 정위廷尉에게 물으라고 했다. 세입歲入과 세출歲出을 물었더니, 담당자인 치속내사治粟內史에게 물으라고 했다. 그러면 승상은 무슨 일을 하느냐고 묻자, 진평이 대답했다. 위로 천자天子를 도와서 음양을 섭리燮理하고, 사계절을 순조롭게 하며, 아래로 만물이 잘 자라도록 하고, 밖으로 사방의 오랑캐와 제후들을 어루만지며, 안으로 백성과 가까이 하고, 경卿과 대부大夫들이 직책을 다하도록 한다. 황제를 돕는 것만 빼면 모두 황제가 맡은 일이다.

한 선제 때 승상 병길丙吉의 말도 자주 인용되었다. 어느 날 큰길에서 사람들이 싸우다가 여럿이 죽고 다쳤는데, 병길이 그냥 지나쳤다. 이어 수레를 끄는 소가 헐떡이는 것을 보자, 병길이 한참 따라가며 상태를 살피고 소몰이에게 캐물었다. 소가 헐떡이는 것이 사람이 죽는 것보다 더 중요한가? 누가 이렇게 묻자, 병길이 대답했다. 앞 사건은 경조윤京兆尹이 맡는 작은 일이다. 승상은 연말에 경조윤(서울시장)의 근무를 평가하면 된다. 그러나 봄 날씨가 더워서 소가 헐떡이는 것은 음양의 조화가 어긋나는 큰일이라, 바로 승상의 책임이다.

요컨대 재상은 음양을 섭리하고 백관을 감독하는 벼슬이다. 춘추전국시대에는 나라의 규모가 작아서, 한 사람이 외교와 전쟁, 재정과 인사까지 모두 감당할 수 있었다. 그러나 대제국의 국정 업무는 워낙

---

26 대개 《주례》와 고문古文 《상서》(〈주관〉편 등)를 전국 말엽이나 한나라 초기의 산물로 본다. 사실 주공은 섭정攝政이었다.

복잡하고 방대해서, 여러 부서가 분담했다. 관중과 상앙, 제갈량과 왕맹 등도 옛날 이야기였다. 이제 재상은 재정·군사·형벌 등을 직접 처리하지 않았다. 다만 인재 추천은 계속 재상의 몫이었다. 어려운 일이 있으면, 황제가 재상에게 의견을 물었다. 황제의 고문顧問에 대비對備하는 것도 재상의 일이었다.

경연관들은 이런 재상론을 가르쳤다. 숙종이 소대에서 《강목》〈한선제기〉를 공부할 때, 국왕과 시독관 윤덕준尹德駿은 병길이 승상의 도리를 알았다고 칭찬했다. 음양을 조화시키는 것이 재상의 일이므로, 사람이 싸우다 죽고 다치는 것을 묻지 않고 소가 헐떡이는 것을 묻는 것이 옳다는 말이다.[27] 영조의 소대에서 검토관 유건기兪健基는 병길이 대신의 도리를 깊이 알았다고 평가했다. 삼공은 도를 논하고 육경은 직책을 분담한다는 뜻이다.[28] 순조의 소대에서 직제학 김근순金近淳은 이에 덧붙여, 재상은 육경을 뽑고, 육경 이하도 같은 방식으로 뽑는다고 말했다.

> 진평이 전곡錢穀을 알려 하지 않고, 병길이 죽은 사람을 묻지 않은 것은 대신의 도리입니다. 각각 책임자가 있으니, 세세한 업무를 손수 하지 않습니다. 대신의 직책은 사람을 골라서 쓰는 것뿐입니다. 그러므로 임금은 삼공을 고르고, 삼공은 육경을 뽑으며, 육경 이하도 차례차례 임명합니다. 임금이 다시 무슨 일을 하겠습니까?[29]

---

27 《승정원일기》 숙종 11.2.18. 병길은 한 선제, 신작神爵 3년 3월에 승상이 되었다.
28 《승정원일기》 영조 11.5.8.
29 《승정원일기》 순조 3.11.8. 참찬관 박종순朴鍾淳은 병길의 행동이 교정矯情, 곧 일부러 꾸민 것이라는 선유先儒의 평가를 덧붙였다.

임금과 재상은 업무를 어떻게 분담하나? 당 태종에게 어떤 신하가 건의하기를, 모든 상주上奏를 친히 읽어 측근의 옹폐壅蔽(가림)를 막으라고 했다. 황제가 위징魏徵에게 의견을 물으니, 이것은 대체大體를 모르는 말이지, 황제가 어찌 조정과 주현州縣의 일을 일일이 친결親決 하겠느냐고 대답했다.[30] 당 현종은 즉위 초에 요숭姚崇을 재상으로 발탁하여 국정을 맡겼다. 그가 낭관郎官의 임명을 결재해 달라고 거듭 요청해도, 황제는 못 들은 척했다. 그것은 재상이 직접 결정할 일이니 묻지 말라는 뜻이었다. 요숭은 이 말을 전해 듣고, 낭관들을 소신껏 임명하여 밝은 정치를 펼칠 수 있었다.[31]

당 태종이 방현령房玄齡과 두여회杜如晦를 복야僕射에 임명한 뒤 당부했다. 대신은 어진 사람을 널리 구하여 일을 맡겨야 하는데, 요즘 소송 업무로 너무 바쁘니, 앞으로 상서성尙書省의 잔일은 모두 좌·우 승左右丞에게 맡기고, 황제에게 직접 보고할 큰일만 챙기라는 것이었다. 대신은 세세한 실무가 아니라, 중요한 국정과 인재 등용을 맡는다는 말이다. 명종의 야대에서 참찬관 민기閔箕가 국왕에게 충고하기를, 당 태종처럼 국정의 큰 틀을 잡고, 세세한 업무에 관여하지 말라고 했다.

　　　　무릇 조정의 일은 대소가 다르고, 직책도 대소가 다릅니다. 당

---

30 당 태종 정관貞觀 3년 2월에 있던 일이고, 이때 위징은 비서감秘書監이었다.

31 염수성閻守誠·오종국吳宗國 지음, 《당현종》(임대희·우성민 옮김, 서경문화사, 2012), 92~93쪽. 요숭은 현종의 명재상인데, 이름 원지元之를 뒤에 숭崇으로 바꾸었다. 여기서는 잘 알려진 이름을 앞당겨 썼다. 환관 고력사高力士가 황제의 뜻을 묻고 요숭에게 알렸다.

태종의 다스림은 업무를 담당 관청에 맡기고, 대체를 알 뿐이었습니다. 근래에 어가御駕 앞에서 상언上言하면, 위에서 혹시 소민小民의 억울함이 있을까 걱정하여 모두 친히 결재하십니다. 그 뜻은 좋으나, 일일이 친히 열람하시려면 시간도 부족합니다. …… 사사건건 꼭 친람하시는 것은 대강을 총람하여 다스림을 이룬다는 뜻이 아니고, 담당 관청에 위임하는 도리가 아닙니다.[32]

경연관들은 성군 노릇을 면류관冕旒冠에도 비겼다. 제왕이 쓰는 이 관은 네모진 판(冕)에, 구슬을 꿴 줄(旒)을 앞뒤로 늘어뜨리는데, 황제는 열두 줄, 제후는 아홉 줄이었다. 지위가 높을수록 사물을 대충 보라는 뜻이다. 좌우로는 귀막이 구슬을 드리웠는데, 세세히 듣지 말라는 뜻이다. 이 비유는 장온고張蘊古가 당 태종에게 올린 〈대보잠大寶箴〉에도 나오며, 이 글은 《정관정요貞觀政要》에 실렸다. 효종의 주강에서, 지사知事 심지원沈之源이 말했다. "면류가 임금의 눈을 가리고, 주광黈纊이 귀를 막는 것은 총명을 발휘하지 말라는 뜻입니다."[33] 성종이 석강에서 당 선종宣宗의 '총찰聰察'(총명하게 살핌)을 논의할 때, 시강관 최자빈崔自濱은 이렇게 말했다.

옛말에 이르기를, "찰찰하지 않으나 밝다."고 했으며, 또 이르기를, "어두움을 써서 밝힌다."고 했습니다. 그러므로 옛날의 임금은 면류로 앞을 가리고 형체가 없는 것을 보았습니다. 그런데 총찰이

---

32 명종 4.10.23④. 당 태종의 고사는 정관貞觀 3년 2월.
33 효종 4.9.26②. 면류의 비유는 당나라 육지陸贄가 덕종에게 올린 글에 나온다. 《육선공주의陸宣公奏議》〈주초奏草〉3-1. 자주 인용되는 '군상육폐君上六弊' 바로 다음 대목이다.

어찌 임금의 미덕이겠습니까?[34]

국정을 재상에게 맡긴 임금은 할 일이 따로 있었다. 모범을 보여
도덕적 표준을 세우는 일이다. 성군들은 솔선수범으로 교화敎化한다.
본래 유가는 사람들을 길들이는 방법이 법가와 달랐다. 유가는 윗사
람의 본보기로 가르쳤고, 법가는 형벌로 강제했다. 둘의 차이를 치수
에 비길 수 있다. 옛날 곤鯤은 제방을 쌓아 황하의 홍수를 막으려다
실패했다. 반면 그 아들 우禹는 막힌 곳을 뚫어, 물이 잘 흐르게 해
서 성공했다. 명종의 석강에서 지사 허자許磁는 임금의 솔선수범을
이렇게 강조했다.

> 스스로 효도를 다하여 백성들에게 효도를 가르치며, 스스로 우애
> 를 극진히 하여 백성들에게 우애를 가르칩니다. 말로써 가르치는
> 것이 아닙니다. …… 백성이 잘 따르게 하는 방법은 자기의 도리를
> 다하여 백성을 감화시키고, 각자 분수를 지켜서 위를 원망하는 마
> 음이 없도록 하는 것입니다. 그러므로 덕으로 다스리면, 백성이 따
> 르고 다스리기 쉽습니다. 그렇지 않으면 비록 엄형嚴刑과 준법峻法
> 으로 부리더라도 끝내 다스릴 수가 없습니다.[35]

한편 재상 노릇도 시대에 따라 변했다. 한나라와 당나라 때는 재
상들의 지위가 자못 높아서, 대전大殿에서 의자에 앉아 황제와 정무

---

34 성종 8.12.23②. '용회이명用晦而明'은 《주역》〈명이괘明夷卦〉에 나온다. 정조 때
헌납 임장원任長源이 상소하여 왕의 총찰을 비판하면서 면류관의 뜻을 강조했다.
정조 22.8.26①.
35 명종 1.2.27③.

를 논의했다. 송나라 이후에는 이와 전혀 달랐다. 송 태조는 재상의
권한을 세 몫으로 나누었다. 참지정사參知政事에게 일반 행정을, 추밀
원樞密院에 군사를, 삼사三司에 재정을 맡겼다. 재상은 전반을 살피고,
황제 앞에 서서 보고했다. 앞에 말했듯이, 명 태조는 재상 자리를 아
예 없애 버렸다. 경연관들이 임금에게 가르친 것은 고대의 이상적인
재상 노릇이었다.

3. 군자와 소인

국정을 위임하려면 적임자가 필요하다. 누가 적임자인가? 삼대의
성군들은 모두 성인이나 현인에게 위임하여 좋은 정치를 베풀었다.
그러나 진·한 이후에는 그렇게 할 수가 없었다. 성인은 공자로 끝났
고, 맹자 같은 현인도 다시 찾기 힘들었다. 선조가 물었다. 후세에는
성현이 없는데, 재상감을 어디서 찾나? 검토관(수찬) 김우옹金宇顒이
대답하기를, 당대 제일의 인물을 찾으라고 했다.[36] 그렇다면 인물을
평가하는 기준은 무엇인가?

유가는 사람들을 군자君子와 소인小人으로 나누었다. 군자가 적임
이고, 소인은 비적임이다. 군자에게 위임하면 나라가 흥성하고, 소인
에게 위임하면 나라가 망한다. 그래서 임금은 군자와 소인을 잘 구별
해야 한다. 둘을 구별하는 것은 경연 강의에서도 매우 중요한 문제였

---

36 선조 8.6.8① 및 《동강집東岡集》 권12, 〈경연강의〉, 을해乙亥 6월 8일. 김우옹이
   홍문관 수찬으로 경연에서 강의하다가 사직소를 올리자, 선조가 불러서 정치의 원
   리를 문답했다.

다. 군자와 소인은 어떻게 다른가? 경연관들은 공자와 사마광司馬光
이 각각 개발한 이론을 활용하고, 여기에 구양수歐陽脩의 〈붕당론朋黨
論〉을 덧붙였다.

일찍이 공자는 '군자'를 새 시대의 정치 엘리트로 내세웠다. 원래
군자와 소인은 타고난 신분을 의미했다. 군자는 지배계급이고, 소인
은 생산에 종사하는 피지배계급이었다. 공자는 여기에 도덕적 의미를
부여하여 사람의 두 유형類型을 새로 만들었다. 쉽게 말해서, 군자는
의리를 앞세우고, 소인은 이익을 앞세운다. 그래서 군자는 국정을 맡
기기에 적합하고, 소인은 부적합하다. 이로써 공자는 군자—소인 담
론의 원형을 마련했다.

공자는 《논어》에서 군자와 소인의 행동이 정반대라고 여러 번 말
했다. 군자는 의로움을 추구하고, 소인은 이로움을 따른다. 군자는 원
만하고, 소인은 편협하다. 군자는 질박하고 어눌한데, 소인은 말이 교
묘하고 표정에 꾸밈이 많다. 군자는 태연하고 소인은 초조하며, 군자
는 겸손하고 소인은 교만하다. 군자는 스스로 책임지고, 소인은 남을
탓한다. 뒷날 남송의 진덕수眞德秀는 《논어》에서 이런 구절 십여 개
를 모아 《대학연의》 권15에 실었다. 공자의 군자—소인 개념은 당과
송을 거치면서 더 진화했다.

정관貞觀 6년, 당 태종이 위징에게 인재 등용의 어려움을 말했다.
군자 한 명을 쓰면 군자들이 몰려오고, 소인 한 명을 뽑으면 소인들
이 몰려오기 때문이다. 위징이 말하기를, 치세治世에는 재주와 행실을
갖춘 군자를 쓰고, 난세에는 재주만 있어도 쓴다고 했다. 군자—소인
담론이 개인에서 집단으로 확대되고, 판별 기준이 재주와 덕행으로
바뀐 것이다. 현종이 《통감》의 이 대목을 공부하다가, 한 고조가 난

세에 진평陳平을 쓴 것을 좋은 예로 들었다. 진평은 사생활이 문란했
어도, 여러 번 유방劉邦을 위기에서 구했다. 참찬관 김만기金萬基는
위징의 말에 어폐가 있다고 했다.[37]

북송의 사마광은 사람을 분류하는 도식을 만들었다. 재주와 덕행
의 다소多少에 따라, 사람을 네 유형으로 나누었다. 첫째, 성인聖人은
재주와 덕이 완전하다(재덕겸전才德兼全). 둘째, 우인愚人은 재주와 덕
이 모두 없다(재덕겸망才德兼亡). 셋째, 군자는 덕이 재주보다 많다(덕
승재德勝才). 넷째, 소인은 재주가 덕보다 많다(재승덕才勝德). 넷 가운
데 성인은 옛날에나 있었고, 바보는 정치와 무관하다. 그래서 군자와
소인만 잘 구별하면 된다. 문제는 사람들이 덕보다 재주에 더 끌리는
것이다. 사마광은 이렇게 덧붙였다.

> 덕은 사람들이 공경하는 바이고, 재주는 사람들이 사랑하는 바입
> 니다. 사랑하는 것은 친하기 쉽고, 공경하는 것은 멀리하기 쉽습니
> 다. 이런 까닭으로, (사람을) 판찰할 때, 대개 재주에 가려서, 덕을
> 잊습니다. 예로부터 나라를 어지럽힌 신하와 집안을 망친 자식들이
> 대개 재주는 넉넉하나, 덕이 부족하여 멸망에 이르렀습니다.[38]

군자는 의리를 추구하고 소인은 이익을 추구하므로, 군자는 국정

---

37 《승정원일기》 현종 7.9.[미상]⑰. 7년 9월의 첫 대목에 날짜 없는 기사 스무 개가
실렸는데, 경연 강의 기록이 다섯이다. 김만기는 범조우范祖禹의 논평을 인용했다.

38 《통감》 권1, 위열왕威烈王 23년 지백智伯의 사망 기사 뒤에 덧붙인 사마광의 논
평. 사마광은 재주를 총찰聰察과 강의强毅로, 덕을 정직正直과 중화中和로 풀이했다.
조금 더 상세한 논의는 신채식의 〈사마광·왕안석의 군자소인론〉, 《역사와 인간의
대응》(고병익선생 회갑기념 사학논총, 한울, 1984) 참조.

을 안정시키고, 소인은 이를 어지럽힌다. 임금은 국정을 군자에게 맡겨야 하는데, 둘을 구별하기는 어렵고, 소인에게 끌리기는 쉽다. 재주는 눈에 잘 띄고, 덕은 잘 드러나지 않기 때문이다. 사마광은 이런 관점에서 《자치통감資治通鑑》을 썼고, 이 책을 통해 그의 주장도 널리 퍼졌다. 경연관들은 《논어》를 강의할 때도 사마광의 말을 인용했다. 성종이 이 책 〈자한子罕〉편의 "군자는 다능多能해야 할까?"라는 대목을 공부할 때, 사경司經과 시독관이 말했다.

> 조위曹偉: 무릇 덕은 근본이고 문예文藝는 말단인데, 덕은 잘 안 보이고, 재주는 잘 보입니다. 그래서 사람들은 모두 재주가 있는 자를 어질다고 합니다. 그러나 덕이 없으면, 재주가 있더라도 볼 것이 없습니다. 범인凡人만 그런 것이 아닙니다. 제왕의 예를 들면, 송 휘종徽宗은 실로 재주가 많았으나, 덕이 전혀 없어서 끝내 나라를 망쳤습니다. 고려 공민왕은 서화書畵와 산력算曆에 모두 정묘精妙했으나, 덕이 없어서 망했습니다. 제왕은 덕이 귀중할 뿐 문예는 하찮은 일입니다.
>
> 성담년成聃年: 재덕을 함께 갖추면 성인이요, 덕이 재주보다 크면 군자요, 재주가 덕보다 크면 소인입니다. 덕이 없고 재예才藝가 많으면, 반드시 교만한 마음이 생깁니다. 필부匹夫가 이와 같으면 몸을 망치기 쉽고, 대부大夫가 이와 같으면 집안을 망치기 쉬우며, 임금이 이와 같으면 나라를 망치기 쉽습니다.[39]

군자—소인 개념을 개인에서 집단으로 확장하면, 구양수歐陽脩의

---

[39] 성종 10.4.22③. 《논어》 인용문은 〈자한〉편.

〈붕당론朋黨論〉이 된다. 그 바탕은 유유상종類類相從이다. 무릇 도의를 추구하는 군자는 군자끼리 모인다. 이들은 시종여일始終如一한 진붕眞朋(진짜 붕당)이다. 한편 이익을 추구하는 소인은 소인끼리 모인다. 이들은 이익을 좇아 이합집산離合集散하는 가붕假朋(가짜 붕당)이다. 무릇 군자당은 국가에 이롭고, 소인당은 국가에 해롭다. 순임금의 신하 22명은 하나의 붕당이고, 주 무왕의 신하 3천 명도 하나의 붕당이었다. 그러나 소인들이 군자들을 죽일 때는 으레 붕당이란 이름을 붙였다. 그러므로 임금은 군자와 소인을 잘 구별해야 한다.[40]

이것은 붕당 개념의 큰 전환을 의미한다. 옛날부터 붕당은 중대 범죄였다. 주범들을 참斬하고, 처자妻子와 재산을 몰수하며, 나머지 당인黨人들을 유배나 금고禁錮(관직 금지)로 처벌했다. 후한 말기에는 환관들이 유학자들을 붕당으로 몰아, 수백 명을 숙청했다.[41] 이제 붕당을 군자당과 소인당으로 나누어, 군자당만 허용하고, 소인당을 조정에서 내쫓자는 것이다. 남송의 주희는 한 걸음 더 나아가, 임금을 군자당에 가입시켜야, 천하의 일이 모두 잘된다고 주장했다. 승상 유정留正이 당파 싸움에서 중립을 지키자, 주희가 편지를 써서 적극 개입을 요청했는데 그 끝에 이 말을 덧붙였다.[42]

---

40 구양수는 〈붕당론〉을 상소문과 함께 인종에게 올렸다. 이 글은 《송사宋史》·《구양문충공집歐陽文忠公集》(권17)·《고문진보古文眞寶》 등에 실려 조선의 독서인들은 모두 읽었다.

41 환관세력이 비판적인 관료들과 태학생(예비 관료) 백여 명을 숙청하고, 수백 명을 당고黨錮(당인 금고)로 묶었다. 《당률唐律》과 《대명률大明律》의 〈이율吏律〉'간당姦黨'조에도 이러한 처벌 규정이 실려 있다.

42 《주문공문집朱文公文集》 권28, '여유승상서與留丞相書'(1191.4.24). 위잉스余英時, 《주희의 역사세계》(이원석 옮김, 글항아리, 2015), 상권에 실린 편지 번역문

유가의 군자—소인 논의는 선악善惡 이분법이고, 군자당과 소인당은 상극相剋이다. 군자가 재상이 되면, 군자당이 밝은 정치를 펼친다. 소인이 재상이 되면, 소인당이 국정을 어지럽힌다. 군자들은 도를 실현할 수 없으면 물러나지만, 소인들은 이익을 추구하므로, 끝까지 버틴다. 원래 군자와 소인은 얼음과 숯불처럼 서로 용납하지 못한다. '빙탄불상용氷炭不相容'이다.[43] 두 세력은 낮과 밤처럼 소장消長한다. 하나가 늘면, 다른 하나가 그만큼 줄어드는 '제로섬(zero-sum)' 게임이다. 성종이 석강에서 《강목》을 공부할 때, 당 헌종이 이강과 붕당을 논의하는 대목에서 좌부승지 손비장孫比長이 이렇게 말했다.

> 군자와 소인은 서로 용납하지 않습니다. 마치 얼음과 숯불을 한 그릇에 둘 수 없음과 같습니다. 군자는 군자를 벗으로 삼고, 소인은 소인을 벗으로 삼습니다. 군자가 나아가면, 뭇 군자가 떼 지어 나아가고, 소인이 나아가면, 뭇 소인이 떼 지어 나아갑니다. 그러나 군자들을 붕당이라고 부르면 안 됩니다. 소인들이 군자들을 해치려면 붕당으로 지목합니다. 임금이 밝지 않으면 정사正邪가 거꾸로 되고 시비是非가 뒤섞어, 군자는 날로 물러나고, 소인은 날로 나아가게 됩니다.[44]

(528~529쪽)과 해설 및 원문(610쪽) 참고.

43 이 구절은 유래가 깊다. 전국시대 초楚나라 충신 굴원屈原이 소인들의 모함으로 쫓겨나서 물에 빠져 죽었다. 한 무제 때 동방삭東方朔이 그를 추모하는 시 〈칠간七諫〉을 지었는데, 거기서 이 표현을 썼다.

44 성종 8.11.4③. 헌종과 이강의 붕당 논의는 《강목》〈당 헌종기〉 원화 9년 춘정월에 나온다.

경연 교재에는 군자와 소인들이 많이 등장한다. 북송 때 사마광 등이 편찬한 《자치통감》이 대표적이고, 그 부산물인 《강목綱目》과 《당감唐鑑》 등에도 많이 나온다. 남송의 진덕수는 《대학연의》의 '변인재辨人材'(권15~24) 대목에, 군자와 소인을 구별하는 지침들을 모았다. 가령 이 책 권18에는 진나라 조고趙高를 비롯하여, 한나라의 홍공弘恭과 석현石顯, 양梁나라의 주이朱异, 동위東魏의 후경侯景, 당나라의 이임보李林甫·노기盧杞·구사량仇士良 등 악명 높은 간신들의 소행을 열거했다.

경연 강의에는 당 현종과 이임보가 자주 등장한다. 현종은 즉위한 뒤 24년 동안 요숭姚崇·송경宋璟·장열張悅·장구령張九齡 등 어진 재상들을 등용하여 밝은 정치를 베풀었다. 이른바 '개원開元의 다스림'이다. 그러나 이임보를 중서령中書令에 임명하고 연호를 천보天寶로 바꾸더니, 사태가 급변했다. 태자와 두 황자를 죽이고, 간관들을 죽이고 내쳤으며, 도교에 빠지고, 며느리를 후궁으로 삼더니(양귀비), 끝내 안녹산安祿山의 반란이 일어났다. '천보의 어지러움'이다. 명군明君이 암군暗君으로 바뀐 것이다.

이임보는 나라를 망친 소인의 전형이었다. 그는 당 현종의 친척으로, 권력 투쟁에서 뛰어난 재주를 발휘했다. 그는 나이 50대의 황제가 맘껏 쾌락을 추구하도록 돕고, 후비后妃·환관·절도사들을 장악했으며, 자신을 견제하는 대신들과 언관들을 철저히 제거했다. 양귀비의 친척 오빠 양국충楊國忠도 처음에는 그의 부하 노릇을 했고, 야심 많은 안녹산도 그를 두려워했다. 사람들은 그가 "말은 꿀 같지만, 뱃속에는 칼이 들었다."고 평했다. 이임보는 19년 동안 권력을 독점했고, 당나라 역사에서 큰 비중을 차지한다.

경연관들은 현종이 재상을 군자에서 소인으로 바꿨기 때문에, 치세治世가 난세亂世로 변했다고 가르쳤다. 중종이 《강목》을 공부할 때, 당 현종이 이임보를 중서령에 임명한 대목에서, 시독관 권벌權橃은 국가의 안위安危가 재상의 현부賢否에 달렸음을 강조했다. 효종이 소대에서 《대학연의》를 공부할 때, 시독관 이시해李時楷는 개원의 다스림과 천보의 어지러움이 오직 장구령과 이임보의 진퇴에 달렸다고 말했다.45 선조 2년, 이황李滉은 임금을 하직下直하는 자리에서 바로 이 교훈을 강조했다.

> **당 현종**의 개원 연간에는 어진 신하들이 조정에 가득하여 태평을 이루었습니다. 그러나 현종은 욕심이 많았고, 이임보와 양국충은 오직 영합하기를 일삼았습니다. 이로 말미암아 군자들은 모두 가고 소인들**만** 남아서, 끝내 '천보의 어지러움'에 이르렀습니다. 임금은 한 사람인데 마치 두 사람의 일 같았으니, 처음에는 군자들과 함께했고, 끝에는 소인들과 함께했기 때문입니다. 원컨대 이를 큰 교훈으로 삼아 군자들을 보호하고, 소인들이 그들을 해치지 못하도록 하십시오. 이것이 **종사**宗社와 신민臣民의 복이며, 저의 가장 큰 당부입니다.46

경연관들은 전한의 왕망王莽과 북송의 왕안석王安石도 나라를 망친 소인으로 지목했다. 왕망은 한 성제成帝의 외사촌이었다. 왕망의 백부

---

45 중종 8.1.22①, 효종 3.12.14①.
46 선조(수정실록) 2.3.1①. 이황은 석 달 전에 《성학십도聖學十圖》를 임금에게 바쳤다(선조 1.12.1).

왕봉王鳳 등 여러 외척들이 권력을 독점하고 사치를 일삼았다. 그는 홀로 겸손하고 검소하며, 성인처럼 행동하여 사람들을 감동시켰다. 그러나 끝내 황제 자리에 올랐고, 정전井田 등 유가의 이상을 실현하려다 실패했다. 숙종이 《대학연의》(권43)를 공부할 때 경연관들이 왕망에 대해 한마디씩 했다. 모두 위임이 중요하고 어렵다는 말뿐, 재발을 방지하는 방법은 논의하지 않았다.

> 시강관 이건명李健命: 왕망이 거짓꾸밈으로 명성을 훔칠 때, 그는 부지런하고 박학하며, 벼슬 낮은 선비들에게 겸손했습니다. 크게 간사한 사람은 충성스러운 것 같아서, 진짜와 가짜를 가릴 수 없습니다. 그는 한때 이름을 떨쳤고, 모두 그를 받들고 칭찬했습니다. 이에 성제의 총애와 예우가 더욱 두터워졌습니다. 당 덕종이 노기盧杞를, 송 신종神宗이 왕안석을, 모두 이처럼 대하다가 끝내 나라를 그르쳤습니다. 사람 알기가 가장 어렵습니다.
>
> 검토관 임윤원任胤元: 겉치레는 취할 바가 아닙니다. 임금이 사람을 쓸 때 반드시 그의 실제 행동을 살핀 뒤에 맡기면, 거의 틀림이 없습니다.
>
> 동지사 최석정崔錫鼎: 옛날 임금들은 재상을 뽑고 위임하기를 어려워하고 삼갔습니다. 관중管仲이 죽기 전에 제 환공이 후임을 물었고, 소하蕭何가 죽기 전에 한 고조가 후임을 물었습니다. 적임자를 얻자는 뜻이니, 이는 진실로 좋습니다. 성제의 경우에는 질문도 좋은 뜻이 아니었고 대답도 사사로웠으니, 위아래가 모두 잘못입니다.[47]

---

[47] 《승정원일기》 숙종 23.3.8. 제 환공과 한 고조는 진심으로 물었고, 관중과 소하는 참된 재상감을 추천했다. 성제는 외척을 꺼리면서 후임을 물었으니 진심이 아니었

　왕안석은 강남 출신의 학자―관료였다. 북송 신종神宗의 신임을 받아 9년 동안 국정개혁을 추진하다가, 사마광 등 화북華北 출신 보수파의 반격으로 밀려났다. 개혁이 기득권을 위협했기 때문이다. 당시 어사중승御史中丞 여회呂誨가 왕안석을 탄핵하는 상소에서, 그를 '대간사충大奸似忠'이라고 비난했다. 크게 간사한 사람은 충성스럽게 보인다는 말이다. 뒤에 주자학파는 왕안석에게 소인이라는 낙인을 찍었다. 또 재정과 국방 문제를 해결하려는 그의 실용주의 정책을 이단으로 몰았다. 성종이 《강목속편綱目續編》을 공부할 때, 왕안석이 강녕부江寧府 지사知事가 되었다는 대목에서 경연관들은 이렇게 말했다.

　　검토관 조위曺偉: …… 왕안석은 한 시대의 명유名儒로서, 당시 사람들이 중히 여겼습니다. 사마광의 현명함으로도 그의 간사함을 몰랐다가, 여회의 탄핵문을 보고 놀랐습니다. 신종은 좋은 정치에 뜻을 두었는데, 조종祖宗의 법을 오히려 경시하고 안석에게 마음을 기울였습니다. 신법新法을 창제하고 함부로 고치는 것을 좋아하며 선왕의 법을 바꾸다가, 마침내 대란을 초래했습니다.

　　시독관 이창신李昌臣: 신종은 속에 욕심이 많았습니다. 그래서 왕안석의 이재설理財說이 그의 마음에 들었습니다.

　　동지사 이극기李克基: 예로부터 수성守成하는 임금이 아무리 현명해도, 일을 꾀함이 창업한 임금에 미치지 못합니다. 그런데도 조종祖宗의 성헌成憲을 본받기에 부족하다고 생각하여 경솔히 경장更張하다가, 끝내 화란禍亂을 가져옵니다. 이것은 예나 지금이나 경계할 일입니다.[48]

고, 왕봉이 외척을 추천하자 마지못해 그의 후임(대장군)으로 임명했다.

군자와 소인을 구별하는 방법은 무엇인가? 성종이 경연에서 여러 번 물었는데, 대답이 다양했다. 가령 3년 6월 하순, 주강에서 지사 노사신盧思愼은 임금의 마음에 달렸다고 했다. 마음이 바르면, 시비와 선악, 군자와 소인을 거울처럼 있는 그대로 비춘다는 것이다. 해법은 마음공부다. 5년 11월 중순, 석강에서 승지 이극기李克基는 직언直言하는 신하와 공손한 말만 하는 신하를 살피라고 했다. 간쟁과 아첨을 구별하면 된다. 성종 11년 9월, 경연관들이 석강을 마무리하면서 군자와 소인의 구별을 거듭 강조했다.

> 설경 안윤손安潤孫: 임금의 도리는 군자와 소인을 밝게 구별하는 것 뿐입니다. 소인은 말하기도 전에 '네네'하고, 말만 하면 순종하며, 마음에 들고 기쁘게 하여, 마침내 나라를 그르칩니다.
> 참찬관 성숙成俶: 소인은 일찍이 재주 없는 사람이 없었습니다. 재주가 많다고 등용해서는 안 됩니다. 송나라 왕안석은 소인이었는데, 처음에는 정대正大한 말로 신종의 마음에 들어 그 술책을 쓸 수 있었습니다. 비록 그를 배척한 자도 있었으나, 그가 그르친 일은 끝내 돌이킬 수 없었습니다. 그래서 임금이 사람마다 고를 수는 없더라도, 재상만은 골라서 맡겨야 합니다.[49]

환관은 가장 전형적인 소인이었다. 중국 역대 왕조의 환관은 숫자도 많고, 전문가도 많았다. 당나라 때는 6천 명, 명나라 때는 1만 명을 넘어, 환관들이 독자적 정치세력을 형성했다. 역사책에 후한 영제

---

48 성종 11.4.1①.
49 성종 3.6.22⑤, 5.11.16①, 11.9.13④.

靈帝 때의 여강呂强이나 당 현종 때의 고력사高力士 같은 충성스런 환관도 더러 나오지만, 진시황 때의 조고趙高와 당 무종武宗 때의 구사량仇士良처럼 악명 높은 환관들이 훨씬 더 많았다. 중국과 달리, 조선에서는 환관의 정원이 240명이고 정치적 역할도 미미했다. 가끔 경연에서 중국의 사례를 말했지만, 강 건너 불 구경 같았다.[50]

　요컨대 경연관들은 군자와 소인의 진퇴進退가 치란治亂과 흥망興亡을 좌우한다고 가르쳤다. 중국 역사에는 그런 사례들이 많았다. 중종 6년, 야대에서 검토관 박상朴祥이 역대 임금들이 군자를 써서 흥하고, 소인을 써서 망한 사례들을 차례로 설명했다. 2년 뒤 야대에서 《송감末鑑》을 공부하던 왕이 고금古今의 치란治亂과 흥망을 토론하라고 했다. 먼저 참찬관(승지) 이자화李自華가 고금의 치란은 모두 군자와 소인의 진퇴에서 생겼다고 말했고, 검토관 정사룡鄭士龍은 한·당·송의 황제들이 성공하고 실패한 사례들을 열거했다. 맨 끝에 검토관 채침蔡忱과 임금이 토론을 마무리했다.

　채 침: 치란과 흥망은 군자와 소인에 달렸고, 군자와 소인의 분별은 임금의 마음에 달렸습니다. 밝으면 군자가 무리지어 등용되고, 밝지 않으면 소인이 무리지어 등용됩니다. 오직 임금이 어떻게 인도하느냐에 달렸습니다.
　중 종: 군자와 소인은 분별하기가 어렵지만, (마음이) 거울처럼 덩

---

50 가령 태종은 《대학연의》를 공부하다가, 황제들이 환관(조고)에게 권세를 주는 까닭에 대해 승지와 의견을 나누었다. 태종 0.12.1⑨. 즉위년 12월 기사는 《정종실록》 권6에 실려 있다. 세종은 《통감속편》을 공부할 때, 송 태종 때 환관 왕계은王繼恩이 군공軍功을 세워 높은 벼슬을 받은 대목에서, 한·당의 전철을 밟았다고 탄식했다. 세종 12.11.21①.

비교 저울대처럼 평평하면, 분별하기가 어렵지 않다. 군자 하나가
나아가면 군자들이 무리지어 나아가고, 소인 하나가 나아가면 소
인들도 떼 지어 나아간다. 군자와 소인의 진퇴는 오직 어진 재상
하나에 달렸다.[51]

이분법은 명쾌한 논리가 장점이고, 경직된 사고가 단점이다. 사람
은 누구나 군자 아니면 소인이고, 중간은 없다. 한번 소인으로 낙인
을 찍었으면, 절대 바꿀 수 없다. 더구나 흑백론에 빠지면, 서로 다
른 의견들을 절충할 수 없다. 타협은 죄악이고 시비是非는 끝장이 나
야 한다. 이런 원칙을 당쟁에 적용하면, 권력 게임은 극한투쟁이 된
다. 이분법은 매우 잔혹한 경기 규칙이다. 한편 이 담론은 임금 길들
이기에 편리하다. 이른바 공론公論에 이의를 제기하면, 소인으로 몰리
기 쉬워 임금을 편들기가 매우 어렵다.

4. 함께 다스리기

조선왕조의 권력구조는 경연에서 가르친 위임 이론과 많이 달랐다.
친정이나 위임이 아니라, 둘을 절충한 '협의제協議制'였다. 임금과 신
하들이 함께 나라를 다스리는 '군신공치君臣共治'였다. 그렇다면 누가
국정을 결정하나? '육조 직계六曹直啓'는 임금이 국정을 직접 결정하

---

51 중종 8.9.20④. 이날 사관은 경연관들의 학문이 천박하여, 논의가 겉돌았다고 혹
평했다. 2년 전에도, 박상朴祥이 야대에서 역대 제왕들의 성공과 실패를 이와 같이
논의한 적이 있었다. 중종 6.12.14⑥.

는 방식이다. 3정승은 왕이 자문할 때만 조언한다. '의정부 서사署事'
는 의정부에서 육조의 보고를 먼저 심의하고 나서, 왕에게 보고하는
방식이다. 조선왕조 5백 년 동안 왕권과 신권의 줄다리기가 계속되었
고, 가끔 유혈 충돌이 일어났다.

　1392년 태조가 즉위했을 때는 도평의사사都評議使司가 국정을 결정
했다. 정도전鄭道傳은 재상 중심의 권력구조를 설계하고, 나이 어린
왕자를 세자로 세웠다. 6년 뒤, 이방원(태종)이 쿠데타로 권력을 장
악하고, 형(정종)을 2년 동안 왕좌에 앉혔다. 이때 도평의사사를 해
체하고, 그 기능을 의정부·육조·승정원承政院 등으로 나누었다. 태종
은 재위 14년에 명 태조를 본받아 육조 직계를 시행했다. 그러나 그
는 수시로 대신(공신)들을 불러 국정을 함께 논의했다. 이것은 육조
직계와 비공식 협의제를 결합한 방식이다.

　태종 18년 8월, 세종이 즉위하고, 태종은 상왕으로 물러났다. 해가
바뀌어 세종 원년 1월 11일, 창덕궁昌德宮 선정전宣政殿 잔치 자리에
서 위임론과 친정론이 맞붙었다. 의정부 참찬 김점金漸과 예조참판
허조許稠가 젊은 국왕에게 임금의 길을 가르쳤는데, 내용이 정반대였
다. 김점은 몇 달 전 북경에 사신으로 가서 명나라 황제(영락제永樂
帝)를 만나고 왔다. 친정과 위임, 왕권과 신권이 맞선 이 논쟁은 두
가지 권력구조의 차이를 잘 보여 준다. 사관과 실록 편찬자들이 두
사람의 주장을 아래와 같이 잘 요약했다.

　　김 점: 전하께서 정치를 하심에 명나라 황제의 법도를 모두 따르셔
　　　　야 마땅합니다.
　　허 조: 중국의 법은 본받을 것도 있고, 본받지 않을 것도 있습니다.

김 첨: 신臣은 황제께서 친히 죄수를 데려다, 자세히 심문하는 것을 보았습니다. 원컨대 전하께서 이를 본받으십시오.

허 조: 그렇지 않습니다. 설관設官하고 분직分職하여 각각 담당이 있습니다. 임금이 (죄의) 대소를 묻지 않고, 죄수를 친히 판결한다면, 장차 법사法司는 어디에 쓰시겠습니까?

김 첨: 온갖 국정은 전하께서 모두 몸소 처리하셔야 마땅하며, 신하들에게 맡기시면 안 됩니다.

허 조: 그렇지 않습니다. 어진 사람을 구하느라 애쓰고, 사람을 얻으면 쉽니다. 맡기면 의심하지 않고, 의심나면 맡기지 않습니다. 전하께서는 마땅히 대신들을 신중하게 뽑아 육조六曹의 우두머리로 삼고, 위임·책성하셔야 합니다. 작은 일을 몸소 하시어, 아래로 신하의 직분을 행하시면 안 됩니다.

김 첨: 신이 황제를 뵈오니, 위엄이 헤아릴 수 없었습니다. 육부 장관이 보고하다가 착오가 생기면, 바로 금의위錦衣衛에 명하여 모자를 벗기고 끌어냈습니다.

허 조: 대신을 예우하고 작은 허물을 포용함은 임금의 큰 도량입니다. 이제 말 한마디 잘못했다고 사정없이 대신을 죽이는 것은 매우 옳지 못합니다.

김 첨: 시왕의 제도는 따르지 않을 수 없습니다. 황제가 불교를 숭신崇信하므로, 중국의 신민들은 《명칭가곡名稱歌曲》을 송독誦讀하지 않는 자가 없습니다. 그 가운데 이단異端을 싫어하는 유자儒者가 어찌 없겠습니까? 다만 황제의 뜻을 우러러 받들어 부득이 그런 것입니다.

허 조: 불교를 숭신함은 제왕의 성덕盛德이 아닙니다. 신은 이를 본받지 않겠습니다.[52]

세종은 어느 쪽을 따랐을까? 그는 매우 꼼꼼한 행정가였고, 각종 제도의 개선과 정책 개발을 주도했다. 집현전 인재들을 활용하고, 3정승과 자주 협의했는데, 최종 결정은 늘 자신의 몫이었다. 태종 때처럼, 여럿이 한 자리에 모여 의논하는 방식이 아니었다. 세종 13년, 왕이 경연에서 변명했다. 옛날 임금들이 신하에게 국정을 맡겼다가, 일을 그르친 일이 있어서 몸소 세세한 일을 결정한다는 것이다. 도승지 안숭선安崇善이 임금의 일은 수상 한 사람을 잘 뽑는 것뿐이라고 반박했다. 왕도 이 원칙을 인정했다.[53]

세종 18년 4월, 임금이 육조 직계를 의정부 서사로 바꾸고, 7월에는 의정부 직제를 늘렸다. 앞서 태종이 육조 직계를 시행하면서 줄였던 부분이다. 검상檢詳(정5품) 1명과 사록司錄(정8품) 2명을 다시 두어, 셋이 사인舍人(정4품) 2명의 실무를 돕게 했다. 이듬해 10월, 찬성贊成(종1품) 1명을 2명(좌·우)으로, 참찬(정2품) 1명도 2명(좌·우)으로 늘렸다.[54] 3정승을 포함하여, 대신도 5명에서 7명으로 늘렸다. 의정부가 6조의 업무를 먼저 심리하여 왕의 국정업무를 줄여 주면, 그가 여러 국책사업에 전념할 수 있었다.

---

52 세종 1.1.11②. 이날 정전(인정전)에서 조회를 마치고, 편전에서 국정을 처리하고 나서 잔치를 벌였다. 《명칭가곡名稱歌曲》은 최근 명나라에서 제정한 불교 음악으로, 지난해(1417) 조선사신 편에 왔다. 사신으로 갔던 김점 등이 보급에 앞장섰으나, 태종은 소극적이었다. 임주탁, 〈명칭가곡 수용의 양상과 의미〉, 《한국문학논총》 51(2009.4) 참고.

53 세종 13.3.5①. 윤대輪對는 세종의 꼼꼼함을 잘 보여 준다. 그는 매일 하급 관리들을 한 명씩 면담했다. 각자의 능력과 담당 업무의 현황을 점검한 것 같은데, 사관도 배석하지 못했다.

54 세종 18.4.12②, 18.7.4③, 19.10.24③.

세종 27년, 왕이 염법鹽法을 시행하자 사헌부가 비판했다. 집의執義 정창손鄭昌孫은 국가가 백성들과 이익을 다투지 말고, 정승들을 제조 提調(책임자)로 삼지 말라고 왕에게 요구했다. 왜 제조 임명을 문제 삼았나? 삼공三公은 도道를 논하고, 나라를 경영하며, 음양을 다스릴 뿐, 세세한 행정실무를 맡지 않는다. 그래서 한나라 진평은 국가재정 을 알지 못했으며, 병길은 길가의 시체를 걱정하지 않고, 소가 숨을 헐떡이면 걱정했다는 것이다. 세종은 옛날과 지금이 다르고, 원칙과 현실이 다르다고 반박했다.

> 집현전에서 "삼공은 도를 논하고 나라를 경영한다."고 말하고, 너 희들(사헌부)도 "삼공은 도를 논하고 나라를 경영한다."고 하는데, 옳은 말이다. 또 "문왕은 형옥과 소송을 묻지 않았다."고 했다. 선 유先儒가 말하기를 '임금의 직책은 재상을 논하는 것뿐'이라고 했다.
>
> 그러나 후세에 이르면, 일이 옛날과 같지 않다. 임금도 서무를 결정하는데, 하물며 대신이랴? 옛날에는 임금이 재상을 뽑고, 재상 이 백관의 우두머리를 뽑으며, 백관의 우두머리가 각각 부하 관리 들을 뽑았다. 만약 지금 이렇게 하면, 사람들이 모두 그르다고 한 다. 병길이 소가 헐떡임을 걱정한 일은 사마광이 논평한 바 있다. 나는 너희들의 말이 비현실적이라고 본다.[55]

세조는 경연에서도 위임이란 원칙을 거부했다. 조카의 왕위를 찬 탈하고 왕권을 강화하던 세조로서는 당연한 일이었다. 세조 원년 8월

---

[55] 세종 27.9.9②. 염법은 국가의 소금 전매가 아니라, 국가가 소금의 생산과 판매에 참여하는 것이다.

5일, 왕이 경연에서 《통감속편절요通鑑續編節要》를 공부하다가, 송 태조의 거친 행동에 이르렀다. 판대리시判大理寺 뇌덕양雷德驤이 재상 조보趙普를 탄핵하자, 송 태조가 기둥에 걸린 도끼로 그의 뺨을 쳐서 이빨 두 개를 부러뜨리고, 그를 끌어내어 지방관으로 좌천시켰다. 왕이 의견을 묻자, 시독관 홍응洪應은 송 태조가 잘못했다고 대답했다. 그러나 세조는 이것을 강단剛斷이라고 칭찬했다.

> 세 조: 태조의 이 일이 어떠한가?
>
> 홍 응: 무릇 죄가 있는 자는 유사有司에 맡겨서 다스려야 마땅합니다. 덕양이 죄가 있더라도, 몸소 도끼를 잡아 이빨을 부러뜨린 것은 잘못이라고 생각합니다.
>
> 세 조: 어찌 잘못이라고 하는가? 태조 20년 동안 파감한 결단은 이것뿐이다.[56]

이틀 뒤 세조는 육조가 업무를 왕에게 직접 보고하고, 의정부는 사죄死罪만 심리審理하라고 명령했다.[57] 앞서 세종이 육조 직계直啓를 의정부 서사署事로 바꾸었는데, 이를 다시 되돌린 것이다. 8월 9일, 육조의 판서·참판·참의들이 대궐로 몰려가서 세종의 제도를 따르자는 뜻을 전했다. 세조는 육조 직계가 바로 옛날 삼공三公과 육경六卿의 제도라고 주장하고, 그들이 육조 업무를 감당할 수 없으면 사직하

---

56 세조 1.8.5④. 뇌덕양의 좌천은 송 태조 개보開寶 6년 8월. 조보는 십 년 동안 재상 노릇을 잘했지만, 뇌물을 많이 받아서 물러났다. 뇌덕양은 다시 발탁되어 비서성에 임명되었다. 뒷날 중종의 조강에서도 이 사건을 논의했다. 대신을 예우하는 것은 긍정적으로, 간쟁을 억압하는 것은 부정적으로 평가했다. 중종 13.5.26①.

57 세조 1.8.7②.

라고 회답했다. 예조참판 하위지河緯地가 왕의 주장을 반박하자, 세조
는 그들을 사정전으로 불러들인 뒤 하위지의 죄를 묻고, 위졸衛卒을
시켜 매질했다. 운성雲城부원군 박종우朴從愚가 말리자, 하위지를 의금
부에 하옥했다. 발언만 뽑으면 다음과 같다(*행동은 〔 〕 안에 표시).

하위지: 주周나라 제도에 삼공三公은 도를 논하고 나라를 다스리며,
　　삼고三孤는 이공貳公으로서 교화를 넓히며, 육경六卿은 직책을 나
　　누었습니다. 삼공과 삼고는 비록 일에 관여하지 않았으나, 총재冢
　　宰는 실로 함께 다스리는 신하입니다. 원컨대 주나라 제도를 따
　　르십시오.

　　〔도승지 박원형朴元亨이 하위지의 말을 진달하자, 임금이 모두 불러들임〕

세 조: 누가 이런 황당한 말을 했나?

병조판서 이계전李季甸: 하위지가 신과 함께 했습니다.

세 조: 총재의 지휘를 받는 것은 왕이 죽었을 때의 제도다. 너는
　　내가 죽었다는 말이냐? 아니면 내가 어려서 서무를 재결할 수
　　없다고 생각하여, 마침내 권력을 아래로 옮기려는 것이냐?

　　〔위졸衛卒을 시켜, 하위지에게 곤장을 침〕

박종우: 하위지의 죄가 비록 무거우나, 임금이 신하에게 꼭 이렇게
　　할 필요는 없습니다. 청컨대 그를 해당 관청에 넘기십시오.

　　〔하위지를 의금부에 가둠〕

세 조: 하위지는 대신에게 아부하여 나를 어린애에 비기고, 함부로
　　고사를 인용하여 현량賢良함을 자부하며, 국가의 서무를 죄다 의
　　정부에 맡기라고 했다. 그를 국문하여 보고하라.58

58 세조 1.8.9②.

《주례》의 〈천관 총재〉는 관리들을 지휘하여 나라를 다스린다. 임금이 죽었거나 나이 어릴 때만 이 제도를 썼다는 말은 억지였고, 바른말 하는 신하를 매질한 것은 시왕의 행태였다. 세조는 하위지에게 사형을 명했다가 다음 날 석방하여 예조참판에 복직시켰다. 한바탕 소란으로 육조 직계를 강행했지만, 실제로는 태종처럼 공신들과 자주 모여 국정을 협의했다. 재위 13년, 중병에 걸린 세조는 3정승을 원상院相에 임명하고, 매일 승정원에 출근하여 국정을 처리하게 했다. 또 전임前任 3정승도 추가로 임명하여 세자(예종)를 돕게 했다. 이를테면 집단 섭정攝政 제도였다. 예종은 즉위 1년 만에 죽었다.

성종은 13세에 즉위하여 7년 동안 원상들의 도움을 받았다. 마침내 왕이 성년이 되어 섭정이 끝났는데, 그 사이에 '경연정치'라는 새로운 협의제가 생겼다. 성종은 매일 경연을 두세 번 열고, 조강朝講에는 대신 3~4명, 승지 1명, 홍문관 2명, 대간 2명 등이 교대로 참석하게 했다. 강독이 끝나면, 이들과 국정을 논의했다. 한편 중대한 문제가 생기면, 1~2품 대신들을 따로 소집해서 의견을 물었다. 이들이 다양한 의견을 서너 가지로 요약하여 보고하면, 왕이 하나를 채택했다. 이른바 대신수의大臣收議였다. 때로는 대간과 홍문관도 수의에 참석시켰다. 요컨대 왕은 늘 여러 신하들과 국정을 협의했다.

의정부 서사로 돌아가자는 논의가 가끔 있었다. 연산군 2년 9월, 영중추부사 정문형鄭文炯이 세종 때의 의정부 서사를 복구하라고 요청해서, 왕이 대신들에게 물었더니 모두 반대했다.[59] 그새 대신들도 이 제도에 생소해졌다. 중종 10년 2월, 사헌부와 사간원이 함께 상소

59 연산군 2.9.26②. 여기서 성종 때도 이런 건의가 있었다고 했다.

하여 의정부 서사를 시행하자고 요청했으나, 왕이 거부했다. 이유는
세종이 한때 시행했지만, 폐단이 있어 세조가 없앴다는 것이다.[60] 중
종 11년 4월, 주강에서 《상서》〈주관〉편을 공부하다가 시독관 박수
문朴守紋이 의정부 서사를 주장했다. 길게 논의했지만, 《경국대전經國
大典》의 의정부 규정을 지킨다는 원칙만 확인하고 끝났다.[61]

《경국대전》〈이전吏典〉에, 의정부는 "백관을 통솔하고, 서정庶政을
고르게 하며, 음양을 다스리고, 나라를 경영한다."고 했다. 사실 의정
부는 의결기구가 아니라 자문諮問기구였다. 국왕이 현안에 대해 물으
면, 대신들이 의견을 정리하여 보고했다. 왕과 대신들의 협의가 오랜
전통이었고, 협의 방식은 계속 바뀌었다. 성종~선조 때는 대개 경연
에서 협의했고, 임진란 이후에는 비변사備邊司 당상관들이 국정을 논
의하고 왕에게 보고했다. 방식은 바뀌어도, 협의제 전통은 지속되었
고, 친정과 위임은 그냥 이론적 모델이었다.

1623년 인조반정 이후 집권 붕당이 왕권을 압도하여, 국왕은 위임
할 권력조차 없었다. 그저 이름뿐이었다. 인조 7년, 지사(병조판서)
이귀李貴가 주강에서 왕에게 따졌다. 앞서 임금에게 군자당君子黨에
들어오라고 권했다가, 거절당한 것이 불만이었다. 이귀는 주자의 가
르침과 선조의 말씀을 들먹이며, 임금을 다시 윽박았다. 인조는 붕당
이라면 주자의 말이라도 듣기 싫다고 대꾸하고, 시독관 권도權濤에게
의견을 물었다. 그는 이귀의 주장을 정면으로 받아쳤다. 지금 조정에
군자당이나 소인당은 없고, 자손들이 집안의 당론黨論을 물려받을 뿐

60 중종 10.2.25④.
61 중종 11.4.24②.

이라는 것이다. 이귀는 서인, 권도는 남인이었다.

지사 이귀: 지난번 신이 붕당을 논한 차자箚子를 올렸더니 진하께서 "비록 주자의 말이라도, 나는 역시 듣기 싫다."고 하셨습니다. 틀림없이 사판이 이미 적었습니다. 임금은 말 한마디도 삼가야 합니다. 신은 진하의 말씀이 온당하지 않다고 생각합니다.

인 조: 주자의 말은 꼭 당비黨比를 말한 것이 아니지만, 나는 주자가 실언失言했다고 생각한다. 신하는 마땅히 임금을 도리로 이끌 뿐인데, 어찌 임금을 붕당으로 이끄는 것이 옳은가? 이것은 성현의 말씀이 아닌 것 같다.

이 귀: 선조대왕께서도 "이이와 성혼의 당에 들어가고 싶다."고 말씀하셨습니다.

인 조: (옥당은) 주자의 말이 어떤가?

권 도: 주자의 본뜻은 그렇지 않습니다. 또 옛날의 붕당은 지금과 같지 않습니다. 지금의 붕당은 군자와 소인의 구별이 없고, 가문家門의 논의를 마치 가업家業처럼 대대로 전합니다.

이 귀: 요임금은 고요와 함께 당을 만들고, 탕왕은 이윤과 함께 당을 만들어 이상 정치를 이루었습니다. 소신의 말씀은 모두 공公에서 나왔는데, 진하께서 매양 당론이라고 의심하십니다.

인 조: 군자의 처신은 어진 임금을 만나면 도를 행하고 재주를 펼 수 없으면, 물러나서 밭을 갈더라도 만족하는 것이다. 주자의 말 또한 지나치지 아니한가? 어찌 임금을 이끌어 붕당을 만들려고 하면서, 군자라고 할 수 있겠나?[62]

---

[62] 인조 7.5.6②. 군자당에 들어오라는 이귀의 차자箚子와 인조의 비답批答은 인조 7.

숙종은 당쟁을 이용하여 왕권을 강화했지만, 부작용이 너무 컸다. 거듭되는 '환국換局'(숙청)으로 당인黨人들은 서로 아비를 죽인 원수가 되어 조정에 함께 설 수 없었다. 이제 당인들은 군자와 소인이 아니라, 충신과 역적이란 명분을 놓고 싸웠다. 이긴 당파는 요직을 독차지했고, 다른 당파는 거의 배제되었다. 영조는 '탕평蕩平'을 표방하고 당쟁을 완화시키려고 애썼지만, 대세를 바꿀 수는 없었다. 왕이 소대에서 《대학연의》를 공부하다가, 군자와 소인을 논의하는 대목에서 경연관들과 당쟁의 폐해를 논의했다.

> 시독관 신치근申致謹: …… 사람을 쓰는 도리는 널리 구함이 중요하고, (사람을) 이미 얻은 뒤에는 위임함이 중요합니다. 위임하여 책성責成하지 않음을 걱정할 따름입니다. 위임하여 책성할 수 있다면, 국가에 얼마나 좋겠습니까?
>
> 영 조: 그 말은 옳다. 다만 사람이 많이 있어야, 쓸 만한 사람은 쓰고 쓰지 못할 사람은 버린다. 그러나 당론이 생긴 뒤로는, 서로 당색黨色(당파)을 만들고 각각 당론을 지킨다. 국가가 필요한 것은 단지 몇 명뿐인데, 그 가운데 비록 쓸 만한 사람이 있더라도 간혹 벼슬하지 않음을 의리로 여긴다. 이와 같으니, 나라가 어찌 나라꼴이 되고 인재 또한 어찌 얻겠는가?
>
> 신치근: 지금 인재가 드문 가운데, 다시 한쪽 당색으로 꾀합니다. 그 선조先祖가 혹시 작은 허물이라도 있으면, 그 자손의 벼슬길을 죄다 막습니다. 이것이 고질입니다.
>
> 영 조: 순임금은 곤鯀을 죽이고, (아들) 우禹를 등용했다. 옛날에는

윤4.12②. 이귀가 다시 상소했으나, 왕이 비답하지 않았다. 인조 7.6.8①.

사람 쓰는 도리가 이와 같았다. 지금은 그렇지 않다. 조금만 흠이 있으면, 모두 배척하고 다시는 고려하지 않는다. 인재 등용의 길이 이미 좁은데, 문벌門閥이라는 조건을 다시 덧붙였다. 먼 시골사람은 비록 재주가 있더라도 스스로 드러낼 방법이 없다. 한 가지 재주가 있는 사람을 얻기도 어려운데, 하물며 중흥中興을 도울 사람을 또 어찌 얻어 쓰겠는가?[63]

무릇 정치란 권력·재산·명예(신분) 등 제한된 자원을 배분하는 일이다. 조선왕조는 경기규칙을 정하여 경쟁을 제한하고 갈등을 완화했다. 그러나 왕조가 이삼백 년 지속되자, 자원 배분의 모순이 갈수록 악화되었다. 희귀 자원은 제한되었는데 특권집단의 자손들이 계속 증가했다. 어찌 해결하나? 경쟁 집단을 계속 배제하면 된다. 그런 의미에서 당쟁은 필연이고, 전략은 고변告變부터 과거시험에서 속임수까지 다양했다. 마침내 북인·남인·소론 등이 하나씩 제거되고, 권력은 '경화京華' 또는 '벌열閥閱'이라는 소수 특권집단의 독차지가 되었다.[64] 마지막 백 년 동안 야바위 게임은 갈수록 심해졌다.

이제 위임 담론의 얼개를 확인해 보자. 일찍이 인종의 시독관 김저金䃴가 이를 잘 정리했다. (1) 임금은 하루에 만기萬機를 살피므로, 혼자서는 국정을 감당할 수 없다. (2) 적임자를 구해서 일을 맡겨야 한다. (3) 그러나 적임자를 알기가 어렵고, 믿고 맡기기는 더욱 어렵

63《승정원일기》영조 4.12.16.《영조실록》에는 '소대召對'라고만 적었다. 교재는《대학연의》권15, 공부하던 대목은《논어》〈자로子路〉편의 '자공문왈子貢問曰'이었다.
64 차장섭,《조선후기 벌열 연구》(일조각, 1997) 참고.

다. (4)임금이 믿고 맡기면, 그 사람이 품은 뜻을 다 펼 수 있다.
(5) 그렇지 않으면, 소인이 쉽게 끼어든다. 소인은 어진 사람을 해치
고 사림士林을 크게 해쳐, 국가의 기맥氣脈을 손상한다.[65] 이를 문답
넷으로 재구성하면 아래와 같다.

　첫째, 왜 임금은 신하에게 국정을 위임해야 하나? 답은 역할 분담
이다. 국정 업무가 너무 많아서, 임금 혼자 감당할 수 없다. 임금은
큰 가닥만 잡고, 실무는 여러 신하들에게 분담시키면 된다. 이른바
설관분직說官分職이다. 원래 위임은 '선왕의 제도'요, 옛 성현들의 가
르침이다. 위임의 반대 개념인 친정, 곧 '시왕의 제도'는 업무 분담의
원칙에 어긋난다. 위임은 오늘날 대기업에서 소유권과 경영권의 분리
에 비길 수 있다.

　둘째, 누구에게 국정을 위임하나? 임금은 재상에게 국정을 모두
위임한다. 그래서 임금 노릇의 핵심은 어진 재상을 뽑는 일이다. 재
상은 신하들의 우두머리로서 국정을 총괄한다. 인재를 발굴하고, 대
신들을 추천하며, 세상만사를 보살핀다. 대신들은 국정 실무를 분담
하고 소신(부하)들을 관리한다. 이로써 임금과 재상, 대신과 소신이
각각 구실을 분담하고, 관료집단 전체가 국정에 참여한다.

　셋째, 어떤 방식으로 위임하나? 오로지 맡긴다. 전임專任이다. 맡기
려면 완전히 믿어야 하고, 의심나면 맡기지 말아야 한다. 신하가 임
금의 믿음과 정성을 느낄 수 있어야 한다. 이른바 '추성推誠'이다. 신
하가 맡은 일을 잘하도록 지켜보고 격려할 뿐, 간섭하지 않는다. '위
임책성委任責成'이다. 신하를 믿고, 오로지 맡기고, 일을 잘 해내도록

---

65 인종 1.4.2①.

격려한다. 위임할 수 없는 일도 있다. 도덕적인 표준을 세우고, 솔선
수범率先垂範하는 일이다.

넷째, 누가 적임자인가? 옛날에는 순舜이나 강태공 같은 성현에게
국정을 맡겼다. 이제 성현이 없으니, 군자에게 맡긴다. 군자와 소인은
공자가 개발한 이념형이다. 군자는 의리를 중시하고, 소인은 이익을
추구한다. 북송의 사마광 등은 군자—소인 모델을 더 다듬었다. 군자
는 덕이 재주보다 많고, 소인은 재주가 덕보다 많다. 군자는 임금에
게 바른말을 하고, 소인은 아첨한다. 그래서 임금은 군자를 멀리하고
소인에게 끌리기 쉽다.

더구나 군자와 소인은 끼리끼리 모인다. 군자가 재상이 되면 조정
이 군자로 그득하고, 소인이 재상이 되면 조정이 소인으로 넘친다.
군자에게 맡기면 나라가 잘 다스려지고, 소인에게 맡기면 나라가 어
지러워진다. 그러므로 임금은 군자와 소인을 잘 가려야 한다. 그러나
역대 제왕들 가운데 소인에게 맡겼다가 국정을 망친 경우가 많다. 임
금이 자기 마음을 먼저 바루어야 군자와 소인을 잘 구별한다. 수기가
필수다.

이상이 위임 담론의 핵심이다. 이것은 신권臣權을 강화하고 왕권王
權을 약화하는 이론으로, 국정을 주도하던 유학자들의 포부와 열망을
잘 반영한다. 위임론은 임금의 전제專制를 비판하고, 임금과 신하들이
함께 다스리는 '군신공치君臣共治'의 토대를 마련했다. 물론 임금 길들
이기에도 적합하다. 위임은 큰 원칙으로서, 임금을 수세로 몰았다. 현
실은 친정이 대세였지만, 이것은 옛날 성군들의 가르침에 어긋나기
때문이다.

위임론은 현실 정치에 어떤 영향을 미쳤나? 중국 역대 왕조들의

수많은 제왕들 가운데 국정을 몽땅 재상에게 맡긴 사례는 드물었다. 한편 조선의 국왕 20여 명 가운데 전제권력을 휘두른 임금은 고작 두셋 정도였다. 왕권이 약해서 대개 신권에 밀렸다. 그렇다고 재상 한 사람이 국정을 총괄하는 방식도 아니었다. 그것은 자칫 권신權臣으로 변질할 수 있어, 경계의 대상이었다. 요컨대 조선의 권력구조는 협의제였다.

한편 위임론의 하위 개념들인 군자·소인과 붕당은 조선 지배집단의 정치행태에 큰 영향을 미쳤다. 바로 주자학파의 이분법적 사고가 문제였다. 그들은 세상만사를 시是와 비非, 정正과 사邪, 충忠과 역逆, 군자와 소인으로 갈랐다. 절충은 없고, 타협은 금물이다. 당쟁이 원래 제로섬 게임이라, 그런 규칙을 만든 것 같다. 그래서 조선의 당인들은 죽자 사자 싸웠고, 자자손손 싸움을 이어갔다.

제2장

간쟁론

성군 담론의 둘째 주제는 간쟁諫諍이다. 신하들은 임금에게 맘껏 간쟁하고, 임금은 이를 모두 받아들이라는 강령이다. 위임이 더 강력해 보이지만, 임금이 거부하면 그만이다. 자주 초들어 말할 수도 없다. 그러나 간쟁에는 제한이 없다. 누구나 간쟁하고, 하루에도 여러 번 할 수도 있다. 임금 길들이기에 안성맞춤이다.

간쟁은 신하가 임금에게 하는 바른말이다. 아들이 아버지에게 하는 바른말도 간쟁이다. 간諫과 쟁諍은 본디 같은 뜻인데, 둘을 겹쳐서 쓴 말이다.[1] 임금이 크게 잘못하면, 나라가 위태롭다. 잘못을 일깨워야 한다. 그러나 바른말은 제왕의 자존심을 건드리기 쉬워, 자칫하면 신하가 목숨을 잃고, 온 집안이 날벼락을 맞는다. 그래서 유가는 간쟁 이론과 제도를 잘 개발했다. 언론言論은 간쟁과 같은 뜻이다.

원래 임금과 신하, 아버지와 아들은 마치 하늘과 땅처럼 절대적인 상하 관계였다. 그런데도 유가는 아랫사람에게 윗사람을 비판할 의무와 권리를 부여하고, 윗사람에게는 비판을 받아들일 의무를 지웠다. 간쟁을 전담하는 관직까지 두었다. 바로 간관諫官, 일명 언관言官이다. 조선의 대간臺諫, 곧 사헌부司憲府와 사간원司諫院이 그것이다. 조선왕조는 최고 엘리트를 뽑아서 여기 충원充員했다.

유가는 간쟁의 원칙들을 경서에 싣고, 좋고 나쁜 사례들을 역사책

---

1 다른 글자와 합쳐, 간언諫言·간관諫官·직간直諫·쟁신諍臣·정쟁廷諍 등 다양하게 사용했다. '쟁諍'을 '쟁爭'으로도 썼다.

에 실어 임금을 가르쳤다. 간쟁을 반대 개념인 아첨과 비교하면, 논점이 더 분명해진다. 간쟁을 군자와, 아첨을 소인과 연결하면, 담론이 더 강력해진다. 한편 간쟁은 재이·절검·수기와 바로 연결된다. 곧 간쟁이 아니면, 임금을 다그칠 수 없다.

조선의 경연관들은 교재를 강독하면서, 간쟁의 이론과 실제를 자주 논의했다. 그들이 펼친 간쟁 담론의 구조를 알면, 유가 정치사상을 더 잘 알 수 있고, 대간臺諫의 간쟁 행태行態를 더 잘 이해할 수 있다. 말하자면 간쟁 담론은 권력 게임의 규칙이다. 게임 규칙을 잘 알면, 당시의 권력 게임이 더 잘 보인다.

제2장에서는 경연관들의 간쟁 담론을 서너 가지 문답으로 묶어서 정리한다. 첫째, 간쟁은 왜 중요한가? 어떤 방식으로 간쟁해야 하나? 둘째, 왜 임금은 간쟁을 모두 수용해야 하나? 셋째, 왜 아첨을 즉시 물리쳐야 하나? 끝으로 조선에서 대간의 간쟁이 권력 게임에 미친 영향을 살펴본다.

1. 왜, 어떻게?

왜 간쟁이 중요한가? 임금의 잘못을 바로잡는 유일한 방법이기 때문이다. 그래서 유가는 경서에서 간쟁의 중요성을 강조하고, 간쟁의 사례들을 역사책에 많이 실었다. 중국의 역대 왕조는 간쟁을 전담하는 벼슬을 두었고, 고려와 조선도 이를 따랐다. 간쟁의 중요성을 가장 잘 밝힌 구절은 《효경孝經》에 나온다. 증자曾子가 물었다. "자식이 아버지의 명령을 따르는 것을 효도라고 할 수 있습니까?" 공자孔子는 아니라고 대답했다. 군부君父의 잘못을 바로잡는 것이 곧 충효忠孝다.

> 이게 무슨 말이냐? 이게 무슨 말이냐? 옛날에 천자天子가 간쟁
> 하는 신하 일곱 사람이 있으면, 비록 무도無道해도 천하를 잃지 않
> 았고, 제후諸侯가 간쟁하는 신하 다섯 사람이 있으면, 비록 무도해
> 도 나라를 잃지 않았으며, 대부大夫가 간쟁하는 신하 세 사람이 있
> 으면, 비록 무도해도 집안을 잃지 않았다. …… 그러므로 불의不義
> 를 당하면, 자식은 아버지에게 간언諫言하지 않으면 안 되고, 신하
> 는 임금에게 간언하지 않으면 안 된다.[2]

일찍이 상나라 재상 부열傳說이 고종高宗에게 충고했다. "나무가 먹
줄을 따르면 바르게 되고, 임금이 간쟁을 따르면 성군이 됩니다."[3]
대간은 상소문에서 이런 구절들을 자주 인용했고, 홍문관은 경연에서
이를 자세히 풀이했다. 가령 숙종이 주강에서 《성학집요聖學輯要》의
〈효경장孝敬章〉을 공부할 때, 시강관 김진규金鎭圭는 아버지와 임금에
게 간쟁하는 방식이 왜, 어떻게 다른지 설명했다.[4] 고종이 《소학小學》
을 공부할 때, 강관 윤치정尹致定이 위의 두 구절에 옛말을 덧붙여서
간쟁의 중요성을 강조했다.

> "간쟁을 따르면, 성군이 된다."는 말은 간쟁을 받아들여 잘못을
> 고친다는 것입니다. …… 옛말에 "독한 약은 입에 쓰지만 병에 이

---

2 《효경》〈간쟁〉장. 조선은 사간원에 간관 다섯 명을 두었다. 사간원과 사헌부를 합
　치면 양사兩司, 곧 대간臺諫이고 홍문관까지 아우르면 삼사三司였다.
3 《상서》〈열명(說命(상)〉편. 원문은 "목종승즉정木從繩則正, 후종간즉성后從諫則聖."
4 《승정원일기》 숙종 24.10.18. 주강.

롭고, 충언忠言은 귀에 거슬리지만 행동에 이롭다."고 했습니다. 공
자는 "천자가 간쟁하는 신하 일곱 명이 있으면 비록 무도해도 천하
를 잃지 않으며, 제후가 간쟁하는 신하 다섯 명이 있으면 비록 무
도해도 나라를 잃지 않는다."고 했습니다. 대개 잘못이 있으면, 반
드시 간쟁해서, 임금이 허물이 없도록 인도하라는 말입니다.[5]

원래 임금은 궁궐에 고립되어 정보가 부족하다. 그가 골치 아픈 일
을 듣기 싫어하면, 신하들이 보고하지 않는다. 따라서 임금이 상황을
그릇 판단하고 잘못 결정하기가 쉽다. 더구나 임금은 최고 권력자다.
그의 잘못을 그냥 두면 나라가 위태해진다. 어떻게 해결하나? 임금
이 언로言路를 활짝 열어 바른말을 듣고, 잘못을 고치면 된다. 언로
는 언론言論, 곧 비판의 통로다. 세조의 경연에서 시독관 양성지梁誠
之가 간쟁을 강조하자, 왕이 탕왕의 고사를 인용하며 맞장구쳤다.

    양성지: 임금의 한 몸은 신하와 백성들의 위에 있으니, 정치의 잘
        잘못과 민생의 안부安否를 말하는 자가 없으면 들을 길이 없습니
        다. 그러나 대신들은 총애를 잃을까 두려워 감히 말하지 않고, 소
        신들은 처벌이 무서워 감히 말하지 못합니다. 청컨대 언로를 넓
        게 열어 좋은 것은 따르고, 혹시 못마땅해도 처벌하지 마십시오.
    세 조: 언로가 열림은 국가의 복이다. 성탕成湯은 큰 성인인데 오히
        려 간언을 따르고 거스르지 않았다. 하물며 나 같음에랴. 네 말
        이 매우 옳다.[6]

---

5 《승정원일기》 고종 1.11.1. 권강勸講. 위에 인용한 옛말은 장량張良이 유방劉邦에게
  한 말이다. 《사기》 〈유후세가留侯世家〉에 나온다.
6 세조 2.2.20②.

간쟁은 어떤 방식으로 하나?《예기禮記》〈곡례曲禮(하)〉에 신하는
임금에게 현간顯諫하지 않는다고 했다. 드러나지 않게, 은근慇懃히 간
쟁하라는 말이다. 곧 미간微諫이다. 공자의 가르침은 달랐다. 자로子路
가 임금 섬기는 도리를 묻자, 그를 속이지 말고 그가 싫은 낯빛을
해도 바른말을 하라고 했다. 범안犯顔은 곧 현간이다. 한편 부모에게
바른말을 할 때는 은근히 하라고 했다. 기간幾諫이다.[7] 요컨대 임금에
게 간쟁할 때는 미간과 현간, 둘 다 좋다. 경연관들은 물론 현간을
선호했다.

그러나 간쟁은 제왕의 권위에 대한 도전이다. 한 문제 때, 가산賈
山은 이를 '뇌정雷霆(우레)'과 '만균萬鈞'(30만 근斤)에 비겼다. 우레가
울리면 천지가 진동하고 만 균에 눌리면 모두 꺾이는데, 임금의 위세
는 이보다 더 무섭다고 했다.[8] 이른바 역린逆鱗을 건드리면, 날벼락을
맞는다. 하나라 용방龍逄(성姓은 관關)은 방탕한 걸왕桀王에게 천벌을
경고하다가, 상나라 비간比干은 주왕紂王의 음란을 간하다가 각각 살
해되었다. 이들의 '면절面折'과 '정쟁廷爭'은 간쟁의 표준이 되었다. 임
금 앞에서, 조정에서 공개적으로 비판하라는 말이다. 그 밖에도 좋은
본보기도 많았다.

한 무제 때의 급암汲黯은 직간直諫의 모델이었다.《한서漢書》〈열
전〉에 따르면, 그는 "거만하고 예의를 차리지 않았으며, 남의 과실을
면전에서 비판하여 용납하지 않았다." 그는 황제가 "겉으로는 인의仁

---

7 《논어》〈헌문憲問〉 및 〈이인里仁〉편.

8 한 문제 2년 11월 그믐에 일식이 일어나자, 황제가 구언求言했다. 가산이 올린 글
의 첫 대목이다. 《한서》 등 역사책과 그의 글을 모은 《가산지언賈山至言》 등에 실
렸다.

義를 내세우나, 속으로는 욕심이 많다."는 말로 끝없는 정복전쟁과 불
로장생의 추구를 꼬집었다. 무제는 그를 '사직지신社稷之臣'이라고 불
렀지만 지방관으로 내쳤다. 성종이《한서》를 공부하다가 급암이 너무
심했다고 논평하자, 시강관 이우보李佑甫는 그를 멀리한 황제를 탓했
다.9 헌종이 소대에서《소학》을 공부할 때, 시강관 조종진趙琮鎭도 이
를 몹시 아쉬워했다.

> 한 무꼐의 조정에 사람이 아주 없지는 않았지만, 교작 친분田蚡
> 과 장탕張湯 따위였고, 조정 중신은 급암 한 사람뿐이었습니다. ……
> 그때 급암이 등용되지 못하여 백대百代의 탄식을 자아냈으니, 지극
> 히 안타까운 일입니다.10

한 성제成帝 때의 주운朱雲은 대궐의 난간을 부러뜨린 일로 유명했
다. 소위 절함折檻이다. 그는 황제의 검을 빌려서 간신奸臣의 목을 베
겠다고 했다. 간신이 누구냐고 묻자, 안창후安昌侯 장우張禹라고 대답
했다. 황제의 스승이자 원로대신이 외척(왕씨)들의 횡포를 방관한다
고 꼬집은 것이다. 황제가 끌어내라고 하자, 주운은 어좌御座 둘레의
난간을 잡고 "지하에서 용방과 비간을 만나서 노닐겠다."고 외쳤다.
난간이 부러지고 주운이 끌려 나갔는데, 목숨은 겨우 건졌다. 뒤에
부러진 난간을 고치려고 하자, 황제는 약간 손질만 해서 주운의 충성
을 기리도록 했다.11

---

9 성종 12.8.17②.
10 《승정원일기》헌종 13.12.14. 이날따라 경연관직(시강관) 대신 본직(부응교)을 썼다.
11 이 고사는 《한서》 권67 〈주운전〉과 《통감》과 《강목》 등에 실렸다. 원연元延 원년

절함은 뒷날 조선의 조정에서 일상어가 되었다. 대간은 상소문에서 자주 인용하고, 경연관들도 수없이 논의했다. 효종 때 경연관이 주운의 고사를 그린 〈절함도折檻圖〉를 바쳤고, 뒷날 손자 숙종은 이 그림의 뜻을 기리는 찬贊을 지었다. 영조는 소대에서 주운의 간쟁을 논의하다가, 부왕 숙종의 글을 외웠던 일을 회상하고, 그 장면을 떠올렸다.[12] 순조가 《강목》을 공부하다가 이 대목에서 좋은 질문을 했는데, 검토관 윤상규尹尙圭는 대답을 얼버무렸다. 정답은 외척이 두려웠기 때문이다.

> 윤상규: (한) 성제는 사람됨이 중주中主에도 못 미쳤지만, 부러진 난간을 그냥 고쳤으니, 직언을 표창함이 옳다는 것을 알았습니다.
> 순 조: 그가 강직한 신하임을 알면서도, 부러진 난간을 그냥 고치게 했을 뿐, 왜 그의 말을 채용하지 않았나?
> 윤상규: 비록 직언이 귀중함을 알았지만, 끝내 진심으로 좋아하지는 않았기 때문입니다.[13]

'견거牽裾'란 위魏나라 시중侍中 신비辛毗가 황제의 옷자락을 잡아당긴 일이다. 위 문제文帝(조비曹丕)가 기주冀州의 백성 십만 호戶를 하남河南으로 이주移住시키려 하자, 신하들이 흉년을 이유로 반대했다.

12월, 주운은 간쟁하다가 파면되었는데, 어렵사리 황제를 직접 만나서 한바탕했다.
12 영조 5.윤7.4③. 영조의 회고담은 《승정원일기》에만 나온다. 시독관 윤광익尹光益은 한 성제의 우유부단優柔不斷을 아쉬워했다. 효종 및 숙종 때는 〈절함도〉 기사가 없다.
13 《승정원일기》 순조 2.9.17. 한 성제는 외척이 너무 강성해서, 간쟁을 수용할 수 없었다. 순조 때도 외척이 너무 득세해서, 경연관이 사실대로 말할 수 없었다.

황제가 말을 듣지 않고 내전으로 들어가자, 신비가 따라가서 옷자락을 잡았다. 황제가 이를 뿌리치고 갔지만, 곧 다시 나와서 이주 계획을 절반으로 줄였다.[14] 신하가 어좌 둘레의 난간을 부러뜨리고 황제의 옷자락을 끌어당기는 것은 매우 극적인 장면이라, 후대에 자주 호출되었다.

세종이 의정부와 육조에 지시했다. "옛날에는 옷자락을 잡아당기거나, 난간을 부러뜨린 자가 있었다. 경들은 마땅히 이를 본받으라." 뒷날 중종의 조강에서 사간 김말문金末文은 이 고사를 말하며, 세종의 지극한 마음을 본받으라고 권했다. 182년이 지난 숙종 때, 홍문관이 상소문에서 이 일을 인용했다. 세종대왕이 항상 마음을 열고 간쟁을 구했기 때문에 '동방東方의 요·순堯舜'이 되었다는 것이다.[15] 절함과 견거의 고사는 세종이란 모델을 통해서 조선에서 재생산되었다.

그 밖에도 간쟁의 고사들이 많았다. 가령 북위北魏의 시중 고필古弼은 황제의 사냥터가 너무 넓으니, 절반을 빈민에게 나눠 주면 좋겠다고 생각했다. 건의하러 대궐에 갔더니, 황제(태무제)가 급사중給事中 유수劉樹와 바둑을 두느라고 돌아보지도 않았다. 오래 기다리던 고필은 갑자기 일어나 유수의 머리채를 잡고 때리면서, 너 때문에 국정이 잘못된다고 야단쳤다. 마침내 고필은 용건을 아뢰고, 황제의 재가를 받았다. 성종이 《강목》을 공부하다가 이 대목에서 경연관과 문답했다.

성 종: 일을 아뢰려고 하는데, 위주魏主가 듣지 않은 것은 잘못이

---

14 《삼국지三國志》 권25 〈신비전〉. 이 이야기는 위 문제 황초黃初 원년 12월의 일로, 경연 교재인 《통감》과 《강목》에도 실려 있다.

15 중종 1.12.16①, 숙종 14.12.2①. 정작 《세종실록》에는 이런 기사가 없다.

다. 고필이 유수를 때린 것도 지나치지 않은가?

동지사 이승소李承召: 고필이 지나쳤습니다. 위주가 너그럽게 용납하여 처벌하지 않고, 아뢴 바를 허락한 것은 진실로 쉬운 일이 아닙니다. 북위는 어진 임금들이 나와서 여러 신하들의 간언을 용납했으므로, 왕조가 수백 년에 이르렀습니다.[16]

매우 과격한 간쟁도 많았다. 그래야만 군주의 관심을 끌 수 있기 때문이다. 가령 위魏 명제明帝가 낙양의 북망산北芒山을 편편하게 깎아서 큰 전각(망루)을 지으려 하자, 양부楊阜가 상소하여 반대했다. 이 공사를 걸왕·주왕·진시황 등의 호화 궁궐에 비기고, 간쟁하다 죽을 각오로 목욕하고 관棺까지 준비했다고 말했다. 연산군이 《강목》을 공부하다가 좋은 질문을 했다. "임금은 말의 옳고 그름을 가리지 않고, 모두 따라야 하는가?" 그러나 세 경연관들 모두 과격한 표현을 두둔했다. 마치 동문서답 같다. 지난해 무오사화의 영향일까?

동지사 성현成俔: 이는 마땅히 간해야 할 일이므로, 그 말의 절실함이 이와 같았습니다. 그러나 신하는 임금에게 마땅히 부드러운 목소리로 간해야 합니다. 양부의 말이 이와 같았으나, 조예가 너그럽게 받아들이고 처벌하지 않았으니, 잘한 일입니다.

특진관 채수蔡壽: …… 무릇 임금의 납간納諫이 중요합니다.

참찬관 최진崔璡: 말이 격렬하지 않으면 들어주지 않으므로, 양부의 말이 이와 같았습니다.[17]

---

16 성종 6.7.12④. 북위(386~534)는 148년 지속하였다.
17 연산군 5.8.19①. 《강목》의 고사는 청룡靑龍 3년 4월의 일.

당나라 위징魏徵은 간쟁의 전설이었다. 그는 17년 동안 태종을 보좌하면서, 3백 번 이상 간쟁했는데, 황제가 모두 받아들였다. 그 내용이 《정관정요貞觀政要》에 많이 실려서 더욱 잘 알려졌다. 경연관들은 정관貞觀(627~649)의 좋은 정치를 위징의 간쟁과 태종의 종간從諫의 합작으로 보았다. 성종이 경연에서 물었다. "삼대 이후에 신하로서 임금의 잘못을 제대로 바로잡은 사람이 있는가?" 시강관 김흔金訢이 대답하기를, 오직 당나라 위징이 이에 가깝다고 했다.[18] 명종이 야대에서 위징의 간쟁 가운데 가장 두드러진 일을 묻자, 사경司經 홍천민洪天民이 대답했다.

위징은 평생 충직忠直을 자부했습니다. 칭찬할 일이 한둘이 아닌데, 중요한 사례만 들겠습니다. 태종은 일찍이 고구려를 정벌하려다가, 위징이 간하여 그만두었습니다. …… (나중에) 고구려에서 패하고 돌아오자 (위징의) 비석을 (다시) 세우고, "위징이 살아 있었더라면, 짐朕을 가지 못하게 했으리라."고 탄식했습니다. 위징은 미간微諫도 잘했습니다. 한번은 태종이 팔뚝에 새매를 앉히고 있다가, 위징이 오는 것을 보고 소매 속에 감추었습니다. 위징은 이를 알고 일부러 보고를 오래 끌어서, 새매가 소매 속에서 죽었습니다.[19]

경연관들은 정쟁廷爭과 상소上疏 같은 공개적인 비판, 곧 현간顯諫

<hr>

18 성종 15.9.11③. 당 태종 자신이 위징의 간쟁 횟수를 말한 적이 있다. 《정관정요》, 권2 〈임현任賢〉, '위징.'
19 명종 10.1.28③. 위징이 죽자, 당 태종은 친히 비문을 써서 세웠는데, 뒤에 헐뜯는 말을 듣고 비석을 땅에 묻었다. 순조가 소대에서 《정관정요》를 공부할 때도 당 태종과 위징을 많이 얘기했다. 《승정원일기》 순조 6.9.25.

을 높이 평가했다. 임금은 물론 비공개의 미간을 좋아했다. 가령 북위北魏의 고윤高允은 종종 좌우를 물리치고 황제에게 간언했다. 때로는 말이 과격해서 끌려 나왔는데, 다른 신하들은 그가 무슨 말을 했는지 알 수 없었다. 문성제文成帝는 고윤의 미간을 칭찬하여 그를 진짜 충신이라고 추켰다. 현간은 임금의 잘못을 드러내고 신하의 곧음을 밝히는데, 미간은 임금에게만 알려서 천하가 모르도록 한다는 것이다. 성종이 《강목》을 공부할 때 동지사 이승소李承召가 이를 비판했다.

여기서 고윤은 옳고, 위주魏主는 그릅니다. 예로부터 임금이 간쟁이 싫으면, 곧음을 판다[매직賣直]고 하며 듣지 않았습니다. 맹자가 말하기를, "옛날에 군자가 잘못하면 일식과 월식처럼 사람들이 모두 보았고, 이를 고치면 사람들이 모두 우러러 보았다."고 했습니다. …… 대개 고윤 같은 총신寵臣은 미간을 해도 효과가 있습니다. 그렇지 않으면, 현간이라야 효과가 있습니다.[20]

요컨대 간쟁은 극단적인 표현을 써서 공개적으로 해야 효과가 있다. 사실 과격한 표현을 강조할수록 간쟁은 더욱 어려워진다. 그러나 이런 이상과 원칙을 내세워야, 간쟁하는 신하의 권리와 의무가 더 분명해진다. 또 직간直諫이나 극간極諫의 사례를 자주 가르치면, 임금도

20 성종 6.7.23②. 고윤은 98세에 죽을 때까지 다섯 황제를 모셨다. 경연관들도 그를 예외로 여긴 것 같다. 《강목》의 고사는 태안太安 4년 2월, 고윤이 중서령에 임명되었다는 기사에 나온다. 《맹자》의 말은 〈공손추(하)〉편 연인燕人장. 뒷날 순조가 《강목》의 이 대목을 공부할 때, 시독관 이기경李基慶도 고윤은 잘했지만 위주는 잘못했다고 논평했다. 《승정원일기》 순조 6.3.8. 소대 기사 앞부분.

여기 익숙해지고 이를 포용하게 되며, 매직賣直이나 조명釣名(명예 낚기)으로 깎아내리지 않게 된다. 실제로 남의 평판을 의식한 간쟁이 더러 있더라도 이를 따지지 말아야 한다.

간쟁하는 방식은 매우 다양했다. 후한 때 편찬한 《한서》·《백호통白虎通》·《설원說苑》 등에는 올바른 정간正諫, 우직한 당간戇諫, 공손한 순간順諫, 충성스러운 충간忠諫, 에두르는 풍간諷諫, 은근한 미간微諫, 교묘한 휼간譎諫, 눈치를 살피는 규간窺間 등이 나온다. 《조선왕조실록》과 《승정원일기》 등에는 간쟁의 유형 15가지가 나온다고 한다.[21] 그러나 조선은 왕권이 자못 미약하고 간쟁이 매우 활발해서, 경연관들은 간쟁의 분류 방식을 거의 언급하지 않았다.

2. 수용과 거부

신하들의 간쟁도 중요하지만, 임금의 대응은 더욱 중요하다. 대응은 크게 두 가지, 곧 납간納諫과 거간拒諫이다. 간쟁을 받아들이거나 물리친다. 종간從諫(간쟁을 따름)은 납간과 같은 뜻이다. 더 세분할 수도 있다. 가령 간쟁을 즐기면 낙간樂諫, 채용하면 용간用諫, 버리면 기간棄諫이며, 간쟁하는 신하를 죽이면 살간殺諫이다.[22] 경연 교재에

---

21 김영주의 두 논문을 참고. 〈조선왕조 초기 공론과 공론형성과정 연구〉《언론과학연구》 2-3(2002.12) 및 〈'언론' 유사 개념으로서의 '간쟁'에 대한 역사적 고찰〉《커뮤니케이션 이론》 5-1(2009.6). 앞 논문은 제2절(75~84쪽)에서 간쟁의 개념과 유형을 다루었고, 뒤 논문은 조선시대 간쟁의 유형을 상세히 밝혔다.
22 중종 4.6.2②. 조강에 입시했던 사간원 정언이 한 말.

좋은 사례들은 드물고, 나쁜 사례들이 많이 실렸다.

삼대의 성군들은 간쟁을 적극 받아들였다. 요임금은 '비방지목誹謗
之木'(헐뜯는 나무)이라는 기둥을 다리 위에 세우고, 임금을 비난하는
글을 써 붙이도록 했다. 순임금은 '감간지고敢諫之鼓'(감히 간쟁하는
북)를 두어 두드리고 간쟁하게 했다. 상나라 탕왕은 간쟁을 잘 따라
서 '종간불불從諫弗咈'(간쟁을 따르고 거스르지 않음)이라는 말이 생겼
다. 이것은 '종간여류從諫如流'(물 흐르듯 간쟁을 따름)와 함께 조정의
관용어가 되었다.[23] 헌종이 《사략史略》을 공부할 때 검토관 임백경任
百經이 말했다.

> 무릇 임금의 덕은 간쟁을 따르는 것보다 더 큰 것이 없습니다.
> 자기를 버리고 남을 따른 것은 순임금의 거룩함이고, 훌륭한 말을
> 듣고 절한 것은 우임금의 덕행이며, 간언을 따르고 거스르지 않은
> 것은 탕왕의 어짊입니다. 그래서 천한 꼴꾼과 나무꾼의 말이라도
> 반드시 물었고, 근시近侍들도 업무에 관해서 충고했습니다.[24]

이와 달리, 하나라 걸왕桀王과 상나라 주왕紂王 같은 폭군들은 간
쟁을 듣지 않고, 도리어 탄압해서 나라가 망했다. 걸왕은 주지육림酒
池肉林에 빠져서 이를 말리는 용방龍逄을 죽였다. 주왕도 간쟁하는 신
하들을 처벌했다. 비간比干은 사흘 동안 그의 음란을 간하다가 살해

---

23 '비방지목'과 '감간지고'는 《대대례大戴禮》〈보보保傳〉, 《사기史記》〈효문기孝文紀〉,
《관자管子》〈주술훈主術訓〉 등에 나온다. '종간불불'은 《상서》〈이훈伊訓〉에 나오고,
'종간여류'는 《정관정요》와 한유韓愈의 〈쟁신론諍臣論〉 등에 나온다.
24 《승정원일기》 헌종 6.6.8. 소대. 인용한 고사는 《상서》〈대우모〉, 《맹자》〈공손추
(상)〉, 《시경》〈대아〉 '판板' 등에 나온다.

되었다. 기자箕子와 미자微子는 간쟁해도 왕이 듣지 않자, 기자는 도망가고, 미자는 거짓 미쳐서 노예가 되었다. 공자는 이들을 가리켜 은나라의 삼인三仁(세 어진이)이라고 했다. 단종이 《논어》〈미자〉편의 첫 대목을 공부할 때 지사 정창손鄭昌孫은 이렇게 풀이했다.

> 예로부터 국가의 화란禍亂은 모두 임금이 간쟁을 거부해서 생겼습니다. 주왕이 이 세 사람을 쓰고 그 간언대로 했더라면, 주왕이 비록 부덕해도 나라를 유지할 수 있었습니다. 이들을 쓰지 않았을 뿐만 아니라, 혹은 노예로 만들고 혹은 죽였으니, 상나라가 어찌 망하지 않겠습니까? 원컨대 전하께서 이를 교훈으로 삼아 무릇 간쟁하는 신하의 말을 너그러이 받아들이십시오.25

진·한 이후에는 한 문제와 당 태종이 간쟁을 가장 잘 받아들였다. 앞서 진시황은 국정 비판을 비방誹謗·요언妖言으로 엄벌했는데, 한 문제가 이 죄목을 없앴다. 한 문제는 언로를 활짝 열고, 가산賈山·가의賈誼·조조晁錯·장석지張釋之 등의 거침없는 간쟁을 많이 받아들였다. 조회에서도 여러 신하들의 상소를 접수하여 말이 쓸 만하면 채용하고, 그렇지 않으면 그냥 덮어 두었다. 상소 때문에 처벌받은 신하가 한 명도 없었다.26 이것은 후대 임금들에게 좋은 본보기였다.

한편 앞에 간쟁의 본보기를 여럿 소개했는데, 거기 나오는 임금들

---

25 단종 1.9.8①. 약 350년 뒤, 순조가 소대에서 《정관정요》를 공부할 때도 당 태종과 위징의 얘기를 많이 했다. 《승정원일기》 순조 6.9.25.
26 한 문제 2년, 가산이 언로言路 개방을 제안하자, 이를 받아들이고 언론을 탄압하던 악법을 없앴다.

도 제법 모범적이었다. 한 무제와 성제는 각각 급암과 주운의 과격한 언행을 용납했지만 비판을 따르지는 않았다. 위 문제는 신비의 비판을 듣고 강제 이주를 절반으로 줄였고, 아들 명제는 양부의 상소에 감동하여 친필로 비답批答을 썼다. 북위의 태무제는 고필의 건의를 따랐다. 앞서 공자는 후대 제왕들의 스승답게, 남이 자신의 잘못을 지적하면 고마워했다.[27]

당 태종은 중국 역사상 최고였고, 그와 견줄 만한 제왕이 없었다. 이른바 삼대의 성군들은 어떤 간쟁을 따랐는지 내용을 알 수 없다. 그저 상징이고 전설이다. 성종의 시강관 조위曺偉는 당 태종을 평하여, 대강大綱은 부정不正하나 간언을 잘 따르기는 삼대 이후 일찍이 없던 바라고 했다.[28] 명종이 소대에서 《근사록近思錄》을 공부하다가, 자로子路가 남이 자기 잘못을 지적하면 기뻐했다는 대목에 이르렀다. 옛날 제왕들 가운데 그런 사람이 있었는지 묻자, 검토관 이구수李龜壽가 대답했다.

> 당 태종이 비록 순정純正하지는 않으나, 역시 영명한 임금이었습니다. 위정이 늘 그의 잘못을 말했고, 태종은 이를 기꺼이 받아들였습니다. 위정이 알면 반드시 말하고, 극도로 거스르며 간쟁한 것은 태종이 기꺼이 들어주었기 때문입니다.[29]

---

27 《논어》〈술이〉편. 성종이 이 대목을 공부할 때, 참찬관 성현成俔이 임금에게 이를 본받으라고 했다. 성종 10.3.28②.

28 성종 15.6.19①. "대강이 부정하다."는 당 태종의 찬탈을 뜻한다.

29 명종 10.12.28①.

경연관들은 소릉昭陵 이야기를 즐겨 인용했다. 당 태종은 부친 고조를 위해 헌릉獻陵을 만들었는데 규모가 수수했다. 이듬해 장손長孫 황후가 죽자, 호화로운 소릉을 만들었다. 애처가였던 태종은 궐내에 높은 망루望樓를 만들고 종종 올라가 바라보았다. 하루는 위징과 함께 올라가서 소감을 물었더니, 위징은 능이 안 보인다고 딴전을 쳤다. 태종이 답답하여 손으로 소릉을 가리키자, 위징은 황제가 헌릉을 바라보는 줄 알았다고 했다. 태종의 불효를 빗댄 것이다. 이 말에 태종은 눈물을 흘렸고, 곧 망루를 헐었다. 단종이 《논어》를 공부할 때, 시강관 박팽년朴彭年은 당 태종을 크게 칭찬했다.

> 삼대 이후에 종간하는 임금으로 요·순 같은 성인은 없었으나, 당 태종은 역시 지극하다고 할 만합니다. 위징이 헌릉으로 대답했을 때, 어찌 모르고 대답했겠습니까? 종간하는 임금이 아니었다면, 반드시 자기를 속인다고 했을 것입니다. 태종은 그 말을 가납하고 곧 명하여 누대를 헐었으니, 어진 임금이라고 할 만합니다.[30]

당 태종도 자존심이 상할 때가 있었다. 하루는 조회를 마치고 돌아와서, "이 시골 늙은이를 꼭 죽이겠다."고 말하며, 불같이 화를 냈다. 장손 황후가 까닭을 물었더니, 위징이 조정에서 매양 자기를 모욕한다고 했다. 황후는 곧 예복으로 갈아입고 큰절하고 나서, "임금이 밝으면 신하가 곧다는데, 정말 그렇다"고 축하했다. 이에 태종이 화를 풀었다. 황후도 성군 만들기에 한몫했다. 이에 대한 유가의 평

---

30 단종 1.7.7①.

가는 아량雅量과 협량狹量으로 엇갈렸다. 태종이 화를 냈다가 풀었는데, 어느 한쪽만 본 것이다. 고종은 《통감》을 공부하다가, 이 대목에서 장손 황후를 칭찬했다.

> 고　종: 시골 늙은이를 꼭 죽이겠다는 말을 듣자, 황후가 예복으로 갈아입고 풍간諷諫했으니, 진실로 주 선왕宣王의 강후姜后나 한 명제明帝의 마후馬后에 못지않다.
>
> 참찬관 홍승목洪承穆: 이 분이 장손 황후인데, 규간規諫한 바가 많고, 《여칙女則》 30권을 지었습니다.[31]

　신하의 간쟁이 과격해도 임금은 이를 용납하고 따라야 한다. 반박도 거부도 안 되고, 처벌은 더더구나 안 된다. 처벌하면, 아무도 바른말을 하지 않아 왕조가 쇠망한다. 가령 한 경제景帝가 어사대부御史大夫 조조晁錯를 죽이자, 교위校尉 등공鄧公은 황제가 충신의 입을 막았다고 비판했다. 성종이 《강목》에서 이 대목을 공부할 때, 경연관들은 한 경제와 성종을 함께 비판했다. 앞서 주계부정朱溪副正 이심원李深源이 왕실의 불사佛事를 심하게 성토하자, 성종은 그가 조명釣名한다고 비난했다. 명성을 얻기 위해서 간쟁한다고 의심했던 것이다.

> 검토관 이창신李昌臣: 조조는 제후들의 강대함을 걱정하여, 만대萬代의 계책을 올렸는데, 갑자기 죽인 것은 경제의 잘못입니다. 등공의 말은 참으로 옳습니다. 한 사람이 계책을 올렸는데, 임금이

《승정원일기》 고종 16.5.25. 앞서 헌종도 《강목》의 이 대목을 공부했는데, 왕과 경연관들은 당 태종과 황후를 함께 칭찬했다. 《승정원일기》 헌종 11.11.16.

가납嘉納하면, 여럿이 다투어 계책을 올려 가언嘉言이 숨지 않습
니다. 그렇지 않으면, 우리 임금은 바른말 듣기를 싫어해서 말해
도 소용없다고 생각합니다. 이것 또한 충신의 입을 막는 것입니
다. ……

시독관 안침安琛: 신하가 때로는 임금의 잘못을 말하고 때로는 대
신들의 죄를 논하는데, 모두 국가의 복이며, 말하는 자의 이익이
아닙니다. 임금과 대신들이 자기 잘못을 듣기 싫어하여, 이를 처
벌하고 싶은데, 핑계가 없으면 조명한다고 문책합니다. 이는 매우
옳지 못합니다.

성 종: 축수재祝壽齋는 선대先代의 일인데, 그때는 말하지 않다가 내
게 이르러 조종祖宗의 법을 어지럽히려 하니, 조명이 아니고 무엇
인가?

이창신: 옛날에 수나라에 아첨하다가 당나라에 충성한 자도 있었습
니다. 전에 말하지 않다가 지금 말한다고, 무엇이 나쁩니까?
……

안 침: 지금 벼슬하는 자들은 모두 세조의 신하였습니다. 전에 입
다물고 있다가 이제 말하는 것을 조명이라고 하면, 누가 즐겨 간
하겠습니까?[32]

간쟁이 근거 없는 비판이더라도 허용해야 하나? 실제로 간쟁 가운
데 근거가 불확실하거나, 부정확한 경우도 있었다. 언관의 실수를 처

---

32 성종 8.12.9⑤. 축수재는 국왕 생일에 베풀던 불교행사다. 실록 원문의 '동복同伏'
은 망복'罔伏'의 착오다. 《상서》〈대우모〉첫머리에 '가언망유복嘉言罔攸伏'이라고 했
다. 한나라 경제 때 오吳·초楚 등 일곱 제후가 반란을 일으켰다. 앞서 조조가 이들
의 봉토封土를 줄여서 세력을 약화시키자고 제안하자, 황제는 제후(황족)들을 달래
려고 그를 죽였다. 이에 등공은 글과 말로 거듭 간쟁했다.

벌해야 하나? 정답은 물론 "아니다."였다. 그러면 간쟁이 위축된다. 당 헌종이 한림학사 이강李絳에게 물었다. 간관들이 조정을 비방하는 일이 많은데, 모두 사실이 아니다. 특히 심한 한두 명을 유배流配하여 나머지에게 경고하면 어떨까? 이강의 명답은 뒷날 조선의 경연에서 자주 인용되었다.

> 이것은 아마 폐하의 뜻이 아니고, 틀림없이 간사한 신하가 폐하의 총명을 가리려는 것입니다. 신하의 생사는 임금의 기뻐함과 성냄에 달렸으니, 감히 입을 열어 간쟁하는 자가 몇이나 되겠습니까? 간쟁하는 자가 있더라도, 밤낮으로 생각하고 아침저녁으로 깎고 줄여서, 위에 아뢰는 것은 열에 두셋도 안 됩니다. 그러므로 임금이 간쟁을 부지런히 구해도 오히려 하지 않을까 걱정인데, 하물며 벌을 주겠습니까? 이렇게 천하의 입을 막는 것은 사직社稷(국가)의 복이 아닙니다.[33]

연산군이 《강목》을 공부하다가 바로 이 대목에 이르렀다. 여기서 왕이 의문을 제기했다. 이강의 대답이 언로를 여는 데 초점을 맞춘 것은 알겠다. 그러나 간쟁이 정말 근거 없는 비방이라면, 언관을 처벌하는 것이 맞다. 왜 이강은 이렇게까지 말했나? 물론 경연관들은 언관을 처벌하면 안 된다고 반박했다. 이때는 무오사화를 거쳐 갑자사화로 넘어가는 어려운 때였으나, 경연관들의 입장은 분명했다. 언관 처벌은 반칙이다. 오늘날 '언론의 자유'를 둘러싼 논란을 연상시킨다.

---

[33] 당 헌종 원화元和 2년의 기사로 여러 역사책에 나온다.

시독관 권달수權達手: 현종 때의 일은 신이 미처 살피지 못했으나, 대간이 어찌 감히 사실이 아닌 일을 아뢰겠습니까? 비록 착오가 있더라도 진실로 너그럽게 용납해야 합니다.

지사 노공필盧公弼: 간쟁하는 자가 지나친 말을 했고, 결국 사실이 아니더라도 처음 아뢸 때는 스스로 사실이라고 생각했던 것입니다. 신하들 가운데 제 몸을 아끼는 자는 많고, 나라를 위하는 자는 적습니다. 만약 사실이 아니라고 하여 비방으로 처벌한다면, 비록 마음에 품은 바가 있어도 죄다 말하지 못합니다. 그래서 옛날의 제왕들 가운데 당 태종은 말하지 않음을 그르게 여기고, 안색을 온화하게 하여 유도했습니다. 진실로 임금은 대간을 너그럽게 용납해야 합니다.[34]

영조가 《당감唐鑑》의 이 대목을 공부할 때 검토관 임정任斑이 충고했다. 당 현종이 처음에는 밝았다가 나중에 어두워져서 큰 화를 당했으니, 임금은 이를 거울삼아 신하들의 직언을 수용하라는 것이다. 시독관 이종백李宗白은 임금이 정성으로 간쟁을 구하고 의심 없이 이를 실행하면, 위로 삼공부터 아래로 백관까지 누구나 모두 말한다고 덧붙였다. 검토관은 영조의 할아버지 현종이 재위 15년 동안 경연관들의 간쟁을 모두 좇았으니, 이를 본받으라고 다시 당부했다. 영조는 그 말이 절실하다고 화답했다.[35] 검토관의 말은 물론 사실이 아니었다.

임금은 왜 간쟁을 거부하나? 육지陸贄가 당 덕종에게 말한 '군상 육폐君上六弊'(임금의 여섯 가지 폐단)가 명답이다. (1) 승호인好勝人은

---

34 연산군 9.2.19①.
35 《승정원일기》 영조 8.2.8.

남에게 이기기를 좋아함이고, (2) 치문과恥聞過는 자기 잘못을 듣기 싫
어함이며, (3) 빙변급변騁辨給은 언변을 휘두름이다. (4) 현총명衒聰明은
총명을 자랑함이고, (5) 여위엄厲威嚴은 위엄을 떨침이며, (6) 자강팍恣
强愎은 멋대로 강팍함이다. 이기기 좋아하면 아첨을 달가워하고, 자기
잘못을 듣기 싫어하면 직간을 꺼린다. 언변을 휘두르면 말로써 남을
꺾고, 총명을 자랑하면 신하들을 의심한다. 위엄을 떨치면 신하들과
감정의 교류가 없고, 멋대로 강팍하면 충고하는 신하들을 처벌한다.[36]
덕종은 육지의 간쟁을 건성으로 들었지만, 그의 상소를 모은 《육선공
주의陸宣公奏議》는 후대의 경연교재가 되었다.

연산군이 《강목》에서 위의 대목을 공부할 때 시강관 남곤南袞이
말하기를, 예로부터 임금에게 납간納諫을 권장한 말 가운데 가장 절
실하니, 마땅히 읽고 반성하라고 했다. 선조가 《논어》를 공부할 때,
기대승奇大升은 소인의 폐단을 말하면서 육지의 논의를 자세히 인용
했다.[37] 뒷날 영조가 소대에서 《육선공주의》를 공부할 때 '육폐'가 자
신에게 해당하는지 묻자, 신하들은 다섯 가지가 해당한다고 대답했
다. 그의 증손자 순조가 주강에서 선조들의 고사를 묻자, 시독관 김
계온金啓溫이 이 고사를 말하고 간쟁을 잘 받아들인 영조의 성덕을
기렸다.[38]

---

36 '군상육폐'는 《강목》 당 덕종 건중建中 4년 11월에 나온다. 육지는 이 글에서 '신
하삼폐臣下三弊'(아첨하기·눈치 보기·겁내기)를 함께 거론했다.

37 연산군 9.2.4②, 선조 2.윤6.6① 및 기대승의 〈논사록論思錄〉 하권. 기대승도 군상
육폐와 신하삼폐를 함께 말했다.

38 영조 9.12.11①, 순조 11.4.3②. 당 덕종 건중建中 4년 10월, 장안에서 군대가 반
란을 일으켰다. 황제가 봉천으로 피란했다가 이듬해 6월 돌아올 때까지, 비판을 잘
받아들였다.

임금이 간쟁을 무시하거나 막으면 어떻게 되나? 신하들은 입을 다물거나 아첨만 한다. 위징도 수 양제 밑에서는 입을 다물었다가, 당 태종을 만나자 힘껏 간쟁했다. 그것은 위징의 허물이 아니다. 수 양제가 도적 9명에게 참형을 결정했는데, 그 가운데 4명은 도적이 아니었다. 관리들은 이런 사실을 알았지만, 황제의 잘못을 바로잡지 않고 모두 처형했다. 성종이 야대에서 《정관정요》를 공부하다가, 이 대목에서 관리들의 불충不忠을 비난했다. 그러나 경연관 두 사람은 그들을 변호하고, 수 양제를 탓했다.

> 성 종: 양께는 진실로 무도하다. 그러나 당시에 신하들이 그 잘못을 알고도 말하지 않은 것이 어찌 무죄일 수 있는가?
>
> 시독관 정휘鄭徽: 돌기둥이 바르면 그림자가 곧으며, 임금이 밝으면 신하들이 충성스럽습니다. 배구裴矩의 충성과 아첨이 좋은 본보기입니다.
>
> 검토관 채수蔡壽: 임금이 직언 듣기를 싫어하더라도, 신하는 (기름 끓는) 가마솥을 피하지 말고 감히 말해야 옳습니다. 하증何曾처럼 물러나 집에서 말하는 것이 어찌 신하의 도리이겠습니까? 그러나 임금이 자기 잘못을 듣기 싫어하면, 사람마다 다투어 아첨하게 되어, 난간을 부러뜨리고 옷자락을 잡아당기는 자가 드물게 됩니다.[39]

---

39 성종 3.1.5⑫. 수 양제의 일은 《정관정요》 권3, 제6편 〈군신감계君臣鑑戒〉. 수 양제가 도적 2천여 명의 목을 베었는데, 진짜 도적은 다섯 명뿐이었다. 대리승大理丞이 이 사건을 다시 조사한 결과 최종 혐의자 9명 가운데서도 4명은 무죄였다. 그러나 황제가 이미 사형을 명했다고, 사실을 보고하지 않았다. 배구는 수 양제 때 대신이었고, 하증은 진晉 무제 때 태위太尉였다. 연산군이 《강목》을 공부할 때도 이

수 양제의 교훈은 아주 분명했다. 임금이 간쟁을 거부하면, 간쟁하는 신하는 사라지고, 아첨하는 신하만 남는다. 그러면 국정이 날로 그릇되어 나라가 망한다. 걸왕·주왕·수 양제가 이를 증명했다. 그들이 가끔 간쟁을 수용했더라면, 나라가 망하지는 않았을 것이다. 성종이 《대학연의》를 공부할 때 "예로부터 난세에도 충성스러운 말이 반드시 있었다."는 대목에 이르렀다. 시강관 이우보李佑甫는 주왕紂王과 조이祖伊, 여왕厲王과 소공召公, 한 무제와 전천추田千秋, 당 덕종과 육지 등 대표적 사례들을 열거하고, 《효경》〈간쟁장〉으로 마무리했다.[40]

간쟁해도 임금이 듣지 않으면, 그를 버리고 가도 좋은가? 성종이 《춘추春秋》를 공부하다가 물었다. 《예기》에 따르면, 세 번 간諫해도 듣지 않으면 떠나간다.[41] 경연관들은 임금을 버리고 가야 마땅하다고 대답했다. 뒷날 고종이 《소학》에서 이 대목을 공부할 때, 참찬관 강난형姜蘭馨은 떠나가지 않는 신하도 있다고 했다.[42] 원래 맹자는 왕족과 일반 신하들을 구별했다. 간쟁을 거듭해도 왕이 듣지 않으면, 일반 신하들은 떠나간다. 왕족은 왕을 바꿔서라도 왕조의 멸망을 막아야 한다.[43] 요컨대 간쟁에 목숨을 거는 것은 본인의 선택이다. 곧 신하에게 유리한 규칙이다.

뒷날 연산군도 경연에서 비슷한 문제를 제기했다. 임금이 혼미하

고사를 논의했다. 연산군 8.8.26②.

40 성종 10.7.8①.

41 《예기》〈곡례(하)〉 17. 부모가 간쟁을 세 번 거부하면, 자식은 울면서 따라간다.

42 《승정원일기》 고종 1.6.4.

43 성종 4.10.26③. 《맹자》〈만장(하)〉 9. 맹자는 경卿을 귀척貴戚과 이성異姓으로 나누고, 귀척(왕족)에게는 무한 책임을, 나머지에게는 유한 책임을 지웠다.

면, 신하가 포기해도 되나? 그를 쫓아내고 다른 임금을 세워야 하
나? 시독관 성세순成世純은 임금이 임금답지 못해도, 신하는 신하다
워야 한다고 했다. 무오사화의 살벌한 분위기가 작용한 것 같다.[44]
뒷날 선조가 《논어》를 공부하다가 삼인三仁이 신하의 도리를 다했는
지 물었다. 비간比干은 간쟁하다가 죽었지만, 기자箕子와 미자微子는
도망가거나 미친 척했다. 참찬관 유희춘柳希春은 이들의 행위를 적극
두둔했다.[45]

3. 아첨 물리치기

아첨阿諂은 간쟁의 반대 개념이다. 듣기 좋은 말로 남의 비위를 맞
추는 행동이며, 아유阿諛·편녕便佞·첨녕諂佞 등 표현이 다양했다. 참녕
讒佞은 헐뜯기와 알랑거림을 합친 말이다. 물론 임금은 자기 뜻을 거
역하는 간쟁을 싫어하고, 자신에게 영합하는 아첨에 잘 넘어간다. 유
가는 아첨의 유혹과 해독을 몹시 경계하여 역사책에 그런 사례들을
많이 실었다. 그런 사례가 나올 때마다 경연관들은 임금에게 아첨을
경계하고, 아첨하는 신하를 즉시 물리치라고 가르쳤다.

환관 조고趙高는 가장 악명 높은 아첨꾼이었다. 진시황이 죽고, 아
들 호해胡亥가 즉위하여 물었다. 인생은 한순간인데, 황제로서 이목耳
目과 마음의 즐거움을 실컷 누려도 되는가? 조고는 그것이 명군明君

---

44 연산군 5.11.24②.
45 선조 7.5.30①. 유희춘 《미암집眉巖集》 권17, 46쪽(〈경연일기經筵日記〉).

의 능사能事요, 혼군昏君의 금기禁忌라고 대답했다. 당장 황제를 부추겨 황족과 대신들을 죽이고, 아방궁阿房宮을 지었는데, 진나라는 곧 망했다. 선조가 《상서》〈홍범〉편을 공부할 때, 부제학 유희춘은 간신이 아첨으로 권력을 농락하다가 나라를 망친 사례 셋을 거론했다. 진나라 조고와 2세 황제, 이임보와 당 현종, 채경蔡京과 송 휘종이었다.[46]

당 현종은 24년 동안 명재상들을 기용하여 밝은 정치를 펼쳤는데, 그 뒤 십여 년 동안 이임보 같은 간신들을 총애하여 나라를 위기에 빠뜨렸다. 효종의 소대에서 참찬관 이시해李時楷가 말하기를, '개원開元의 다스림'과 '천보天寶의 어지러움'은 장구령과 이임보의 진퇴에 달렸다고 했다. 성종이 《강목》을 공부하다가 물었다, 현종이 연호를 천보로 바꿀 때 왜 말리는 신하는 없고 모두 축하했나? 시강관 노공필盧公弼이 대답했다. 이임보가 수상이 되어 바른말 하는 신하를 모두 쫓아냈기 때문이다.[47] 뒷날 선조의 야대에서 이황李滉이 당 현종의 마음이 바뀐 과정을 설명했다.

> 예로부터 임금이 처음에는 정사政事가 청명淸明하고, 바른 사람을 등용합니다. 그러나 임금에게 과실이 있으면 바른말 하니, 반드시 싫증이 납니다. 이에 간사한 사람이 틈을 타서 임금의 뜻을 맞춥니다. 임금은 내가 이 사람을 쓰면, 하고 싶은 일을 마음대로 하겠다고 생각합니다. 이로부터 소인과 함께하니, 바른 사람이 손을 쓸 수가 없습니다. 그런 뒤에 간신이 뜻을 얻고 같은 무리를 끌어들여 안 하는 짓이 없습니다. ……

---

46 선조 7.4.25①.
47 효종 3.12.14①, 성종 8.4.19⑤.

　　현종은 욕심이 많았는데, 군자들은 바른말을 했고, 이임보와 양국
충의 무리는 오로지 받들었습니다. 이로 말미암아 군자들은 죄다
떠나고 소인들만 남아서, 마침내 '천보天寶의 난'이 일어났습니다.
임금은 같은 사람인데, 일은 전혀 다른 사람이 한 것 같습니다. 처
음에는 군자와 함께하고 나중에는 소인과 함께했기 때문입니다.[48]

　　송 휘종과 채경은 가장 두드러진 한 쌍이었다. 휘종은 북송 최고
의 예술가로서 시·글씨·그림·음악 등에 두루 뛰어났지만, 국정은 엉
망이었다. 채경은 전형적인 간신으로 황제의 사치와 낭비를 도왔는
데, '화석강花石綱'이 대표적이다. 그는 십 년 이상 권력을 독점했고,
유능한 인물 삼백여 명을 붕당으로 몰고, 그 명단을 비석에 새겨 관
직에서 배제했다. 휘종은 섣불리 금나라를 끌어들여 요나라를 함께
공격했다가, 아들(흠종)과 함께 금나라의 포로가 되고 북송은 망했다.
앞에 말한 선조의 경연에서, 부제학 유희춘은 휘종과 채경을 함께 비
난했다.

　　송 휘종은 성질이 방탕하고 재주가 많고 사치를 좋아했는데, 채
경이 방탕과 사치로 꼬드겼습니다. 토목공사는 모두 이전의 규모를
넘어 사치를 뽐냈고, 매양 "임금은 회계會計하지 않는다."는 핑계로,
조종祖宗이 축적해 온 재물을 모조리 썼습니다.[49]

48 선조(수정실록) 2.3.1①. 《퇴계집退溪集》〈연보〉 융경隆慶 3년 3월 무신. 이황은
전날 판중추부사에 임명되었다. 이날 입궐하여 사은謝恩한 뒤 야대청夜對廳에서 임
금을 만났다.
49 선조 7.1.21①. 실록 원문의 '도유導誘' 앞에 붙인 구두점을 그 뒤로 옮겨서 번역
했다. 조선사편수회 편집, 《미암일기초眉巖日記草》(국학자료원 영인, 1982)의 이 대

유가는 작은 아첨을 더욱 경계했다. 시나브로 커지기 때문이다. 당 태종이 궐내에서 나무 한 그루를 칭찬하자, 곁에서 대장군 우문사급宇文士及이 맞장구쳤다. 이에 태종이 정색하고 말했다. "위징이 내게 아첨하는 자를 멀리 하라고 했다. 그게 누군지 몰랐는데 이제 알겠다." 이에 우문사급이 사죄하고 말했다. "조정의 여러 신하들이 면절面折하고 정쟁廷爭하니, 폐하께서는 손도 움직일 수가 없습니다. 지금 다행히 제가 가까이서 모시고 자못 뜻을 받들 수 있습니다. 비록 천자가 존귀하지만, 또한 무슨 즐거움이 있겠습니까?" 이 말에 태종이 마음을 풀었다.

이 고사도 여러 교과서에 두루 실렸다. 세종은 《대학연의》를 공부하다가 시강관 정초鄭招와 이 사건의 교훈을 논의했다.[50] 선조의 경연에서 승지 기대승도 이 고사를 인용하고, 당 태종처럼 영명한 임금도 소인의 술수에 빠진 것을 거울삼아 더욱 경계하라고 충고했다.[51] 《주역》〈곤괘坤卦〉에 '이상견빙지履霜堅氷至'라는 구절이 있다. 서리를 밟으면 곧 얼음이 단단히 언다는 말이다. 음기陰氣가 처음 생길 때는 세력이 약하다가, 서로 엉기면서 곧 강성해진다는 뜻이다. 숙종이 이 대목을 공부할 때, 경연관들은 우문사급을 딱 맞는 사례로 들었다.

목에도(제4권, 237쪽) 구두점을 뒤에 붙였다. '졸卒'(실록)과 '솔率'(일기초), 둘 다 '모두'의 뜻이다. "오직 왕은 회계하지 않는다."는 《주례》〈천관〉'선부膳夫'에 나온다. 왕·왕비·세자의 음식 지출을 연말 회계에서 제외한다는 규정인데, 채경이 멋대로 토목공사에 적용했다.

50 세종 0.11.29①.
51 선조 2.윤6.6①. 《고봉집》〈논사록論思錄〉하권, 47쪽.

시독관 이희무李喜茂: 우문사급이 나무를 칭찬한 것은 비록 말이 미세하지만, 아첨임을 감추기 어렵습니다. 태종처럼 영명하지 않아도, 그것이 아첨인 것을 누가 모르겠습니까? (태종이) 처음에 그것을 알고 꾸짖고서도 끝내 그를 물리치고 멀리하지 못했으니, 정심正心 공부가 없었기 때문입니다. ……

지사 민진장閔鎭長: …… 태종이 사급을 아첨꾼이라고 꾸짖었는데, 정말 아첨을 미워한 것이 아니라 아첨을 미워하는 척한 것입니다. 끝내 마음을 푼 것은 아첨을 미워하는 진심이 없었기 때문에 저도 모르게 아첨에 빠진 것입니다.[52]

아첨을 어떻게 알아내나? 《상서》〈태갑泰甲(하)〉편에 좋은 방법이 나온다. 상나라 재상 이윤伊尹이 임금(태갑)에게 충고했다. "남의 말이 내 마음에 거슬리면 대개 도리에 맞고, 내 뜻에 맞으면 대개 도리에 어긋납니다." 《사기》〈유후세가留侯世家〉에서 장량張良이 유방劉邦에게 말했다. "충성스러운 말은 귀에 거슬리지만 행실에 이롭고, 독한 약은 입에 쓰지만 병에 이롭습니다." 경연관들은 두 격언을 자주 인용했다. 숙종이 조강에서 《대학연의》를 공부할 때, 대사헌 이현일李玄逸은 이윤의 말을 인용하고 이렇게 충고했다.

대개 순종하는 말은 따르기가 쉽고, 뻣뻣한 말은 받아들이기가 어렵습니다. 만일 임금이 뜻에 맞더라도 쉽게 따르지 않고, 마음에 거슬려도 받아들이기를 어려워하지 않는다면, 소인이 백 명이라도 어찌 임금의 마음을 홀릴 수 있겠습니까?[53]

---

[52] 《승정원일기》숙종 25.9.3.

말은 쉬운데, 실제로 둘을 구별하기는 어렵다. 순조가 소대에서 강독을 마치고 물었다. 군자와 소인, 충언과 아첨을 구별하는 요령은 알겠는데, 막상 실제 상황에 부딪치면 늘 헷갈린다. 어찌하면 밝게 구별할 수 있나? 정답은 감공鑑空과 형평衡平이다.[54] 중종이 야대에서 말했다. "임금의 마음이 거울처럼 텅 비고, 저울대처럼 평평하여 사사로움이 조금도 없으면, 옳고 그름이 저절로 구별된다."[55] 문제는 다시 마음공부로 돌아간다. 앞서 연산군이 아첨하는 신하를 알아보는 방법을 묻자, 경연관 다섯 명이 모두 한마디씩 했다. 인용문이 길어서 대간의 발언은 뺀다.

시강관 남세주南世周: 밝음으로 비추면, 백 가지 간사奸邪함이 드러납니다.

영사 어세겸魚世謙: 아첨을 알아보기는 성인도 어렵게 여겼습니다. 그 말이 충성스러운 것 같으면서 임금의 뜻에 영합하기 때문입니다. 임금이 지극히 밝아야만 구별할 수 있습니다.

지사 이극돈李克墩: …… 옛말에 "어떤 말이 네 마음에 거슬리거든 반드시 도道에 맞는지 알아보고, 어떤 말이 네 뜻에 맞거든 반드시 도에 어긋나는지 알아보라."고 했습니다. 유념하시기 바랍니다.

특진관 박숭질朴崇質: 아첨하는 말은 엿처럼 부드러워 임금이 쉽사리 믿고, 강직한 말은 거슬려서 받아들이기 힘듭니다. …… 무릇 임금의 일심一心은 만화萬化의 근원입니다. 마음을 정성스럽고 참

---

53 《승정원일기》 숙종 19.5.19.

54 순조 5.7.3①. 순조가 여러 가지를 물었는데, 이날따라 경연관들의 대답이 시답잖았다.

55 중종 6.12.14⑥. 왕이 주자의 말을 인용했다. 《대학혹문大學或問》, 전傳 7장.

되게 하여 밝음으로써 비추면, 아첨이 그 사이에 끼어들지 못합
니다. ……

남계주: 명덕明德은 효과가 있습니다. 사람의 마음은 본래 텅 비고
밝으나, 물욕에 가려서 때로 어둡습니다. 모름지기 학문으로 명덕
을 밝히면, 간사함이 이를 가릴 수 없습니다.

특진관 김체신金悌臣: 임금이 경연에 부지런히 나아가서 다스리는
도리를 물으면, 성학聖學이 빛나고 덕이 자연히 밝아져서 여러 신
하들의 충성과 아첨을 알 수 있습니다.[56]

임금이 아첨을 알아채도 물리치지 않으면 소용이 없다. 곽공郭公이
바로 그랬다. 제齊 환공桓公이 곽郭나라가 망한 원인을 물었더니, 그
나라 사람들이 잘 대답했다. 임금이 선을 좋아하고 악을 미워했지만,
선을 쓰지도 악을 물리치지도 못해서 망했다는 것이다. 성종이 《강
목》을 종강할 때, 경연관들이 주나라 말기부터 오대五代까지 역대 왕
조의 흥망을 토론했다. 참찬관 성현成俔은 곽공의 고사를 먼저 들고,
이를 당 태종과 우문사급, 당 현종과 이임보에 적용했다.[57] 중종이
《춘추》를 공부할 때, 곽나라가 망한 대목에서 시강관 최숙생崔淑生은
이렇게 말했다.

이것은 어리석은 임금의 일이지만, 현명한 임금이라도 그렇습니
다. 한 무제는 급암의 충성을 알았으나 쓰지 못했고, 당 태종은 우

---

56 연산군 3.10.21①.

57 성종 11.2.11④. 곽나라가 망한 원인은 《관자管子》에 실린 것을 당 태종 때 왕규
王珪가 인용했다. 《정관정요》 권2, 납간納諫. 조선의 경연관들은 이를 재인용한 것
같다.

문사급의 간사함을 알았으나 물리치지 못했습니다. 무릇 임금은 사심이 없고 해와 달처럼 밝은 뒤에야, 현우賢愚를 가릴 수 있습니다. 현명한 자는 뜻을 거슬러서 물러나기 쉽고, 불초한 자는 뜻을 따르므로 나아가기 쉽습니다.[58]

요컨대 임금의 비위를 맞추는 아첨은 임금을 비판하는 간쟁과 정반대다. 전자는 국가를 쇠망케 하는 독약이고, 후자는 국가를 흥성케 하는 보약이다. 아첨하는 소인과 간쟁하는 군자는 상극相剋이다. 물론 임금은 소인의 아첨을 물리치고, 군자의 간쟁을 받아들여야 한다. 이 흑백론은 임금 길들이기에 매우 유용했다. 대간이 임금을 비판할 때 대신이 임금을 두둔하면, 당장 그를 아첨하는 소인으로 몰아붙였다. 이로써 임금을 고립시키고, 대신들까지 견제할 수 있었다. 다만 경연 강의에서 간쟁의 비중이 압도적으로 컸고, 아첨은 가끔 논의되는 데 그쳤다.

4. 간쟁과 권력 게임

간쟁은 임금의 잘못을 바로잡는 방법이고, 간쟁 담론은 그 실행 프로그램이다. 대간이 맘껏 간쟁하고 임금이 잘 따르면, 좋은 정치가 실현될까? 아니다. 과유불급過猶不及이다. 간쟁도 지나치면 해롭다. 가령 성종은 매일 경연에서 신하들과 정책을 토론했고, 대간의 간쟁을

---

58 중종 3.10.11①.

적극 받아들였다. 그러자 대간의 힘이 급증하여, 왕과 대신들이 그들의 횡포를 감당할 수 없게 되었다. 왜 이렇게 되었을까?

성종(1469~1494)은 조선왕조가 창업創業에서 수성守成으로 넘어갈 때 즉위했다. 1392년에 출범한 새 왕조는 불교시대 천 년을 끝내고, 유교시대 오백 년을 열었다. 이에 따라 지배계급의 삶의 방식이 유교식으로 바뀌었다. 바로 유교화儒敎化였다. 가령 동성동본同姓同本 사이의 혼인이 사라지고, 부모 삼년상三年喪과 제사가 널리 보급되었다. 성종 때 벌어진 《소학小學》 실천운동은 이런 변화의 증거였다.

새 왕조는 유교식 통치 시스템도 잘 개발했다. 앞서 태종과 세종이 도합 50년 동안 각종 통치 프로그램을 개발했고, 세조가 10년 남짓 이를 보완했다. 성종 때 나온 《경국대전經國大典》과 《국조오례의國朝五禮儀》 등이 대표적인 성과였다. 앞서 지배세력은 태종과 세조의 유혈 쿠데타로 큰 진통을 두 번 겪었다. 이제 그들은 통치 시스템의 완성과 안정적 국정 운영을 바랐다. 성종의 사명은 수성守成이었다.

예종이 일찍 죽자, 대왕대비와 세조의 공신들은 예종의 둘째 조카(13세)를 후계자로 골라서 6년 남짓 잘 가르쳤다. 갑자기 왕이 된 성종은 정말 열심히 공부했다. 조강·주강·석강은 기본이고, 이따금 야대까지 열었다. 매일 평균 두 번 경연을 열어 경서와 역사책을 공부했고, 조강에서는 신하들의 정책 토론에 귀를 기울였다. 그리고 성년이 된 뒤에도 이 틀을 유지했다. 성종은 진짜 모범생으로, 성군 담론을 충실히 실천하려고 애썼다. 이른바 경연정치는 이렇게 등장했다.

성종은 매일 경연에서 신하들을 만나서 국정 현안들을 토론했다. '군신공치君臣共治'라는 원칙을 잘 지켰다. 당연히 국정이 투명해지고, 모든 정책은 유가의 가르침을 따랐다. 원래 국정은 왕과 대신들이 주

도했고, 대간은 이를 감시하다가 잘못을 지적했다. 성종 때부터 대간이
조강에서 왕과 대신들을 직접 만나서 따진 것은 획기적인 변화였다.
대간은 원칙을, 대신들은 현실을 중시했고, 왕은 어느 한쪽을 편들거
나 둘의 주장을 절충했다. 이로써 견제와 균형을 유지할 수 있었다.

그러나 경연정치는 갈수록 갈등이 심해졌고 끝내 파탄에 이르렀다.
대간의 힘이 급증하여 견제와 균형의 삼각관계가 깨진 것이다. 왜 이
렇게 되었나? 조직과 이념 때문이다. 원래 대간은 숫자가 많고 잘
조직되었다. 게다가 성종 9년에 생긴 홍문관(정원 17명)까지 대간에
가세하여, 언론기관이 셋으로 늘었다. 또 간쟁 담론이 갈수록 힘을
얻었다. 유교화가 80년쯤 진행되자, 사림士林을 자처하는 엘리트 집단
이 생겨, 간쟁 담론을 내면화內面化하고 실천하기 시작했다.

먼저 대간의 조직과 기능을 살펴보자. 대간은 사헌부司憲府 6명과
사간원司諫院 5명으로 구성된다. 사헌부는 대사헌(종2품) 1명, 집의執
義(종3품) 1명, 장령掌令(정4품) 2명, 지평持平(정5품) 2명이고, 사간
원은 대사간大司諫(정3품) 1명, 사간(종3품) 1명, 헌납獻納(정5품) 2명,
정언正言(정6품) 2명이다. 두 관청의 우두머리는 당상관堂上官이고, 나
머지는 종3품~정6품의 당하관堂下官이다.[59] 모두 문과文科에 합격한
최고 엘리트로서, 대개 참하관參下官(7~9품) 때 사관이나 하급 경연
관을 거쳤다.

원래 사헌부는 간쟁·감찰·탄핵을 맡고, 사간원은 간쟁만 맡았다.

---

59 사헌부의 감찰監察(정6품) 24명은 간쟁의 권한이 없으므로 간쟁 논의에서 뺀다.
문반의 품계는 9등급이 기본이고, 각 등급을 다시 나누었다. 그리고 정3품 통정대
부通政大夫 이상을 '당상堂上'으로, 정3품 통훈대부通訓大夫 이하를 '당하堂下'라고 불
렀다. 당하관 가운데 6품 이상을 참상參上, 7품 이하를 참하參下로 다시 나누었다.

그러나 양사兩司는 업무 경계를 넘나들었다. 대간은 매일 따로 모여서 간쟁할 안건을 논의했다. 이른바 원의圓議 또는 완의完議였다. 중요한 문제는 양사가 함께 논의했다. 구성원들이 각각 자유토론으로 의제議題를 결정했고, 때로는 소수 의견을 낸 구성원이 사직했다. 이를 근거로, 대간은 자신들의 간쟁을 공론公論이라고 주장했다. 쟁점이 결정되면, 그날 장무관掌務官(당번)이 대궐에 가서 말이나 글로 간쟁했다.

대간의 말은 승지와 승전색承傳色(환관)을 거쳐 임금에게 전달되는데, 가끔 착오가 생겼다. 성종 4년 2월부터 차자箚子(약식 공문)를 올려서 이 문제를 해결했다. 긴 상소문은 가끔 올렸다. 안건이 긴급하면 왕에게 면담을 요청했다. 임금이 간쟁을 받아들이지 않으면 으레 여러 날 반복했다. 가끔 복합伏閤(연좌 농성)이나 총사직總辭職으로 압박의 수위를 높였다. 성종 때 대간을 매일 조강에 참석시킨 것은 정말 큰 변화였다. 간쟁 횟수가 급증하고, 경연 간쟁이 가장 큰 비중을 차지했다.[60]

다음, 간쟁의 이념을 살펴보자. 앞서 말했듯이, 간쟁 담론의 핵심은 다섯 가지다. (1) 간쟁이 없으면, 나라가 망한다. (2) 신하들은 최대한 간쟁하고, 임금은 이를 모두 받아들여야 한다. (3) 특히 대간의 간쟁은 공론公論이므로, 거부하면 안 된다. (4) 임금이 간쟁을 거부하면, 신하가 떠나간다. (5) 간쟁하는 신하를 처벌하면 안 된다. 모두 간쟁

---

60 남지대의 분석에 따르면, 경연 간쟁이 2,523회(40.8%), 일반 간쟁이 3,648회(59.1%)였다. 일반 간쟁은 다시 계啓(구두 전달) 2,262회(36.6%), 차자 827회(13.4%), 상소 493회(8.6%), 기타 66회(1.1%), 합계 7,171회였다. 남지대, 〈조선 성종대의 대간 언론〉, 《한국사론》(서울대) 12(1985), 131쪽, 〈표 2〉.

권을 최대한 보장하는 명제들로서 대간에게 절대 유리하다. 경연관들
은 이런 원칙들을 늘 임금에게 가르쳤고, 부지런히 대간을 편들었다.

가령 대간의 간쟁을 모두 받아들이라는 강령은 사리에 어긋난다.
그러면 대간이 모든 국정을 최종 결정하게 된다. 임금은 당연히 재량
권을 행사한다. 그러나 신하들은 대간이 '공론'을 대변한다는 이유로
왕의 재량권을 부정했다. 삼사뿐만 아니라 대신과 승지들까지 한 목
소리를 냈다. 성종 16년, 왕이 주강에서 《상서》〈열명說命〉편을 공부
하다가, 임금은 간언을 따라야 성군이 된다는 대목에 이르렀다. 성종
이 문제점을 지적하자, 시강관보다 승지가 먼저 나서서 반박했다.

> 성 종: 대간의 말을 모두 따를 수는 없다. 대간에도 어진 자와 부
> 족한 자가 있으니, 말하는 바가 어찌 죄다 지극히 공정한 마음에
> 서 나오겠는가? 사사로이 붕당을 만들어 착한 사람을 몰래 해치
> 는 자도 간혹 있으니, 구별하지 않을 수 없다.
> 우부승지 이세좌李世佐: 성군 아래 어찌 이런 자가 있겠습니까? 대간
> 이 하는 말은 모두 공론에서 나오므로, 따르지 않으면 안 됩니다.[61]

왜 이렇게 말했을까? 승지·정승·판서들은 대개 대간과 경연관을
거쳤고, 경연 담론을 신봉信奉했다. 신권臣權이 쟁점이면, 신하들은 똘
똘 뭉치고 임금만 외톨이가 되었다. 가령 왕명이 부당하면, 승지가
전달을 거부할 수 있나? 당 문종 태화太和 8년, 황제가 간신奸臣을
요직에 임명하자, 급사중給事中(승지) 두 명이 칙서勅書(임명장)를 봉

---

[61] 성종 16.4.12③.《맹자》에서 인용한 구절은 〈이루(하)〉 부족장不足章.

환봉封還했다. 성종 17년, 조강에서 《통감》을 공부하다가, 이 대목에서 논쟁이 벌어졌다. 왕은 봉환을 비판했는데 혼자였다. 영사(우의정)와 시독관은 승정원도 간쟁할 권리와 의무가 있다고 두둔하며, 조금도 물러서지 않았다.

> **시독관 김 흔金訢:** …… 승지들은 후설喉舌의 자리에서 왕명을 출납出納하는데 그저 명령을 따를 뿐 옳으면 친하고 그르면 말리는 기풍氣風이 없습니다. 성군이 계실 때는 아무 걱정이 없으나, 후대에는 폐단이 생겨 헛되이 폐신嬖臣의 자리가 될까 두렵습니다.
>
> 왕이 좌우를 돌아보고 물었다.
>
> **영사 이극배李克培:** 이 말은 참으로 옳습니다. 승정원은 요직이고, 그 임무가 매우 무겁습니다. 옳은 것은 친하고 그른 것은 말려야지, 어찌 순종만 해서야 되겠습니까?
>
> **성 종:** 나는 칙서의 봉환이 잘못이라고 본다. 만기萬機의 일을 모두 승정원이 출납하는데, 만약 옳은 것을 골라서 출납한다면, 나중에는 막고 가리는 폐단이 생길 것이다.
>
> **이극배:** 신하들이 아뢰는 일을 승정원이 옳은 것만 골라서 보고한다면 잘못입니다. 국왕의 명령은 반드시 검토한 뒤에 써보써야 옳습니다.
>
> **성 종:** 재상이 아뢰는 일은 옳은 것도 있고 그른 것도 있는데, 승정원이 옳고 그름을 가리지 않고 죄다 보고하고, 임금의 명령은 반드시 옳은 것만 골라서 써보써면, 임금의 명령이 재상의 말보다도 못한 것이다.
>
> **이극배:** 저희 말씀은 왕명을 폐기한다는 것이 아닙니다. 왕명 가운데 좋은 것만 써보써고 좋지 않은 것은 도로 거두어, 임금의 파

오가 없도록 하자는 것입니다.

김 흔: 승정원이 왕명을 봉행奉行하기만 한다면, 이속吏屬 하나로 충분할 것입니다. 왜 꼭 사람을 골라서 맡겨야 합니까?

성 종: 승정원이 아니라도 대간이 따로 있다. 만약 승정원에 언판의 직책을 맡긴다면, 대간은 폐지해도 좋을 것이다.

이극배: 저희 말씀은 승정원이 대간의 일을 한다는 것이 아닙니다. 승정원은 근시近侍의 자리로서 왕명을 출납하는데, 좋지 않은 것도 그냥 순종만 하고 간언하지 않는다면 매우 옳지 않습니다.

성 종: 김흔의 말은 그렇지 않다. 장차 승정원에게 대간의 일을 맡기려는 것이다.

김 흔: 옛날에는 장인匠人도 기예技藝에 관하여 간했습니다. 하물며 승정원은 근밀近密한 자리에 있습니다. 임금의 잘못을 보면, 어찌 대간이 말하기를 기다리느라고 말하지 않겠습니까?

성 종: 승정원이 말하지 않는 것이 아니다. 무릇 왕명을 내릴 때 착오가 있으면, 반드시 다시 아뢰고 반포한다. 어찌 순종할 뿐인가? 조서를 봉환하는 일이 어느 때 시작되었나? 당 문종 때는 기강이 해이하여 조서를 봉환하기에 이르렀다. 이것이 어찌 아름다운 일인가?

이극배: 옛날과 지금은 사정이 달라서 지금 모두 실행할 수는 없습니다. 그러나 봉환하는 일이 어찌 아름답지 않습니까?[62]

요컨대 대간 제도와 간쟁 담론이 대간에게 워낙 유리해서, 대간의

---

62 성종 17.1.8①. 후설(목구멍과 혀)은 대언代言(대변인)이란 뜻이다. 세조 때, 벼슬 이름을 대언에서 승지로 바꿨다. 장인도 간쟁한다는 말은 《상서》〈윤정胤征〉편에 나온다.

득세得勢와 횡포橫暴는 필연적이다. 왕·대신·대간의 삼각관계를 권력 게임으로 보면, 상황을 이해하기 쉽다. 원래 권력 게임은 제로섬 게임이다. 내가 따는 만큼 남이 잃는다. 그리고 간쟁 담론은 경기 규칙이다. 경기 초반에는 국왕이나 대신 팀이 대간 팀보다 훨씬 더 많은 권력을 가졌다. 그러나 게임 규칙대로 대간은 계속 공격하고 임금과 대신들은 방어만 하면, 승부는 뻔하다. 열 번, 백 번 찍으면 다 넘어간다.

　성종 때, 이런 권력 게임이 실제로 벌어졌다. 그의 재위 25년 동안 대간의 간쟁 횟수는 모두 7,170회로, 연평균 287회, 월평균 약 20회였다. 태조~예종의 77년 동안 월평균 약 4회에 견주면, 다섯 배나 증가했다. 재위 기간을 초기(1년~7년)·중기(8년~17년)·말기(18년~25년)로 나누면, 초기 1,436회(연평균 205회), 중기 2,567회(연평균 285회), 말기 3,167회(연평균 352회)로 갈수록 늘었다.⁶³ 시간이 갈수록 대간이 같은 간쟁을 여러 번 반복했기 때문이다.

　당시 대간은 어떤 문제를 많이 다루었나? 남지대에 따르면, 탄핵이 42.8%, 관리 임명에 대한 시비가 28.4%로, 인사 관련이 약 70%였고, 나머지 30%는 다양한 주제였다. 대간의 전략은 '선택과 집중'이다. 간쟁은 탄핵에 집중하고, 탄핵 대상은 고위직에 집중했다. 대부분 대신(1~2품)과 당상관(3품)이고, 공신功臣들이 많았다. 정두희에 따

---

63 간쟁 횟수는 남지대가 연도별로 작성한 것을 김범이 세 시기로 나누어 합산했다. 김범, 《사화와 반정의 시대 : 성종·연산군·중종대의 왕권과 정치》(역사의 아침, 2015, 개정판, 268쪽, 주석 36). 연평균 수치는 여기서 반올림함. 태조~예종 때의 월평균 간쟁 횟수는 남지대, 앞 논문, 134쪽. 통계 방식에 따라 간쟁 횟수(합계)가 조금씩 다르다.

르면, 대간의 인물 탄핵은 모두 2,702회였고, 그 가운데 공신 탄핵이 989회(36.6%)였다.[64] 이처럼 대간은 최고 권력자들을 집중 공격했다.

최고기록은 임사홍 140회, 한명회韓明澮 107회, 유자광柳子光 56회 등이다. 한명회는 세조의 쿠데타를 주도한 공신이고, 예종과 성종의 장인이며, 3정승을 오래 했다. 대간은 끈질긴 탄핵으로 그를 여러 번 몰아냈고, 임사홍과 유자광도 그렇게 쫓아냈다. 또 관리 임명을 잘못했다고, 이조의 모든 관원을 29회, 병조의 모든 관원을 13회 탄핵했다. 사헌부는 우두머리인 대사헌 6명을, 사간원은 대사간 7명을, 각각 탄핵했다. 성종 25년에는 3정승과 6판서들을 모두 탄핵한 일도 있다.[65]

대간이 탄핵하면, 대신은 어찌 대응하나? 임금에게 해명하거나, 대간을 반박할 수는 없다. 공론을 거스르면 죄가 된다. 이것도 게임 규칙이다. 그냥 사표를 내야 한다. 임금은 어떻게 대응하나? 탄핵이 정당하면 사표를 수리하고, 아니면 돌려준다. 간쟁이 거부되면, 대간은 오랫동안 되풀이한다. 임금이 대신 탄핵을 자주 수용하면 대간의 권력이 늘고, 왕과 대신의 권력이 줄어든다. 간쟁을 자주 거부하면 결과는 정반대다. 두 가지 방법을 잘 사용해야 권력의 균형을 유지한다.

성종은 즉위하고 6년 남짓, 아무 재량권이 없었다. 대간이 대신들을 탄핵하면, 대왕대비(할머니)가 국가 원훈元勳의 작은 허물이라고 덮어 버렸다. 성종 7년, 왕이 친정을 시작하자, 간쟁을 수용하여 한명회 등 공신들을 물러나게 했다. 이로써 공신들의 힘을 줄이고, 왕의 재량권을 늘렸다. 그러나 비싼 대가를 치러야 했다. 대간의 힘이

---

64 남지대, 위 논문, 160~162쪽; 정두희, 〈조선 성종대 대간의 탄핵 활동〉, 《역사학보》 109(1986.3), 14쪽, 〈표 5〉.

65 정두희, 위 논문, 15~16쪽. 임사홍은 성종과 사돈이었다.

너무 세져서 대신들을 우습게 보고, 임금의 말도 잘 듣지 않기에 이르렀다. 이른바 '능상지풍陵上之風,' 곧 윗사람을 업신여기는 풍조가 심해졌다.

성종 12년 5월 7일, 조강에서 대간이 한명회를 탄핵하고, 왕에게 그를 국문하라고 요구했다. 그가 중국에 사신으로 갔다가 4월에 돌아오자, 대간이 탄핵을 계속했다. 그날 마침 영사 한명회가 경연에 참석했다가 자리에 엎드려 대죄待罪했다. 왕이 대간을 질책했다. "그렇다면 (그가) 내 말을 따르지 말고, 대간의 말을 따르라는 것이냐? 권력이 대각臺閣에 돌아간다면, 그게 무슨 나라냐." 이 무렵 임금이 대신들에게 의견을 물어도, 모두 대간이 두려워서 소신대로 대답하지 못했다.

왜 이렇게 되었을까? 자업자득自業自得이다. 성종은 우유부단하여 큰일을 결단하지 못하고, 늘 여러 신하들과 의논했다. 공개적인 토론은 장점도 많지만, 때로 사태를 악화시킨다. 가령 9년 4월에는 승지 임사홍과 대간의 대립을 중재한다는 것이 엉뚱하게 '소인 재판'으로 끝났다. 13년 8월, 폐비廢妃 윤씨尹氏에게 사약死藥을 내릴 때도 의정부·육조·대간의 관원들을 모두 불러서 의논했다. 대간은 왕의 통치 방식을 잘 이용했고, 성종은 이들이 날뛰어도 억제하지 못했다.

대간을 어떻게 길들이나? '능상지풍'을 어찌 고치나? 연산군은 바로 이 과제와 씨름했다. 대간은 새 왕 길들이기를 서둘렀고, 왕은 이를 최대한 회피했다. 몇 해를 벼르던 왕이 드디어 칼을 뺐다. 그는 무오(1498)와 갑자(1504), 두 번 사화士禍로 대신과 언관들에게 맘껏 보복했다. 고삐가 풀린 연산군은 왕조의 지지기반인 엘리트 관료들을 마구 죽이고 유배하다가, 끝내 자신이 쫓겨났다. 대간이나 임금이나 모두 권력을 남용한 업보業報였다.

　권력 게임의 악순환은 중종 때도 반복되었다. 처음에는 임금과 대간이 힘을 합쳐서 공신들을 억제했다. 힘을 얻은 대간은 임금까지 다그쳤다. 가령 중종 9년 2월, 자질이 부족하다고 영의정 송질宋軼 등 대신 네 명의 교체를 요구했다. 왕이 거부하자, 대간은 매일 간쟁했다. 3월부터 하루 5~9회 간쟁하고 또 매일 사직辭職했다. 복직을 명하면, 다시 간쟁하고 또 사직했다. 5월 29일, 하루 열 번 사직했다.

　중종이 고삐 풀린 대간을 제어하는 방법은 폭력뿐이었다. 기묘사화(1319)는 대간의 업보였다. 이로써 대간의 전성시대는 끝났다. 이때부터 대간은 권력투쟁의 주체가 아니라 도구로 바뀌었다. 권신權臣들은 대간 임명을 장악하고 간쟁을 조종했다. 조선 후기에는 붕당들이 권력 게임을 주도했고, 대간은 집권당의 사냥개가 되었다. 간쟁 담론 탓인가? 대간이 권력을 남용하다가, 끝내 설 자리를 잃었다.

　이제 간쟁 담론을 문답형식으로 정리해 보자. 첫째, 간쟁이란 무엇인가? 간쟁은 임금이나 부모에게 하는 바른말이다. 유교에서 임금과 신하, 부모와 자식은 하늘과 땅처럼 절대적인 상하관계다. 그러나 임금이 잘못하면 나라가 망하고, 아버지가 잘못하면 집안이 망한다. 그럴 때 아랫사람이 윗사람에게 바른말을 하는 것이 충성이고 효도다. 그래서 신하들은 임금에게 간쟁할 권리와 의무가 있다.

　둘째, 왜 간쟁이 필요한가? 간쟁은 임금의 잘못을 바로잡는 유일한 방법이다. 임금이 국정을 잘못 결정하면, 나라가 혼란해지고 신하와 백성들의 삶이 힘들어진다. 더구나 임금은 법 위에 있어서, 그에게 책임을 묻거나 그의 결정을 달리 번복할 수가 없다. 간쟁은 국정의 제동장치로서 국가의 흥망을 좌우한다.

셋째, 신하는 어떻게 간쟁하나? 방법은 에두르기부터 거친 말과 행동까지 다양하다. 다만 신하가 간쟁하다가 임금의 자존심을 잘못 건드리면, 당장 날벼락을 맞는다. 부드러운 간쟁이 안전하지만, 임금의 관심을 끌기 어렵다. 군자라면 위험을 무릅쓰고 바른말을 해야 한다. 그래야만 임금을 성군으로 만들 수 있다. 특히 언관들은 끝까지 간쟁하고, 임금이 받아들이지 않으면 벼슬을 버려도 좋다.

넷째, 임금은 간쟁에 어떻게 대응하나? 모름지기 간쟁을 기꺼이 수용하고, 잘못을 바로잡아야 한다. 간쟁을 거부하면 안 된다. 처벌하면 더더구나 안 된다. 그렇게 하면 바른말 하는 신하들은 떠나거나 아예 입을 다물고, 국정은 날로 어지러워진다. 성군들은 간쟁을 잘 받아들여 이상 정치를 이루었고, 폭군들은 간쟁하는 신하들을 죽여서 나라가 망했다.

다섯째, 아첨에는 어떻게 대응하나? 아첨은 간쟁의 정반대다. 군자의 간쟁은 나라의 보약이고, 소인의 아첨은 독약이다. 그러나 아첨은 듣기 좋은 말이라, 임금이 조금만 방심하면 여기에 홀린다. 임금은 늘 아첨을 경계하고, 알아채면 당장 물리치며, 그런 소인들을 조정에서 쫓아내야 한다. 아첨에 현혹되면 나라를 망친다.

왜 많은 임금들이 간쟁을 물리치고, 아첨에 이끌려서 나라를 망쳤나? 여기서 간쟁 담론은 군자—소인 및 수기 담론과 연결된다. 또 모든 문제는 임금의 마음공부로 귀결된다. 임금의 마음이 바르면, 군자와 소인을 잘 구별하여 전자를 가까이하고 후자를 멀리한다. 또 간쟁을 잘 받아들이고 아첨을 바로 물리친다.

간쟁 담론은 조선의 현실 정치에 어떤 영향을 미쳤을까? 간쟁은

본래 황제의 절대 권력을 견제牽制하고 신권臣權을 강화하는 장치였
다. 조선 국왕은 힘이 약한데도 언론기관이 셋이고, 언관도 중국보다
훨씬 더 많았다. 또 간쟁 담론이 왕권을 억제하고, 신권을 강화했다.
이에 고삐 풀린 대간이 간쟁권을 남용하다가 박살이 났다. 조선 후기
에는 간쟁 담론이 당쟁의 게임 규칙으로 악용되었다.

제3장

재이론

재이災異란 무엇인가? 하늘과 땅의 이변異變이다. 곧 정상에서 벗어난 자연현상이다. 천재天災와 지이地異를 합친 말이고, 재변災變 곧 천재지변天災地變과 같은 뜻이다. 일식·월식·혜성 등 하늘의 재변과 가뭄·홍수·지진·대화재 등 땅의 이변을 아우른다. 옛날부터 지상의 재변은 사람들의 삶을 위협했고, 하늘의 재변은 그들을 불안하게 했다. 재이의 종류도 많고, 사람들의 대응 방식도 다양했다.

상서祥瑞는 재이의 반대 개념이다. 태평성대에만 나타난다는 기린과 봉황처럼 신비한 동물이나, 감로甘露와 지초芝草 같은 특별한 현상이다. 세쌍둥이 출산이나 깃털이 흰 동물처럼 등급이 낮은 길조吉兆도 있다. 무릇 상서는 한가한 일이었다. 신비한 동물들은 전설에나 나왔고, 깃털이 흰 동물 등은 그저 호기심의 대상이었다. 대개 허영심 많은 임금과 아첨하는 신하들이 상서를 좋아했다.

원래 공자와 맹자의 가르침은 인간사에 집중되고, 하늘과 땅은 깊이 논의하지 않았다. 그러나 한나라가 유교를 대제국의 지배 이념으로 채택하자, 유가는 다른 학파들의 사상을 흡수했다. 재이 담론은 그 결과였다. 유가는 음양가의 이론을 받아들여 천天·지地·인人을 하나로 연결했는데, 임금이 그 굴대(축軸)였다. 이렇게 인간사가 천지의 운행과 연결되자, 천재지변이 큰 정치적 의미를 갖게 되었다.[1]

1 다음 문헌을 참고했다. ① 풍우의 《천인관계론》(김갑수 번역, 신지서원, 1993)은 재이 사상의 배경을 잘 밝혔다. 뒤에 개정판 《동양의 자연과 인간이해 : 중국의 천인관계론》(논형, 2008)이 나왔다. ② 박성래의 《한국과학사상사》(책과 함께, 2012)

재이 담론의 구조는 조금 복잡하다. (1) 우주와 인간세상은 같은 기운이며, 서로 통한다. (2) 하늘은 임금에게 백성들을 잘 돌보라고 맡겼다. (3) 백성들의 삶이 고달프면, 하늘과 땅이 감응하여 재이가 나타난다. (4) 재이는 임금이 정치를 잘못했다는 하늘의 판결이고 경고다. (5) 임금은 즉시 반성하고 잘못을 고쳐야 한다. (6) 상서는 성군의 치세에나 나타난다. 가짜 상서로 사람들을 속이면 안 된다.

재이 담론은 임금을 길들이는 강력한 무기였다. 재이는 임금이 잘못했다는 하늘의 꾸중이라, 그를 수세守勢로 몰고 왕권을 약화시킨다. 이와 반대로 상서는 임금이 정치를 잘했다는 칭찬이라, 왕의 권위를 한껏 드높인다. 물론 유가는 재이를 강조하고 상서를 무시했으며, 경연관들은 이런 전통을 잘 지켰다.

제3장은 조선시대 경연관들의 재이 담론을 몇 가지 문답으로 정리한다. 첫째, 재이란 무엇인가? 둘째, 재이는 왜 생기나? 셋째, 재이가 나타나면 임금이 어떻게 대응하나? 무시하면 어떻게 되나? 넷째, 상서가 생기면 어찌 대응하나? 끝으로 조선에서 재이 의례儀禮가 임금을 어떻게 길들였는지 살핀다.

는 《삼국사기三國史記》·《고려사高麗史》·《조선왕조실록》 등에 실린 각종 재이의 기록과 해석을 두루 검토했다. ③ 쓰다 소키치津田左右吉의 《儒教の研究》(岩波書店, 1950/1955), 제2편 〈前漢の儒教と陰陽說〉은 필자가 1970년대에 처음 만난 길잡이였다. ④ 리쩌허우李澤厚, 《중국고대사상사론》(정병석 옮김, 한길사, 2005), 〈동중서와 천인우주론의 도식〉(205~227쪽)은 이 주제를 새로운 각도에서 살폈다. 경석현의 박사학위 논문 〈조선후기 재이론의 변화 : 이론체계와 정치적 기능을 중심으로〉(경희대학교 대학원 사학과, 2018)는 중국 고대 재이론의 형성부터 고려시대의 수용과 조선시대의 변용까지 폭넓게 살폈다.

1. 재이는 왜 생기나?

재이론은 한대漢代 유학의 산물이다. 한 무제는 유교를 지배 이념으로 삼고, 유학자들을 오경박사五經博士 등 관리로 임명했다. 이들은 곧 정치세력으로 성장하여 국정을 주도하고, 통일제국을 뒷받침할 이론체계를 새로 개발했다. 분서갱유焚書坑儒로 없어진 경서들을 복원하고, 법가法家와 음양가陰陽家 등 다른 학파들의 생각을 많이 빌렸다. 법가가 개발한 통치 시스템을 고치고, 음양오행설에 따라 인간사회와 우주를 하나의 이론으로 통합했다. 동중서가 대표적 이론가였다.

동중서의 통합이론은 음양陰陽·오행五行과 천天·지地·인人으로 구성된다. 음양과 오행은 하늘·땅·사람이 움직이는 원리다. 그는 오행의 상생相生과 상극相剋으로 천지의 운행과 모든 인간사를 설명했다. 가령 양은 고귀하고 음은 비천하다는 원리를 군신·부부·부자 등 모든 인간관계에 적용했다. 오행은 천문·지리·의학 등의 근본원리다. 그는 재이도 이런 방식으로 설명했다.

재이론의 바탕은 하늘과 사람의 관계였다. 원래 상商나라 때 하늘, 곧 상제上帝는 변덕스러운 폭군이고, 천재지변은 그가 멋대로 내리는 재앙이었다. 사람들은 제사祭祀나 주술呪術로 이에 대응했다. 주周나라 초기에 이르러, 하늘은 최고의 인격신으로 바뀌었고, 재변은 인간의 잘못에 대한 하늘의 꾸지람이었다. 춘추전국시대에는 하늘이 곧 자연이었다. 천지와 인간은 같은 기운으로 연결되어, 인간사의 잘잘못이 천지 기운의 조화와 부조화를 일으켰다. 이것이 휴징休徵과 구징咎徵, 곧 좋은 징조들과 나쁜 징조들이었다. 그래서 《예기》〈중용中庸〉편에 이렇게 말했다.

나라가 장차 흥하려 할 때는 반드시 상서로운 조짐이 있고, 나라 가 장차 망하려 할 때는 반드시 불길한 조짐이 있다.[2]

동중서는 이러한 재이론을 계승하여 더욱 발전시켰다. 그의 하늘은 자연이자 최고 인격신으로, 우주의 주재자主宰者였다. 그리고 황제, 곧 천자天子는 하늘의 대리자였다. 원래 '왕王'은 천·지·인 삼재三才를 세로로 연결한다는 뜻이다. 옛날에 글자를 처음 만든 사람이 이런 뜻 을 담아서 '임금 왕'자를 만들었다는 것이다. 이제 대제국의 황제는 우주의 중축中軸으로서 절대적인 권위를 누리는 한편, 하늘·땅·인간 세상의 모든 일을 책임져야 했다. 이것이 동중서 재이설의 핵심이다.[3]

재이설의 근본명제는 인간사가 재변을 초래한다는 것이다. 동중서 는 이것을 두 가지 다른 방식으로 설명했다. 하나는 천인감응天人感應 또는 천인합일天人合一이다. 하늘과 사람은 같은 기운이라, 서로 감응 한다. 백성들의 원망이 쌓이면, 천지의 음양 조화가 깨지고, 그 증상 이 재이로 나타난다. 다른 하나는 재이가 하늘의 경고라는 생각이다. 하늘이 임금에게 백성들을 맡겼는데, 잘 돌보지 않으면 재이로써 임 금을 꾸짖는다는 것이다. 물론 '감응'과 '경고'는 서로 모순된다.[4]

---

2 《중용》 22. 휴징과 구징은 《상서》〈홍범〉편에 나온다.
3 동중의 재이설은 그의 《춘추번로春秋繁露》에 실렸고, 《한서》〈열전〉(동중서)과 〈오 행지五行志〉에 실린 그의 대책對策 등에 나온다. 동중서의 글자 풀이가 허구라는 점은 20세기에 밝혀졌다. 한자의 원형인 갑골문甲骨文에 나오는 '王'자들은 생김새 가 달랐다.
4 일찍이 펑유란馬友蘭이 두 개념의 모순을 지적했다(《중국철학사中國哲學史》 하권, 박성규 옮김, 까치, 1999, 54쪽, 각주 71). 풍우는 《천인관계론》, 제3장 제3절에서 동중서의 천인감응론을 논의했다. 펑유란은 음양가의 영향을, 풍우는 묵가의 영향 을 강조했다.

모순은 서로 다른 하늘의 개념에서 생긴다. 하늘이 인격체人格體라면 경고라는 행위가, 유기체有機體라면 감응이라는 작용이 나타난다. 동중서는 사람을 하늘의 축소판으로 보았다. 하늘에 오행五行이 있듯이, 사람에게 오장五臟이 있고, 하늘에 사계四季가 있듯이, 사람에게 사지四肢가 있다. 그리고 이 유기체 개념에 인격체 개념을 덧씌웠다. 그는 재이를 풀이할 때마다, '천계약왈天戒若曰' 곧 "하늘이 이렇게 훈계하는 것 같다."는 말로 두 개념의 모순을 얼버무렸다. 요동遼東에 있던 한 고조 유방劉邦의 사당인 고묘전高廟殿이 불타자, 동중서는 이렇게 풀이했다.

> 천재天災가 폐하에게 이렇게 훈계하는 것 같습니다. "오늘날 부서지고 겹치는 어려움은 태평太平과 지공至公이 아니면, 다스릴 방법이 없다. 친척과 귀족으로 제후가 된 자 가운데, 정도正道에서 가장 벗어난 자들을 요동의 고묘전 태우듯이 죽여야 마땅하다."[5]

한편 천재지변은 자연현상일 뿐, 인간사와 무관하다는 주장도 있었다. 전국시대의 순자荀子는 별이 떨어지고 나무가 우는 것은 인간사와 무관하니, 두려워할 필요가 없다고 했다. 후한의 왕충王充은 공양학파公羊學派의 재이설을 정면으로 부정하여, "천도天道는 스스로 그러하고, (인간의) 길흉은 우연히 만난다."고 했다. 특히 개별적 감응설, 가령 지방관의 학정虐政 때문에 호환虎患이 생긴다는 주장을 비꼬았다. 북송의 왕안석王安石은 천변은 두려워하기에 부족하다고 주장했

---

5 《한서》〈오행지〉. 한나라는 고조(유방)의 사당을 전국 열 곳에 세웠다가, 뒤에 종묘宗廟를 세우면서 여기에 통합했다.

다. 뒤에 남송의 유학자들은 이들의 주장을 배격하고, 특히 왕안석을 이단으로 몰았다.[6]

송나라 성리학자들은 천인감응 개념을 이어받고, 설명 방식을 바꾸었다. 장재張載는 천심天心이 곧 민심民心이라고 했고, 정이程頤는 천도天道가 이理라고 했으며, 주희朱熹는 맹자의 말을 부연했다. 하늘이 눈과 귀가 있어서 보고 듣는 것이 아니라, 인민이 보고 듣는 것이 곧 하늘이 보고 듣는 것이라고 했다.[7] 그들은 기수氣數와 감응의 모순과도 씨름했다. 가령 일식은 주기적 현상인데, 임금이 무슨 책임이 있는가? 주희는 궤변으로 얼버무렸다. 동중서가 윤리학을 우주론에 종속시켰다면, 주희는 거꾸로 우주론을 윤리학에 종속시킨 셈이다.[8]

조선의 경연관들은 감응과 경고를 함께 수용했다. 가령 정종이 《논어》를 공부하다가 왜 일식이 생기냐고 묻자, 시강관 전백영全伯英은 인사人事가 아래서 느껴지면 하늘이 위에서 응하는 것이라고 대답했다.[9] 76년 뒤 성종이 공부하던 《강목》의 후한 화제和帝 대목에서, 노공魯恭의 상소에 감응설이 나왔다. "만민은 하늘의 소생이며, 하늘이 그 소생을 사랑함은 마치 부모가 자식을 사랑하는 것과 같습니다. 일물一物이라도 제자리를 얻지 못하면, 천기天氣가 어그러집니다." 여

---

6 풍우, 《천인관계론》, 88~97쪽; 《순자荀子》 〈천론天論〉; 왕충 《논형論衡》. 왕안석이 말한 '삼부족三不足'은 "천변부족외天變不足畏, 인언부족휼人言不足恤, 조종부족법祖宗不足法"으로, 재이·간쟁·구법舊法에 얽매이지 말라는 뜻이다.

7 맹자는 《상서》 〈태서泰誓(중)〉편에서 "하늘은 백성들의 눈을 통해서 보고, 하늘은 백성들의 귀를 통해서 듣는다."는 구절을 인용했다. 《맹자》 〈만장〉편(5).

8 리쩌허우李澤厚, 《중국고대사상사론》, 39쪽.

9 정종 0.12.14①. 정종이 즉위한 지 석 달이 지났으나, 이 기사는 《태조실록》에 실렸다.

기서 동지사 이승소李承召는 재이를 유기체의 감응으로 설명했다.

사람과 **만물**은 그 형체가 하늘과 매우 다르지만, 숨결이 통하는 같은 기氣요, 두 가지 기가 아닙니다. 그러므로 하늘이 재이를 버리는 것은 마음이 있어서 화를 끼치는 것이 아닙니다. 사람과 만물이 제자리를 얻지 못하여 기가 화평하지 못하면, 천기天氣 또한 어긋납니다. 사람의 오장五臟에 병이 생기면 증세가 밖으로 나타나듯이, 동일한 기입니다. 그러므로 임금이 천지의 마음을 잘 본받아 어긋나지 않고, 사람과 만물로 하여금 각각 화평을 얻고, 근심과 한탄과 원망과 피로움이 없도록 하면, 음양이 조화되어 재이가 그칩니다.[10]

재이가 유기체의 감응이라면, 원인을 설명하기 쉽다. 백성들이 살기 힘들어서 생긴다. 재이가 인격신의 경고라면, 임금을 겁주기에 좋다. 마치 축구 심판이 반칙 선수에게 주는 옐로카드처럼, 거듭 잘못하면 쫓겨난다는 뜻이다. 또 미끼도 달았다. 정치가 문란할 때는 물론, 잘되려고 할 때도 하늘이 재이를 보내어 분발을 촉구한다. 하늘의 경고와 격려는 천명天命이란 개념과도 잘 맞아서, 임금이 거부하기 어려웠다. 중종의 경연에서 검토관 조광조趙光祖가 경고설의 내용을 잘 요약했다.

하늘이 재변으로 경고함에는 두 가지 뜻이 있습니다. 나라가 무도無道하여 장차 위망危亡이 이르는데도 혼미昏迷하여 깨닫지 못하면, 하늘이 재이를 버려 경고합니다. 또 시사時事가 점점 좋아져서

---

10 성종 5.9.6③(주강). 노공의 상소는 화제 영원永元 원년에 나온다.

지치至治에 이를 조짐인데, 위아래가 오히려 머뭇거리고 의심하여 부진不振하면, 역시 재이를 보내어 경고하고 격려합니다. 이때 위아래가 서로 닦고 분발하지 않으면, 천심天心이 무상無常하여 끝내 패망하고 맙니다.[11]

재이의 원인이 정치의 잘못이라면, 가뭄·홍수·지진·태풍·일식·월식·혜성·동뢰冬雷(겨울 우레) 등 여러 가지 재이는 원인이 각각 다른가, 서로 비슷한가? 한나라 유학자들은 원인과 결과, 인간사와 재이를 개별적인 관계로 설명했다. 가령 형벌의 남용으로 억울함이 쌓이면 가뭄이 생기고, 아랫사람이 윗사람을 압도하면 일식이 생긴다는 식이다. 음양의 부조화로 재이를 설명하는 총론은 같고, 각론은 조금 달랐다. 전한의 두흠杜欽은 일식과 지진을 한데 묶어 이렇게 설명했다.

일식과 지진은 양陽이 미약하고 음陰이 강성한 때문입니다. 신하는 임금의 음이요, 아들은 아버지의 음이며, 지어미는 지아비의 음이요, 오랑캐는 중국의 음입니다. 《춘추》는 일식 36회와 지진 5회를 기록했는데, 오랑캐가 중국을 침범하거나, 정권이 신하에게 있거나, 지어미가 지아비를 업신여겼거나, 신하가 임금을 배반했기 때문입니다. 비록 다른 일이지만 같은 종류입니다.[12]

---

11 중종 12.1.11①. 뒷날 이이李珥도 선조에게 재이의 두 가지 의미를 설명하고, 현군이라도 재이를 면하기 어렵다고 했다. 선조 14.10.16② 및 《율곡전서栗谷全書》 권30 〈경연일기〉.

12 《한서》 권60(두흠). 공광孔光의 주장도 비슷하다. 태양은 모든 양陽의 근본이고 임금의 표상表象인데, 음도陰道가 강성하여 양을 가리면 일식이 생긴다. 같은 책, 권81(공광).

다른 재이들도 발생 원리가 비슷했다. 선조 2년 12월, 기대승이 최근의 겨울 무지개, 우레와 벼락, 지진 등을 설명했다. 무지개는 천지의 그릇된 기운인데, 음양이 잘못 만나서 생긴다. 겨울 무지개는 더욱 그렇다. 우레와 벼락은 하늘의 기운이 불화不和하여 생기며, 양기가 갇혔다가 터지는 현상이다. 지도地道(땅의 도리)는 정靜(고요함)인데, 고요하지 못하면 지진이 생긴다. 모두 소인이 군자를 해쳐, 음양의 조화가 깨진 결과라고 했다.[13] 한나라 때 유행하던 이론이 여전히 유통되었다.

그러나 천문학이 발달할수록, 감응설은 설득력을 잃었다. 가령 일식과 월식은 주기성週期性이 분명하여, 예측이 가능하다. 왜 이를 임금의 잘못으로 돌리나? 그래도 유학자들은 이 편리한 무기를 버릴 수 없었다. 남송의 주희는 궤변으로 모순을 덮었다. 일식에는 상도常道(법칙성)가 있지만, 왕자王者가 덕을 닦고 어진 정치를 펴면 예정된 일식이 생기지 않는다고 했다. 좋은 정치 덕분에 양이 왕성해지고 음이 쇠약해져서, 해와 달의 궤도가 조금 바뀐다는 것이다.[14]

조선의 경연관들은 포괄적 대응설을 받아들였다. 두 가지 이점이 있기 때문이다. 첫째, 특정한 재이를 특정한 인간사에 연결하기는 어렵지만, 지진·혜성·벼락 등 여러 재이들을 뭉뚱그려 설명하기는 쉽

---

13 선조 1.12.2①. 이보다 162년 전 태종이 측근들에게 물었다. 왜 사람들이 벼락에 맞아 죽는가? 천벌인가? 아무도 시원하게 대답하지 못했다. 태종 6.7.11①.

14 주자는 《시경》 〈소아小雅〉 "시월지교十月之交"에 긴 주석을 붙였다. 먼저 해와 달이 운행하는 궤도와 주기週期로서 일식과 월식이 생기는 이치를 설명하고 나서, 이렇게 덧붙였다. 임금이 정치를 잘하면, 양이 왕성하고 음이 쇠약해져서 음이 양을 침범할 수 없다. 해와 달의 운행 속도와 궤도가 조금씩 바뀌어, 예정되었던 일식이 일어나지 않는다.

다. 모두 왕이 정치를 잘못한 탓이다. 둘째, 국정의 일부가 아니라 전반을 비판하고, 여러 가지 개혁을 함께 요구할 수 있어서 훨씬 더 편리하다. 세종 14년 경연에서 지진을 논의한 적이 있다. 왕이 개별적 응험을 언급했다가 시독관 권채權採가 그 문제점을 지적하자, 곧 물러섰다.

> 세 종: 지진은 재이 가운데 큰 것이다. 그래서 경전에 지진은 매번 기록했으나, 천둥과 번개의 재변은 기록하지 않았다. …… 우리나라에는 집을 무너뜨릴 정도의 지진은 없으나, 하삼도下三道에는 지진이 매우 많다. 혹시 오랑캐의 변이 있을지 모르겠다.
>
> 권 채: 천둥과 번개는 작은 천변이고, 지진은 큰 재변입니다. 그러나 어떤 일을 잘하면, 반드시 어떤 길조가 나타나고, 어떤 일을 잘못하면, 어떤 흉조가 나타난다는 것은 억지로 맞추어 통하지 않는 이론입니다.
>
> 세 종: 경의 말이 옳다. 천지의 재이가 감응하는 것은 빠를 때도 있고 늦을 때도 있어서, 십 년 안에 없다고 단언할 수는 없다. 한과 당의 유학자들은 모두 재이에 불통하여 억지로 맞췄는데, 나는 이를 취하지 않겠다.[15]

가끔 시비도 일어났다. 성종 16년, 《한서》〈천문지天文志〉를 공부할 때, 성변星變이 있으면 재앙이 온다는 대목에서 비판과 옹호가 맞

---

15 세종 14.5.5①. 왕이 말한 경전은 《춘추좌전春秋左傳》이다. 이 무렵 세종은 《성리대전性理大全》을 공부하고 있었다. 앞서 세종 12년에는 경미한 지진이 12회 발생했다. 위의 기사에는 권채의 직함을 적지 않았는데, 집현전 직제학으로 경연 시독관을 겸했다.

섰다. 이듬해 같은 책 〈오행지五行志〉를 공부하다가 왕이 개별적 대
응설이 옳은지 묻자, 시독관 민사건閔師騫이 억지라고 대답했다. 성종
22년, 《문헌통고文獻通考》〈상위고象緯考〉를 공부할 때 입시했던 사관
이상李瑺이 건의하기를, 별의 색깔과 모양으로 길흉을 점치는 것은
허황한 일이니, 이런 책은 공부하지 말라고 했다. 시강관 김응기金應
箕는 저자 마단림馬端臨이 잡다한 주장을 모았으니, 왕이 잘 선택하라
고 조언했다.[16]

경연관들은 재이가 천수天數라는 주장을 적극 배격했다. 앞서 순자
는 천재지변이 단순한 천수이고, 제사 등 의식은 백성을 안심시키는
방편이라고 말했다. 한나라의 양웅揚雄과 왕충王充도 재이는 천도天道
라, 인사人事와 무관하다고 주장했다. 송나라 왕안석王安石도 재이설을
부정했다. 주자학을 고수한 조선시대의 경연관들은 특히 왕안석을 자
주 규탄했다. 가령 중종이 《송감宋鑑》에서 신종神宗 대목을 공부할 때
검토관 소세량蘇世良은 왕안석의 재이설을 혹독하게 비판했다.

> 재이가 천수라, 인간사와 무관하다는 주장은 신종을 그르쳤을 뿐
> 만 아니라 만세萬世의 임금들을 그르쳤습니다. 이때 일식과 지진 같
> 은 재변이 그치지 않았는데, 모두 왕안석이 초래한 것입니다.[17]

재이의 원인은 천수인가, 인간사인가? 일식과 월식은 때가 미리
정해져서 사람이 예측까지 한다. 그러나 인사 때문이 아니라면 재이

---

16 성종 16.11.9⑦, 17.1.29③, 22.3.5⑦.
17 중종 6.10.2③. 소인 왕안석이 군자들을 압도하여, 일식과 지진이 생겼다는 말이다.

론이 무너진다. 신하는 임금을 비판할 기회가 줄고, 임금은 천명天命을 주장할 근거가 사라진다. 유가의 딜레마였다. 선조 원년 2월, 《강목》의 한 문제 대목을 강의할 때 시강관 유희춘柳希春이 남송 호인胡寅의 논평을 부연했다. 천재지변을 모두 인사의 소치所致라고 하면 억지로 맞추어 통하지 않고, 모두 기수氣數의 우연이라고 하면 옛사람이 덕을 닦고 정사를 바로잡아, 상서가 생긴 일을 설명할 수가 없다.[18]

　　연산군은 유가의 재이론에 의문을 제기했다. 연산군 9년 2월, 《강목》을 공부하다가 일식 기사가 나오자, 동지사 성현成俔이 주자의 설명을 인용했다. 마침 그 이튿날 예보되었던 월식이 생기지 않자, 왕이 승정원에 물었다. 일식과 월식은 상도常道가 있어서 예측까지 하는데, 임금과 무슨 관계가 있나? 승지들은 주자의 일식 이론을 그냥 되풀이했다.[19] 연산군 11년 정월, 이튿날(보름) 월식이 생긴다는 예보를 받고, 왕이 과거 경연관들의 주장을 비판했다. 그가 이듬해 쫓겨난 뒤로 다시는 이런 반박이 없었다. 연산군은 이렇게 말했다.

　　　전에 연소하고 시비하기 좋아하는 자들이 망령되이 일식과 월식은 큰 재변이라고, 시끄럽게 떠들었다. 심지어 백악산白岳山의 운석隕石과 창경궁의 화재도 재변이라고 했다. 재변은 비상한 일이지, 어찌 우연한 상사常事랴?[20]

---

18 유희춘, 《미암집眉巖集》 권15, 〈경연일기〉. 선조 1.2.24(갑진). 호인의 논평은 《강목》 한 문제 5년 2월 '지진地震' 기사 아래에 실렸다.

19 연산군일기 9.2.15①, 9.2.16①. 일식 기사는 당 덕종 정원貞元 17년 5월.

20 연산군 11.1.14③.

신하로는 오직 임사홍任士洪이 재이론을 시비했다. 성종 9년 4월 1
일, 토우土雨(흙비)가 내렸다. 왕이 즉시 구언求言하고, 대간이 판박이
로 몇 가지를 건의했다. 도승지 임사홍은 대간의 주장을 계속 트집하
다가, 21일에 흙비나 화재는 재이가 아니라고 주장했다. 27일, 홍문
관·예문관이 함께 상소하여 임사홍을 간신奸臣으로 탄핵했다. 28일,
왕이 대간과 양관 관원들을 창덕궁 선정전으로 불렀다. 왕은 임사홍
을 두둔하려다 오히려 이들에게 설득되어, 그 자리에서 간신 재판을
열었다. 임사홍은 소인으로 낙인찍혀 쫓겨났다.[21] 그 뒤 아무도 재이
론을 시비하지 않았다.

유가에게 재이의 원인과 해결 방법은 간명하다. 재이는 인간사가
잘못되어 생기고, 모든 책임은 임금에게 있다. 어떤 재이가 어떤 인
간사 때문인지, 굳이 설명하려고 애쓸 필요도 없다. 임금이 모든 책
임을 인정하고 반성하면 된다. 신하들은 임금이 자기 잘못을 찾아내
서 고치도록 도우면 된다. 재이가 자주 일어날수록, 신하들이 임금의
반성을 도울 기회가 더 많다. 임금 길들이기에 진짜 안성맞춤이다.

2. 임금의 자기반성

재이가 생기면, 임금은 어떻게 대응하나? 자기가 잘못해서 하늘이
경고를 보냈으니, '내 탓'임을 인정하고 두려워하고 반성해야 한다.
이른바 공구恐懼·수성修省이다. 신하들도 임금이 잘못을 반성하고 고

---

21 성종 9.4.1①②③, 9.4.27① 및 9.4.28의 여러 기사. 임사홍의 고신告身을 거두었다.

치도록 도와야 한다. 반성을 잘하면, 전화위복轉禍爲福이고, 경고를 무시하면, 반드시 패망한다. 어떻게 공구하고 수성하나? 옛날부터 내려오는 절차가 있었는데, 형식보다 정성이 중요하다. 모범 사례들이 많았고, 대응하는 절차는 재이에 따라 달랐다.

가뭄은 가장 심각한 재이였다. 농사를 망치면, 백성들이 굶주린다. 어떻게 대응하나? 상나라 탕왕의 '상림육책桑林六責'이 표준이다. 가뭄이 7년 동안 계속되자, 왕이 상림桑林에서 몸소 비를 빌면서 여섯 가지 일로써 자책自責했다. (1) 정사政事가 한결같지 아니한가? (2) 백성들이 생업을 잃었나? (3) 궁실이 화려한가? (4) 여자들의 참견이 많은가? (5) 뇌물이 행해지나? (6) 아첨꾼이 날뛰나? 이렇게 반성하며 정성껏 기도했더니, 전국에 단비가 흠뻑 내렸고 마침내 태평성대를 이루었다.[22]

이 고사는 경연 강의에 자주 등장했다. 철종이 《사략史略》을 공부할 때 시독관 박승수朴昇壽가 이 고사를 쉽게 설명했다.[23] 정조가 조강에서 물었다. "7년 가뭄인데, 왜 이때 처음 기도했나?" 시독관 조시위趙時偉는 탕왕이 7년 동안 늘 기도했다고 대답했다.[24] 왜 그동안 비가 안 왔느냐고, 왕이 되묻지는 않았다. 성종이 주강에서 심한 가뭄을 걱정하며 대책을 묻자, 시강관 홍한洪澣은 탕왕의 '상림육책'과 주나라 선왕宣王의 〈운한雲漢〉을 본받으라고 했다.[25] 연산군이 재변에

---

22 이 고사는 《춘추공양전春秋公羊傳》 환공桓公 5년, "추대수秋大水"에 나온다. 《대학연의》(권29)에도 수록되었다.
23 《승정원일기》 철종 1.1.17.
24 《승정원일기》 정조 1.1.8.
25 성종 21.4.16⑥.

대응하는 방법을 묻자, 검토관 이과李顒는 탕왕의 자기반성 여섯 가지를 열거했고, 시독관 박억년朴億年은 마음가짐을 강조했다.

> 무엇보다 덕을 닦아야 합니다. 대개 인사가 아래서 느껴지면, 천변이 위에서 대응합니다. 임금은 마땅히 두려워하고 반성해야 합니다. "천변은 실로 나 때문에 생겼다."라고 스스로 말합니다. 이를 우연으로 돌리고, 소홀히 하면 안됩니다. 옛사람이 말하기를 "하늘에 대응하기를 형식이 아니라, 정성으로 한다."고 했습니다. 임금이 마땅히 살펴야 합니다.[26]

《시경》의 〈운한〉편도 본보기였다. 주나라 선왕宣王은 가뭄이 오래 계속되자, 이 시를 읊으며 모든 재앙을 자기 한 몸에 내려 달라고 빌었다. 하늘이 그의 지성에 응답하여 비를 흡족하게 내렸고, 주나라는 중흥中興했다. 조선의 임금들도 이를 본받으려 했다. 태종 원년, 가뭄이 계속되자, 왕이 시독관에게 〈운한〉편을 읽게 했다. 세종 8년 11월, 임금이 《대학연의》(권29)에 실린 〈운한〉편을 공부하다가, 그해 가뭄이 심할 때 자기의 심경이 이와 같았다고 술회했다.[27] 성종이 《시경》에서 이 시를 공부할 때, 시강관 박시형朴始亨이 말했다.

> 선왕은 재변을 만나서 이와 같이 놀라고 두려워했기 때문에, 중흥의 대업을 이룰 수 있었습니다. 임금의 도리는 경천敬天과 근민勤民보다 큰 것이 없습니다. 경천과 근민은 원래 두 길이 아니고, 근

---

26 연산군 1.9.4①.
27 태종 1.4.24①, 세종 8.11.2①. '운한'은 은하수 또는 하늘을 뜻한다.

민으로 경친합니다. …… 무릇 휴징休徵과 구징咎徵은 오로지 인사의 잘잘못 때문입니다. 무슨 잘못의 응험인지는 감히 알지 못하지만, 반드시 그 원인이 있습니다.[28]

가뭄은 거의 해마다 발생해서 오래 계속되었다. 그럴 때마다 경연관들은 〈운한〉편의 교훈을 가르쳤다. 숙종 4년 4월, 왕이 소대에서 오랜 가뭄과 메뚜기 피해를 걱정하자, 검토관 김성구金聲九가 해결책을 말했다. 은탕殷湯의 '상림육책'과 주선周宣의 〈운한〉편을 본받아 지성으로 반성하면, 금방 큰 비가 내려 재이가 축복으로 바뀔 수 있다는 것이다.[29] 순조가 《시경》〈운한〉편을 공부하다가 시독관 김학순金學淳과 문답했다.

순 조: 〈운한〉편 8장은 모두 재이를 만나 수성修省하는 내용이다. 선왕이 일심으로 하늘을 공경한 것을 여기서 볼 수 있다. 어찌하면 선왕이 재변을 만나 수성한 아름다움을 본받겠나?

김학순: 흘러 다니는 재변은 성왕聖王도 면할 수 없습니다. 그러나 재변을 만났을 때 잘 수성하면, 재변을 상서로 바꿀 수 있습니다. 비록 재변이 없을 때도 수성하지 않으면, 상서가 도리어 재변이 됩니다. 항상 공경으로 하늘과 통하고, 정성으로 신을 섬기며, 인仁으로 백성을 사랑해야 합니다. 이 세 가지를 먼저 하면, 저절로 (주) 선왕의 공덕에 이릅니다.[30]

28 성종 4.7.1⑦.
29 《승정원일기》숙종 4.4.18.
30 《승정원일기》순조 9.11.9.

한나라 이후 가뭄이 생기면, 황제들이 친히 기도했다. 그러나 은탕이나 주선처럼 하늘을 향해 울부짖지는 않았고, 비가 금방 쏟아지지도 않았다. 황제들의 기도가 형식적이고, 정성이 부족하기 때문인가? 그렇게 말한 신하도 있었다. 후한 순제順帝가 땡볕 아래 덕양전德陽殿 뜰에서 비를 빌었는데, 상서 주거周擧가 꼬집었다. 실정失政을 바로잡아 백성들이 잘살도록 해야 재변이 없어지지, 그냥 빌면 헛고생이라고 했다. 연산군이 《강목》의 이 대목을 공부하다가 경연관들과 문답했다.

> **연산군:** 순께가 동상東廂에서 노좌露坐하여 비를 빌었는데 주거는 소용없다고 했다. 옛날 께왕들 가운데 지성으로 비를 빌어 얻은 자도 있다. 주거는 어찌 이런 말을 했나?
>
> **특진관 이극균李克均:** 주거의 이 말은 정성으로 하늘에 응답해야지, 형식으로 해서는 안 된다는 것입니다.
>
> **참찬관 김수동金壽童:** 주거의 이 말이 옳습니다. 겉치레를 일삼고 실덕實德으로 하지 않아서, 무익無益하다고 했습니다. 마땅히 탕왕이 여섯 가지로 자책한 것처럼 해야 (정성이) 하늘에 이를 수 있습니다.[31]

사실 가뭄은 임금에게 가장 어려운 문제였고, 기우제祈雨祭는 아주

---

[31] 연산군 4.1.24①. 한 순제는 가양嘉陽 3년 5월에 비를 빌었다. 순제가 재변의 원인을 묻자, 주거는 순제가 문제와 광무제의 좋은 법을 버리고, 진나라의 사치한 풍습을 따랐기 때문이라고 대답했다. 11년 뒤, 중종이 같은 책, 같은 대목을 공부할 때는 마침 가뭄이 심했다. 경연관들은 왕에게 철저한 반성과 개혁을 요구할 수 있었다. 중종 4.4.22③.

난감한 일이었다. 가뭄이 계속되면, 임금이 비를 빌어야 한다. 비가 오면 다행이지만 비가 오지 않으면 어쩌나? 왕의 정성이 부족하다는 의심이 생긴다. 그래서 왕이 몸소 기우제를 지내는 것은 신중히 결정할 문제였다. 예컨대 성종 3년 초여름에 가뭄이 들었다. 4월 20일 조강에서 왕의 친제親祭를 논의했는데, 영사 정창손이 반대했다. 그러나 그날 주강에서 다른 경연관들은 왕의 친제를 거듭 주장했다.

> 동지사 서거정徐居正: …… 이제 가뭄이 극심하니, 정성껏 기도 등을 거행해야 합니다. 옛사람은 〈운한〉편을 읽고서 비를 얻었다고 합니다. 이 일이 비록 황당한 것 같지만, 역시 해 볼 만합니다.
> 시독관 김뉴金紐: 오늘 아침에 정창손이 말하기를, 임금이 친히 기도하는 일은 거행할 수 없다고 했습니다. 신이 가만히 생각해 보니, 옳지 않습니다. 옛날 상나라 탕왕은 상림에서 기도하며 여섯 가지 일로써 자책했습니다. 성의를 다할 뿐, 비가 오지 않더라도 무엇이 나쁘겠습니까?[32]

왕이 반성하면 재변이 없어진다는 것은 매우 편리한 이론이다. 재이가 자주 일어나는 만큼 임금을 늘 죄인으로 몰 수 있다. 그를 비판하고 이런저런 개혁을 요구할 수 있다. 그리고 가뭄이나 혜성 등 재이는 조만간 끝나기 마련이다. 왕이 반성을 잘한 덕분이라고 칭찬하면, 잘 마무리된다. 역사책에 실린 고사와 경서에 실린 성현의 말씀은 신하들의 주장을 잘 뒷받침한다. 중종 33년 3월, 시강관 이황李滉이 석강에서 한 말이 대표적이다.

---

[32] 성종 3.4.20③.

한 명제 때 날이 가물자, 종리의鍾離意가 상소하여 간언했습니다. 명제가 바로 건축공사를 중단하고 자기 잘못을 백관에게 알리니, 즉시 큰 비가 내렸습니다. 근래에 재변이 있었는데, 위에서 근심하고 두려워하며, 자책自責하는 말씀도 매우 간절하니, 하늘이 마침 비를 내렸습니다. 이로써 보건대, 하늘과 사람이 상응하는 이치는 어긋남이 없습니다. 대개 안으로 정성이 지극하면 그 감응이 나타납니다. …… 무릇 거행하는 일이 인심에 맞도록 힘써 인심이 화합하면, 재이가 없어집니다.[33]

가뭄에 견주면, 해와 달과 별들의 재변은 대응하기 쉬웠다. 가령 일식日食이 예보되면, 임금과 신하들은 일식을 없애는 구식救食 의례를 거행했다. 임금이 두려워하고 반성하는 형식을 갖추지만, 몇 시간이면 끝난다. 주자는 임금이 덕을 닦으면 예정된 일식이 없어진다고 주장했다. 경연관들은 이 말을 되풀이했고, 임금은 그냥 받아들였다. 세종 6년 11월, 《시경》〈9월〉편을 공부할 때 왕은 주자의 주석을 전폭 지지했다.[34] 그러나 16세기 이후에는 모두 일식에 무덤덤했다. 인조 7년, 소대에서 임금이 그 까닭을 물었더니, 경연관들은 동문서답東問西答했다.

---

33 《퇴계집》〈연보〉권1, 가정嘉靖 20년 신축(41세) 3월. 《속경연고사續經筵故事》권 2에도 실려 있고, 《중종실록》에는 없다. 인용된 고사는 한 명제 영평永平 3년 6월의 일이다.

34 세종 6.11.4①. 《세종실록》에 부록한 《오례五禮》〈군례軍禮〉'구일식의救日食儀'에 시간·장소·참석자·복장·소도구·진행절차 등이 규정되었다. 이것이 뒤에 《국조오례의國朝五禮儀》에 수록되었다.

인 조: 옛날에는 일식을 모두 큰 변고로 여겼는데, 후세에는 예삿
일로 본다. 왜 그런가?

시독관 김남중金南重: 지금은 일식이 일어나도 형식만 갖출 뿐, 재
이를 걱정하는 실질이 없습니다.

인 조: 옛날에는 관장官長들이 서로 바루었는데, 왜 후세에는 하찮
게 보고 알려주지 않는가?

검토관 신계영辛啓榮: 그것은 태평성대의 아름다운 일입니다. 전傳에
이르기를 "나라를 일으킨 임금은 간쟁하는 신하에게 상을 준다."
고 했습니다. 반드시 언로言路를 넓힌 뒤에야 서로 바로잡기를 기
대할 수 있습니다.[35]

일식 말고도 각종 일변日變, 곧 태양의 재변들이 있었다. 해의 모
양이 지구의 기상氣象에 따라 일그러지는 현상인데, 경연관들은 이를
태양 자체의 이변異變으로 여겼다.[36] 일훈日暈(햇무리)과 백홍관일白虹
貫日(흰 무지개가 해를 꿰뚫음)이 대표적이다. 일변은 왕권이 미약함
을 나타내는 심각한 재변이지만, 경연에서 이를 따로 논의하지 않았
다. 모두 공구하고 수성하면 해결된다. 하물며 월식月食 등 월변月變
은 말할 나위도 없다. 달은 음이고, 왕비의 상징이다. 중요성이 훨씬
떨어졌다.

성변星變은 별이 다른 분야를 침범하는 일이다. 오성五星의 궤도
이탈, 혜성彗星과 유성流星의 출현, 금성이 낮에 보이는 현상 등이

35 인조 7.9.19①. '관사상규官師相規'는 《상서》〈윤정胤征〉편에 나온다.
36 18세기 이익의 《성호사설星湖僿說》에서야, 햇무리를 구름과 관련시켰다. 박성래,
앞의 책, 70쪽.

다.[37] 당시에는 하늘을 28수宿(분야)로 나누었고, 이들이 각각 땅(중국)의 28개 구역과 대응했다. 조선은 어디에 해당하나? 동북쪽 하늘의 미수尾宿·기수箕宿는 중국 연燕 지역과 대응하고, 조선은 여기 포함된다. 그래서 조선 국왕은 이 분야에서 일어나는 성변에만 신경을 썼다. 가령 세종 7년 12월에 성변이 몇 차례 있었다. 영의정 이직李稷이 이를 걱정하자, 국왕은 우리나라 분야가 아니라고 안심시켰다.[38]

성변에는 어떻게 대응하나? 춘추시대 송宋 경공景公의 고사가 유명하다. 형혹성熒惑星(화성)이 심수心宿에 나타나자, 임금이 사성司星 자위子韋를 불러 대책을 물었다. 재앙이 임금에게 내릴 징조인데 재상에게 돌릴 수 있다고 대답하니, 경공이 거절했다. 화를 백성에게 돌리자고 해도, 화를 연사年事(농사)에 돌리자고 해도, 거절했다. 자신이 화를 당해야지, 재상이나 백성들을 희생시킬 수 없다고 했다. 이에 자위는 하늘이 경공의 착한 마음을 포상하리라고 했다. 과연 그날 밤에 형혹성이 삼사三舍나 이동했다. 숙종의 주강에서 시독관 김우항金宇杭이 말했다.

경공의 세 마디 말에 법성法星이 자리를 물렸으니, 탕왕이 여섯 가지로 자책하자 큰비가 사방 수천 리에 내린 것과 같습니다. 형혹은 법을 집행하는 별이라, 법성이라고 합니다.[39]

---

37 박성래, 앞의 책, 제1부, 제3장, '별에 대한 생각'(85~161쪽) 참고. 오성은 토성(진성鎭星)·목성(세성歲星)·화성(형혹熒惑)·금성(태백太白)·수성(진성辰星)이다. 태백성이 낮에 보이면, '태백주현太白晝見'이라고 기록하고, 특히 정남방正南方에 출현하면 '태백경천太白經天'이라고 달리 표현했다. 모두 태양의 기운이 미약해서 생기는 이변으로 보았다.
38 세종 7.12.16①. 이 무렵 태백성의 출현이 실록에 자주 기록되었다.

동뢰冬雷(겨울 우레)도 중요한 재변이었다. 겨울에는 천둥과 번개가 생기지 않는 것이 정상이다. 《예기》〈월령月令〉에, 9월 중추仲秋에 밤과 낮의 길이가 같아지면 우레가 소리를 거둔다고 했다. 추분秋分 이후에는 양기가 땅속에 갇혀야 한다. 양기가 흩어지면 다음 봄에 만물의 생장이 불안정하다.[40] 내년 농사가 걱정이다. 겨울 우레는 큰 재변이고 임금이 반성하지 않을 수 없다. 중종 30년 10월, 조강에서 영사(좌의정) 김안로金安老와 지사(우찬성) 유부柳溥가 이렇게 설명했다.

김안로: 요즈음 태백太伯(금성)이 낮에 나타나 오래 사라지지 않았고, 이께 또 겨울 우레가 울렸으니, 천변이 비상非常합니다. 대개 겨울 우레가 생기는 것은 음양이 절도를 잃었기 때문입니다. 옛사람이 말하기를 "순음純陰의 달에 양기가 지하에 갇혔다가 봄에 밖으로 나오면, 만물이 생장한다."고 했습니다. 이께 양기가 미리 빠지면, 만물이 생장하기 어려워져서 내년 농사 또한 걱정됩니다. ……

유 부: …… 겨울 우레의 재변이 가장 비상합니다. 대개 음양의 기운이 (서로) 침범하여, 우레와 번개가 됩니다. 《시경》에 "번쩍 번쩍 번개와 천둥, 급하고 불안하게 치는구나."라고 했습니다. 이를 풀이하여 "아버가 지아비를 깔보거나, 오랑캐가 중국을 침범하거

---

39 《승정원일기》숙종 20.윤5.5. 심수는 송나라 분야며, 사성은 천문을 담당하던 관직이다. 3사는 별자리 셋만큼의 거리. 형혹성의 고사는 《대학연의》에 수록되어, 경연에서 자주 거론되었다. 가령 인조의 석강에서 이 대목을 공부할 때 검토관 이경여李敬輿가 송 경공을 본받으라고 임금에게 당부했다. 인조 1.6.24④.

40 연산군 원년 11월, 사간원이 상소에서 동뢰를 설명했다. 천둥은 양의 소리, 번개는 양의 빛인데, 겨울 우레는 '음양상박陰陽相薄', 곧 음과 양이 서로 침범하는 것이다. 연산군 1.11.18①. '음양상박'은 《주역》〈설괘전說卦傳〉에 나온다.

2. 임금의 자기반성 135

나, 소인이 군자를 업신여기는 것이 모두 그 응험이다."라고 했습니다. 이께 다른 일이 더 있을지 모르지만, 마땅히 공구하고 수성해야 합니다.[41]

춘추시대 초楚 장왕莊王도 본보기였다. 오랫동안 재이가 없자, 그가 기도하면서 물었다. "하늘이 어찌 나를 잊으셨습니까? 왜 재이가 없습니까?" 그는 이른바 춘추오패春秋五伯, 패권覇權을 잡았던 다섯 제후들 가운데 하나였다. 성종 3년, 왕이 경연에서 궂은 장마를 자기 탓으로 돌리고, 입시했던 신하들에게 비판을 요청했다. 지사 한계희韓繼禧는 왕을 칭송하며, 초 장왕의 고사를 들고, 하늘이 임금을 사랑하여 재이를 보냈으니, 깊이 반성하여 전화위복轉禍爲福하라고 격려했다.[42] 순조의 시독관 강준흠姜浚欽도 왕에게 초 장왕을 본받으라고 말했다.

옛날의 밝은 임금들은 재변을 만나 수성하여, 재변을 상서로 바꾼 일이 많습니다. 천재가 보이지 않는다고 걱정한 일도 있습니다. 초 장왕은 "하늘이 어찌 나를 잊으셨습니까? 왜 오랫동안 재이가 없습니까?"라고 했습니다. 장왕은 한때 패주覇主였는데, 하늘을 공경하고 수성하는 뜻이 항상 마음속에 간절하여 이런 말이 나왔습니다. 이것 또한 본받기에 충분합니다.[43]

역대 임금들은 유가의 수성론을 잘 받아들였고, 세조와 연산군만

41 중종 30.10.9①. 인용문은 《시경》〈소아小雅〉'시월지교十月之交'에 나온다.
42 성종 3.5.22③. 주강.
43 《승정원일기》 순조 3.9.19. 소대.

예외였다. 송 태종 때 혜성이 동정東井에 나타났다. 황제가 피전避殿·
감선減膳을 해도 한 달이나 머무르더니 대사령大赦令을 내리자 그날
밤 사라졌다. 세조는《통감속편절요》의 이 기록을 믿지 않았으나, 시
독관 홍응洪應은 정설을 고수했다. 당 헌종 때 가뭄이 심했다. 황제
가 신하들의 건의를 모두 받아들이자, 곧 비가 왔다. 연산군이《강
목》의 이 대목에서 물었다. 지금 우리가 기도하면, 왜 하늘의 응험이
없나? 정답은 정성이 부족하기 때문이다. 잘 알면서 짐짓 물은 것
같다. 시독관 권홍權弘이 에둘러 대답했다.

　　하늘과 사람은 이치가 하나며, 현저한 것과 은미한 것은 간격이
없습니다. 송 경공이 착한 말을 하자, 형혹성이 물러났습니다. 예로
부터 하늘과 사람이 서로 감응하는 것은 의심할 수 없습니다.[44]

3. 상서는 모두 가짜

　　상서祥瑞는 재이의 반대 개념이다. 음양이 조화롭고 백성들과 만물
이 모두 화평한 태평성대에 나타나는 길조吉兆로서, 봉황鳳凰·기린麒
麟·신룡神龍·감로甘露·가화嘉禾 등이다. 상서의 출현은 임금이 백성들
을 잘 다스렸다는 증거다. 임금은 이를 이용하여 제 권위를 높이려
했고, 신하들은 이에 영합하여 별의별 것을 다 상서라고 보고했다.

44 세조 1.9.16②, 연산군 9.2.21②. 당 헌종 원화 4년 윤3월. 이강李絳과 백거이白居
易가 조세 경감, 궁녀 수 줄이기, 지방관의 백성 수탈 금지 등을 당 헌종에게 건의
했다.

상서는 임금 길들이기에 가장 큰 걸림돌이라, 경연관들은 이를 좀체 인정하지 않았다.

중국 고전에는 각종 상서들이 등장한다. 봉황과 기린은 《예기》〈예운〉편 및 《맹자》〈공손추(상)〉 등에, 봉황은 《상서》〈익직〉편, 《시경》〈권아卷阿〉편, 《논어》〈자한〉편 등에도 나온다. 경운慶雲과 감로甘露는 《열자列子》〈탕문湯問〉편에, 경성景星은 《사기》〈천관서天官書〉에 실렸다. 조선의 임금과 신하들은 유가 경서와 역사책을 읽으면서 이런 상서들을 논의했다. 순조는 《시경》〈권아〉편을 공부하다가 봉황과 시詩를 주제로 검토관과 의견을 나누었다.

> 순 조: 봉황은 신령스러운 새인데 보기 드물지는 않았다. (순임금이) 〈소소簫韶〉를 작곡하자 비로소 왔고, 오동나무가 자라자 비로소 울었다. 때맞춰 와서 춤추고, 시인이 그 아름다움을 찬미하는 것은 옳다. 공허하게 넘치는 말은 앞글에서 "찬양하되 아름다움을 꾸미지 않는다."는 뜻과 다른 것 같다.
>
> 김계하金啓河: 이것은 봉황으로 '흥興'을 일으켰는데, 주나라 번성기에는 매양 이 상서가 있었습니다. 그래서 주공은 봉황의 울음을 듣지 못했다고 말했고, 공자는 봉황이 오지 않는다고 탄식했습니다. 이(권아)는 실상을 읊은 것입니다.
>
> 순 조: 조정에 현자賢者들이 그득하면, 바로 봉황의 상서로운 게상이다. 정녕 시인이 이 두 가지를 연결하여 노래했다.[45]

---

45 순조 9.10.27①. 〈소소〉는 순임금이 지었다는 악곡의 이름이다. '흥'은 《시경》의 여섯 가지 체體, 곧 육의六義의 하나. 가령 〈소소〉는 주제가 군자인데, 봉황을 먼저 노래한 다음 군자를 노래하는 방식이 반복된다.

중국의 역대 왕조는 온갖 상서를 숭상했는데, 당나라 〈의제령儀制
令〉은 이들을 네 등급, 140여 가지로 정리했다. (1) 대서大瑞는 경성
景星·경운慶雲 등 64종, (2) 상서上瑞는 백랑白狼·적토赤兎 등 38종,
(3) 중서中瑞는 창오蒼鳥·주응朱鷹 등 32종, (4) 하서下瑞는 가화嘉禾·
지초芝草·목연리木連理 등 14종이다. 《당육전唐六典》은 지방관들이 상
서를 보고하고, 예부禮部 낭중郎中이 사실인지 확인하는 절차를 규정
했다.[46] 《통전通典》 등 유서類書에는 상서의 종류가 자세하고, 중국
역사책에는 상서 기사가 많다.

그러나 조선 국왕과 경연관들은 상서에 대한 관심이 적었다. 가령
《강목》에는 한 선제 본시本始 4년 5월에 봉황이 북해北海에 모였다는
기사가 있다. 숙종이 소대에서 이 대목을 공부하다가 그것이 참말인
가 물었다. 시독관 윤덕준尹德駿은 봉황이 과연 있었는지 모르겠고,
북해에 모였다는 말도 의심스럽다고 대답했다.[47] 세종이 《통감속편》
을 강독하다가, 송 휘종이 "황룡과 청룡은 상서, 백룡과 흑룡은 재변"
이라고 말한 대목에 이르렀다. 여기서 왕이 검토관 김빈金鑌과 용을
논의했는데, 민간의 이야기를 주고받았을 뿐, 상서 여부에는 관심이
없었다.

세 종: 사람이 용을 볼 수 있나?

김 빈: 전에 양산군梁山郡 용당龍塘에 용이 나타났는데, 사람들이 그

46 《당률습유唐律拾遺》 〈의제령〉 제18. 《당육전》은 〈상서예부尚書禮部〉의 '오례五禮'
다음에 상서 네 등급, 148가지를 모두 열거했다. 《통감》 및 《강목》은 당 태종 정
관 2년 9월조에는 위와 같이 요약했다.
47 《승정원일기》 숙종 11.1.3.

허리만 보고, 머리와 꼬리는 보지 못했습니다.

세 종: 사람들이 구름과 비 사이에 꿈틀거리는 모양을 보면, 용이
    하늘로 올라간다고 한다. 내 생각에 이것은 용이 아니고, 구름·
    안개·번개·비의 기운이 우연히 그런 모양을 만든 것이다. 사람들
    이 말하기를, 유후사留後司(개성) 박연朴淵 못가에 개가 웅크리고
    있었는데, 가까이 가서 보니, 개가 아니라 용이었다고 한다. 이것
    도 꼭 그렇다, 아니다 할 수 없다.

......

김 빈: 인동현仁同縣에서는 낙동강 물이 강추위에 꽁꽁 얼었다가,
    갑자기 쪼개져 쌓입니다. 사람들은 용이 갈아엎었다고 하며 농사
    를 점칩니다.

세 종: 사람들이 말하기를, 대동강 물에 죽은 용이 떠내려가는 것
    을 분명히 보았는데 두려워서 다가가지 못했다고 한다. 용도 죽나?

김 빈: 만물은 삶이 있으면 반드시 죽음이 있습니다. 용 또한 생물
    인데 어찌 죽지 않겠습니까?[48]

경연관들은 상서가 아니라, 가짜 상서에 초점을 맞추었다. 그들의
주장은 매우 논리적이다. 상서는 삼대 성군의 치세에만 나타났다. 지
치至治의 산물이다. 진한秦漢 이후에는 성군이 없었으므로, 소위 상서
는 모두 가짜였다. 진짜 상서가 나타났더라도 임금이 이로써 자만하
면, 도리어 좋은 정치를 그르친다. 곧 재이는 보약이고, 상서는 독약
이다. 그래서 경연관들은 왕에게 상서를 무시하라고 가르쳤다. 역사
책에는 교훈이 되는 사례들이 많았고, 경연관들은 이를 잘 활용했다.

48 세종 12.윤12.19①. 현재 유통되는 《통감속편》에서 위의 기사를 찾을 수 없다.

한 선제는 상서를 무척 좋아했다. 그는 상서의 출현을 기뻐하여 연호를 신작神爵·오봉五鳳·감로·황룡黃龍으로, 13년 동안 네 번 바꿨다. 신하들도 이에 영합했다. 오봉 3년 봄, 경조윤京兆尹 장창張敞의 집에서 키우던 갈작鶡雀들이 날아가 승상부丞相府에 모였다. 승상 황패黃霸는 하늘이 신작神雀을 보냈다고 황제에게 보고하려다, 장창이 사실을 알려주어 그만두었다. 앞서 원강元康 2년 봄에는 봉황과 감로의 상서가 출현했다고, 선제가 사면령을 내렸다. 숙종이 《강목》에서 이 대목을 공부할 때 시독관 신계화申啓華가 말했다.

> 한 선쩨가 상서를 끔찍이 좋아했기 때문에, 당시 중앙과 지방의 신하들이 모두 신작과 황룡 등의 일로써 황쩨의 뜻에 영합했습니다. 이것은 모두 임금이 스스로 인도한 것입니다. 송 진종眞宗이 상서를 좋아했기 때문에, 당시 여러 신하들도 모두 상서로 그의 비위를 맞췄습니다.[49]

후한 광무제光武帝 유수劉秀도 상서를 좋아했다. 그는 왕망이 세운 신新 왕조를 없애고, 한나라를 재건한 인물이다. 재위 32년 동안 많은 업적을 쌓았는데, 도참圖讖 사상에 빠지고 상서를 좋아했다. 순조가 소대에서 《강목》을 공부할 때 광무제 말년에 이런 기사들이 많았다. 건무建武 32년, 2월에 태산泰山에서 봉선封禪하고, 4월에 연호를 중원中元으로 바꿨다. 6월에 낙양에서 예천醴泉이 솟고, 적초赤草가 나왔으며, 전국 각지에 감로甘露가 내렸다. 가을에 황재蝗災(메뚜기 재

---

[49] 《승정원일기》 숙종 11.2.18.

해)가 있었고, 11월에 도참을 천하에 선포했다. 경연관들의 평가는
매우 부정적이었다.

> 직제학 김근순金近淳: 윗글에 "예천이 나오고, 적초가 생겼다."하고,
> 또 "가을에 황재"라고 했습니다. 이해는 틀림없이 흉년이었으니,
> 예천과 감로는 상서가 되기에 부족함을 알 수 있습니다.
>
> 시독관 여동식呂東植: 예천과 감로의 상서가 모두 꼭 진짜는 아닙니
> 다. 또 적초의 잎이 하루에 하나씩 나온다니, 요임금 때의 명협蓂
> 莢과 같습니다. 명협이 어찌 후세에 늘 있는 풀이겠습니까?
>
> 참찬관 이면긍李勉兢: …… 옥당은 지초芝草와 감로가 모두 꼭 진짜
> 는 아니라고 했는데, 신의 생각에는 모두 가짜입니다. 한 선께가
> 상서를 들으면 기뻐하니, 봉황이 이르지 않은 해가 없었고, 오봉
> (다섯 봉황)으로 연호까지 바꿨습니다. 장창 집의 갈작 또한 봉황
> 이라고 상주하려 했으니, 다른 것도 알만 합니다. 감로와 지초는
> 모두 갈작과 같은 부류입니다.[50]

송 진종은 가짜 천서天書로 유명했다. 그는 요나라가 먼저 차지한
연운燕雲 16주州를 뺏으려다가 참패하고, 그 대가로 매년 막대한 공
물을 바쳤다. 경제적으로 무거운 부담이고, 이른바 중화中華로서 견디
기 힘든 치욕이었다. 진종은 〈대중상부大中祥符〉라는 가짜 천서를 만
들어 하늘이 내린 상서라고 사기극을 벌였다. 책 제목을 따라 연호를

50 《승정원일기》 순조 3.3.26. 명협은 상서로운 풀인데, 초하루에서 보름까지 매일
한 잎씩 나왔다가 그믐까지 한 잎씩 진다고 했다. 오봉은 봉황이 다섯 번 출현했
다는 뜻이다.

바꾸고, 상서를 핑계로 태산에 가서 봉선封禪했는데, 신하들 대부분이 여기 동조했다. 성종이 《강목속편》의 이 대목을 공부할 때 동지사 이파李坡가 황제의 자기기만自己欺瞞을 이렇게 비판했다.

진종의 밝은 지혜는 천거가 거짓임을 알기에 충분했으나, 이를 너무 좋아하여 살피지 못했습니다. 동쪽을 봉선하고 서쪽에서 제사하여, 아니 한 일이 없었습니다. 저 왕흠王欽이나 정위丁謂 따위야 말할 것도 없지만, 왕단王旦과 구준寇準 같은 자들도 덩달아 따랐으니 한심합니다.[51]

당 태종은 정반대였다. 정관貞觀 2년 9월, 상서를 보고하지 말라는 조서詔書에서 명언을 남겼다. "집집마다 사람마다 넉넉하면 상서가 없더라도 요·순 같은 성군이고, 백성들이 근심하고 원망하면 상서가 많더라도 걸·주桀紂 같은 폭군이다." 이보다 앞서 흰 까치 한 쌍이 침전寢殿 근처 홰나무에 둥지를 틀자, 신하들이 상서라고 축하했다. 태종은 까치집을 헐게 했다. 흰 까치가 아니라 현인賢人을 얻는 것이 상서라고 말했다. 영조 11년, 《정관정요》를 강독하던 시강관 오원吳瑗은 당 태종이 상서의 근본을 알았다고 칭찬했다.[52] 고종 16년, 소대에서 《통감》을 공부하다가 왕과 경연관이 당 태종을 높이 평가했다.

고 종: 임금이 상서를 좋아하면, 아첨하는 무리들이 속이고 감추고

---

[51] 성종 11.2.14①. 봉선은 천자가 하늘과 땅에 천하태평天下太平을 보고하는 의례였다. 세종도 경연에서 진종의 이러한 행위를 비판한 적이 있다. 세종 12.11.25③.
[52] 《승정원일기》 영조 11.2.5. 《정관정요》〈재상災祥〉편에 '가급인족家給人足'이 나온다.

경축한다. 태종이 둥지를 헐고, 까치를 보낸 것은 진실로 그 때
문이다.

시독관 김정호金正浩: …… 《춘추》에 상서를 기록하지 않은 것은
성인의 뜻입니다. 무릇 덕이 있음을 상서라 하고, 덕이 없음을
재이라고 해야지, 어찌 물건을 말하겠습니까? 태종은 아첨하는
자를 미워하고 어진 자를 상서로 여겼으니, 어찌 칭찬하지 않겠
습니까?[53]

　신하들이 비판만 하고 칭찬을 아낀다면, 임금 노릇이 더 힘들었을
것이다. 세종은 신하들이 재이와 상서를 공정하게 다루기를 바랐다.
그러나 경연관들의 생각은 달랐다. 발단은 《춘추호전春秋胡傳》 환공桓
公 원년의 "추대수秋大水(가을 홍수)"라는 대목이었다. 저자 호안국胡
安國은 여기에 긴 주석을 달았다. 요임금 때의 홍수는 천지가 개벽하
여, 아직 물길이 정해지지 않아서 생긴 것이니, 후대의 임금들이 재
변을 당해서 이를 핑계하면 안 된다는 말이다. 이 대목을 공부하다가
왕과 경연관들의 견해가 맞섰다.

세 종: 이와 같은 자가 틀림없이 많을 것이다. 신하들 가운데 상서
　를 말하기 좋아하는 자도 있고, 재변을 말하기 좋아하는 자도 있
　다. 오로지 상서만 말하고 재변을 말하지 않으면, 어찌 옳겠는
　가? 상서를 만나면 상서를 말하고, 재변을 당하면 근심을 말함이
　옳다.

지사 변계량卞季良: 임금이 상서를 좋아하고 재변을 잊으면 안 됩니

53 《승정원일기》 고종 16.5.24.

다. 재변은 걱정하고, 상서는 생략해야 합니다.

시강판 정초鄭招: 옛날 송나라 이항李沆이 진종의 재상일 때 날마다 홍수·가뭄·도적의 이야기를 모아서 보고했습니다. 또 말하기를 "임금이 조금 나이가 들면 사방의 어려움을 알게 해야 한다. 그렇지 않으면 성색聲色과 견마犬馬에 관심을 갖거나, 토목·군사·꿰사 등의 일을 벌인다."고 했습니다. 항이 죽자 천서天書의 일이 생기니, 왕단王旦이 이항의 선견先見에 감탄했습니다.[54]

이 기사 끝에, 사관이 몇 마디 덧붙였다. 변계량이 정초를 어리석다고 편잔하고, 임금한테 그렇게 말하면 안 된다고 나무랐다는 것이다. 고지식한 정초가 신하들의 임금 길들이기 전략을 털어놓은 셈이다. 경연관들도 가끔 방심할 때가 있었다. 성종 5년, 왕이 《강목》을 공부하다가, 한나라 선제 때 황룡이 나타났다는 대목이 사실인가 물었다. 시강관 이맹현李孟賢이 그렇다고 말했다. 이 문제의 중요성을 깜박 잊은 것이다. 사관이 붓으로 그의 잘못을 날카롭게 지적했다.

사신史臣은 말한다. 선제 때 봉황·감로·황룡·신작 등을 사관이 끊임없이 기록했고, 이 때문에 연호를 고치고 사면赦免까지 베풀었다. 선유先儒 호인胡寅이 말하기를 "선제가 자기의 정치를 스스로 기뻐하니, 신하들이 그 버심을 가만히 살피고, 다투어 상서를 말했으며, 선제도 이로써 자신을 속였다."고 했다. 이제 맹현은 황룡이 정말 나타났다고 했으니, 매우 잘못 대답한 것이다.[55]

---

54 세종 1.7.25③. 《강목속편》 송 진종 경덕景德 원년, 이항의 졸기卒記(사망 기사) 참조.

55 성종 5.윤6.7④. 황룡 기사는 《강목》 한 선제 황룡 원년 첫머리에, 호인의 논평은

경연관들의 가르침은 간명했다. 한 선제와 송 신종처럼 임금이 가짜 상서로 자신을 기만해서는 안 된다. 반대로 당 태종처럼 상서를 무시하고, 어진 신하들과 넉넉한 민생을 상서로 삼아야 한다. 간쟁·상서·절검의 기준으로 보면, 당 태종은 중국 역사에서 단연 최고였다. 선조 원년, 경연에서 《논어》〈자한〉편을 공부하다가, 공자가 봉황과 하도河圖를 말한 대목에 이르렀다. 여기서 시강관 유희춘柳希春이 상서에 대한 경연관들의 생각을 잘 정리했다.

이는 곧 성왕聖王의 성덕盛德과 지치至治로 자연히 생기는 상서입니다. 후세의 임금이 사사로운 뜻으로 상서를 좋아하여 하늘을 속이려 하는 것은 큰 잘못입니다. 한 선제는 상서를 몹시 좋아하여 심지어 꿩을 봉황이라고 하더니, 끝내 허위의 풍습을 조장했습니다. 수 양제는 매우 무도하면서 상서를 좋아하더니, 스스로 멸망을 취했습니다.

당 태종의 말이 옳습니다. "집집마다 사람마다 넉넉하면, 상서가 없더라도 요·순이 되기에 부족함이 없고, 백성이 근심하고 원망하면, 상서가 많더라도 걸·주가 되기에 충분하다." 일찍이 흰 까치가 친각에 보금자리를 만들자 신하들이 축하했으나, 태종이 이를 받아들이지 않고 말했습니다. "상서는 현인을 얻는 것인데, 이 어찌 축하할 만한 일인가?" 이것이 바로 정관貞觀의 태평한 정치를 이룩한 까닭입니다.

대개 임금이 상서를 좋아하는 뜻이 조금이라도 있으면, 아첨꾼들이 다투어 그 뜻을 받듭니다. 풀 한 포기, 나무 한 그루라도 이상

감로 3년 봉황이 신채新蔡(여남군汝南郡)에 모였다는 기사 다음에 나옴.

> 한 것은 모두 억지로 갖다 맞춰, 끝내 하늘을 속이기에 이릅니다.
> 이것은 반드시 경계해야 합니다.[56]

경연관들은 당시 중국에서 상서가 출현했다는 보고에 대해서도 냉소적이었다. 세종 즉위년(1418년)은 명나라의 성조成祖 영락永樂 16년이다. 당시 중국에서 봉황이 나타났다고 떠들썩했다. 봉황은 신령스러운 동물로서 요·순 같은 성군의 치세治世에나 나타난다. 조카의 황제 자리를 뺏은 영락제가 간절히 바라던 일이었다. 봉황의 출현이 자신의 정통성을 증명할 수 있었다. 세종이 경연에서 그 진위를 물었을 때, 동지사 탁신卓愼은 그것이 거짓임을 날카롭게 지적했다.

> 위로 순임금과 문왕의 덕이 있어야 봉황이 출현합니다. 지금 상국上國에서는 백성들이 삶을 즐기지 못하니, 비록 봉황이 나타났더라도 상서가 되기에 부족합니다. 이제 듣자니, 억지로 묶어서 날아가지 못하게 했다고 합니다. 어찌 그것이 진짜 봉황이겠습니까? 하물며 임금은 밤낮 근신하고 외경畏敬하며 민생의 피로움과 즐거움을 생각해야지, 상서를 생각해서는 안 됩니다.[57]

조선 국왕은 중국 황제의 책봉을 받는다. 상서가 나타나면 누구의 공덕인가? 세종 8년 4월, 황해감사가 해주에 내린 감로를 채취해서 올렸다. 그러나 겨울부터 눈과 비가 내리지 않았으니, 왕은 이를 상

---

56 《미암집眉巖集》권15, 〈경연일기經筵日記〉, 무진戊辰 10월 19일.
57 세종 0.12.22③. 이듬해 세종은 명나라에 사신을 보내어 봉황과 신룡神龍의 출현
   을 축하했다. 그때 올린 하표賀表(축하하는 글)도 남아 있다. 세종 1.12.17①.

서로 받아들일 수 없었다. 황제의 공덕이라고 중국에 보고할까? 영의정과 좌의정에게 물었더니, 둘 다 반대였다. 이유도 분명했다. 예로부터 조선은 중국과 먼 딴 나라였고, 상서는 우리 임금의 공덕이다. 또 상서를 중국에 보고한 전례가 없었으니, 우리가 제 자랑한다고 오해받을 수도 있다.[58] 조선왕조는 천명을 포기하지 않았고, 이런 논의는 다시 일어나지 않았다.

4. '내 탓' 의례들

재이가 발생하면, 어떻게 대응하나? 임금이 두려워하고 반성하며 유가의 '내 탓' 의례들을 거행한다. 첫째, 감선減膳은 수라상의 음식 가짓수를 줄이는 것이다. 둘째, 피전避殿은 왕이 정전正殿을 피하여 비좁은 공간에서 생활하는 것이다. 셋째, 구언求言은 임금이 신하들에게 비판과 조언을 부탁하는 일이다. 넷째, 휼형恤刑은 억울한 죄수가 없도록 보살피는 것이다. 그 밖에 각종 제사祭祀의 거행, 음악을 멀리하는 철악撤樂, 시장을 닫는 철시撤市 등도 있었다. 한편 고려왕조의 불교·도교·토착 의례는 거의 다 없앴다.

조선 초기에는 고려 때 관습이 일부 남아 있었다. 귀신과 부처에게 기도해서 재변을 물리치는 기양법祈禳法이 대표적이다. 태종이 즉위한 직후 경연에서 기양법을 논의했다. 이때는 왕이 기양법의 폐지를 주장하고, 경연관들은 오히려 반대했다. 세종 31년 12월 22일, 밤에 혜

---

58 세종 8.4.15⑧. 당시 영의정은 이직李稷, 좌의정은 유정현柳廷顯이었다.

성이 나타났다. 이튿날 왕이 대신들을 불러 고려 때처럼 소재도량消
災道場을 베풀면 어떤가 물었다. 대신들은 모두 반대하고, 공구수성恐
懼修省하라고 대답했다. 50년 사이에 이렇게 큰 변화가 일어났다.⁵⁹

　감선·피전·구언은 임금이 몸소 거행하는 의례였다. 심각한 재이가
발생하면, 임금이 '내 탓이오' 하면서 이들 의례를 거행했고, 다른 의
례는 대개 대신들에게 맡겼다. 가령 가뭄이 심하면 감선과 피전을 오
래 계속하다가, 비가 충분히 온 뒤 복선復膳하고 복전復殿했다. 대개
구언을 아울러 했고, 몇 달 동안 상소가 뒤따랐다. 세 가지 의례는
임금을 길들이는 중요한 도구였다. 조선왕조 처음 백 년 동안 이 새
로운 전통이 정착하여, 마침내 임금의 일상에서 큰 비중을 차지하게
되었다.

　먼저 세 가지 의례의 빈도와 사유(재이)를 살펴보자. 기간은 1392~
1494년, 태조부터 9대 성종까지 102년, 바로 유가 의례가 뿌리를 내
리던 시기였다. 이때 재위한 아홉 임금들이 실천한 감선·피전·구언의
횟수와 사유를 정리하면, 〈표 3-1〉과 같다. 실록의 기사 내용이 소
략해서, 때로는 사실 확인이 어렵다. 또 연구자가 자료를 분류하는
방식에 따라 통계 수치가 조금 달라지지만, 전체적인 모습은 같다.⁶⁰

　〈표 3-1〉은 위에 말한 102년 동안의 '내 탓' 의례를 잘 보여 준
다. 태조와 정종 때는 그런 의례가 없었다. 태조는 제삿날 감선했고,

---

59 정종 2.12.18②. 태종이 즉위한 뒤의 기사인데, 《정종실록》에 실렸다. 세종
　　31.12.23①.
60 보충 설명이다. ① 가뭄과 다른 재이가 겹쳤으면 사유를 '가뭄'으로 표기했다. ②
　　임금의 구언에 응한다고 상소했는데, 왜 구언했다는 기록이 없으면 사유를 '모름'으
　　로 표기한다. ③ 성변으로 구언해도 응답이 없어 다시 구언했으면 1회로 계산했다.
　　④ 난동暖冬은 얼음이 얼지 않는 따뜻한 겨울이다.

표 3-1 '내 탓' 의례의 사례 분석

	감 선		피 전		구 언	
	횟수	사유(재이)	횟수	사유(재이)	횟수	사유(재이)
태 조	(5)	(제사 5)	–	–	–	
정 종	0		(1)	(올빼미)	–	
태 종	12	가뭄 12	–		10	가뭄 7, 수재 1, 난동 1, 모름 1
세 종	10	가뭄 9 수재 1	2	가뭄 2	4	가뭄 3 모름 1
문 종	–		–		–	
단 종	–		–		–	
세 조	1	수재 1	(1)	(질병 1)	1	환관이 궐내에서 벼락 맞아 죽음
예 종	–					
성 종	22	가뭄 15, 수재 1 성변 2, 우박 2 벼락 1, 동뢰 1	15	가뭄 10, 수재 2 흙비 1, 성변 1 미상 1	18	가뭄 6, 동뢰 5 수재 2, 흙비 1 벼락 1, 성변 1 모름 2
*합 계	45	가뭄 37, 수재 3 성변 2, 우박 2 벼락 1, 동뢰 1	17	가뭄 12, 수재 2 흙비 1, 성변 1 미상 1	33	가뭄 16, 수재 3 동뢰 5, 난동 1 벼락 2, 흙비 1 성변 1, 모름 4

정종은 산올빼미가 울어서 피신했다.[61] 둘 다 '내 탓' 의례가 아니다.
태종(1400~1418)과 세종(1418~1450)은 가뭄과 수재에 매번 감선했
으나, 피전에는 소극적이었다. 태종은 구언에 적극적이었다. 두 임금
의 재위 50년 동안 내 탓 의례가 제법 뿌리를 내렸다. 그러나 다음

---

61 태조의 감선은 2.4.30, 3.2.24, 3.3.10, 3.5.15, 3.7.21. 모두 국기일國忌日이었다.
정종이 거처를 옮긴 것은 1.8.10②.

문종·단종·세조·예종 네 임금 19년 동안 재이 의례가 거의 없었다. 세조는 수재에 감선 한 번, 벼락에 구언 한 번뿐이었고, 피전은 자신의 질병 때문이었다.[62]

재이 의례는 성종(1469~1494) 때 확 달라졌다. 재위 25년 동안 감선 22회는 이전 77년 동안의 23회와 맞먹고, 구언 18회는 이전의 17회와 비슷하고, 피전 15회는 이전의 7.5배나 된다. 성종은 감선과 피전을 자주 병행하고 때로 구언도 했다. 한편 근신謹愼 의례의 사유가 더 다양해졌다. 전에는 가뭄이 대부분이고, 수재가 세 번, 벼락과 난동暖冬이 한 번씩이었다. 이제 성변·우박·흙비가 근신 사유로 새로 추가되었다. 바야흐로 유가 의례가 본격적으로 전개되기 시작했다.

세 가지 의례 가운데 감선부터 살펴보자. 임금은 하루 세끼를 먹고, 새벽과 밤에 참을 들었다. 평소 수라상에 몇 가지 음식을 올렸나? 세종 10년, 왕이 가뭄에 감선하고 금주禁酒하자, 대신들이 금주를 말리면서 이유를 말했다. 감선은 "천자 칠성七腥, 제후 오성五腥"의 가짓수를 줄이는 것이고, 금주는 포함하지 않는다는 것이다.[63] '성腥'은 날고기를 말하는데, 여기서는 고기반찬을 뜻하는 것 같다. 원래 《주례》는 천자·제후·대부를 7 : 5 : 3 비율로 차별한다. 종묘宗廟는 천

---

62 《예종실록》 끝에 실린 〈묘지문墓誌文〉에, 원년 7월 가뭄에 감선했다고 적었다. 그러나 이 책 7월에는 각종 기우제를 지내고, 숭례문을 닫고, 저자를 옮기고, 형옥을 살피고, 대궐 공사를 중단한 사실들을 모두 실었는데, 정작 감선한 기록은 없다.

63 세종10.윤'4.11⑦. 《예기》 〈예운禮運〉편에 '성기조腥其俎', 곧 희생犧牲의 날고기를 조俎(높은 제기祭器)에 담는다고 했다. 이에 따라 《세종실록》에 부록한 《오례》 〈길례〉 의식의 '진설陳設'조에 소·양·돼지의 날고기를 조俎에 담는다고 규정했다. 뒷날 문종의 부묘祔廟(위패位牌를 종묘에 모심) 때는 숙성熟腥(익힌 고기)을 진설했다. 단종 2.7.16①

자 7묘, 제후 5묘다. 쟁신諍臣도, 수라상도 같은 비율이다. 감선은 한 등급 낮추는 것이다.

국왕의 평일 수라상水刺床에 음식 몇 가지가 올랐을까? 조선의 마지막 주방廚房 상궁 한희순韓熙順(1889~1972)은 정찬 7가지와 찬품饌品 12가지를 상세히 증언했다. 1901년(열세 살)에 상궁이 되었으니, 그가 증언한 것은 대한제국(1897~1910) '황제'의 밥상이다. 조선 국왕의 밥상은 이보다 한 등급 아래, 곧 정찬 5가지와 찬품 9가지다. 면류관의 구슬을 꿴 줄에도 이런 차등이 있다. 고종이 국왕일 때는 9줄이고, 황제가 되면 12줄이다. 황제의 밥상과 왕의 밥상을 혼동하지 말자.[64]

어떻게 감선했을까? 근신勤愼하는 뜻으로 정찬을 한 등급 내리는 것은 기본이고, 때로는 반찬을 더 줄이고 술도 뺀 것 같다. 가뭄이 오래 가면 기간도 그만큼 길어졌다. 임금이 감선하면 대궐 전체가 따랐다. 임금이 술과 육식을 좋아해도 참아야 했다. 조선 후기에는 감선이 점점 형식적으로 변했다. 영조 때는 3일·5일·10일 등 기간을 미리 정했고, 순조 이후에는 대개 3일만 감선했다. 5백 년이 흐르면서 감선 본래의 취지가 많이 옅어졌다.[65]

---

64 함규진, 《왕의 밥상》(21세기북스, 2010), 221~230쪽; 정혜경, 《조선 왕실의 밥상》(푸른 역사, 2018), 24~31쪽. 정혜경은 〈원행을묘정리의궤園幸乙卯整理儀軌〉(1795) 등을 근거로, 소위 '12첩 반상'이 아무 근거가 없다고 비판했다. 이때 정조의 수라상은 늘 칠기七器(일곱 그릇)였다.

65 함규진, 〈조선 역대 왕들의 감선: 그 정치적 함의〉, 《한국학연구》(고려대) 34집 (2010). 감선의 목적에 치중하여, 어떤 음식을, 모두 몇 가지 뺐는지는 밝히지 않았다. 《조선왕조실록》 전체에 기록된 감선을 애써 집계했다. 《왕의 밥상》, 305쪽; 이 논문 264~265쪽.

다음은 '피전'이다. 정전을 피한다는 뜻으로, '피정전避正殿'이라고도 한다.[66] 감선이나 구언과 달리, 피전은 70여 년 동안 거의 없다가 성종 때 갑자기 많아졌다. 앞서 정종은 산올빼미[복鵬]가 대궐에서 울자, 불길하다고 거처를 옮겼다. 세종은 가뭄에 경복궁에서 창덕궁으로 옮겼고(7년), 뒷날 세자에게 국정을 맡겼을 때는 가뭄에 넷째 아들 집으로 옮겼다(31년). 둘 다 '내 탓' 피전이 아니다.

피전은 성종 때 갑자기 철저해졌다. 3년 4월에는 피전 장소를 미리 지정했다. (1) 초하루·보름·설날·탄일誕日 등의 조하朝賀는 창덕궁 인정전仁政殿 처마 아래, (2) 보통 조회인 조참朝參은 인정전 월대月臺 (앞뜰), (3) 경연은 선정전 전랑前廊이었다. 이에 앞서 2년 12월, 피전할 때의 조하와 조참에는 악기를 연주하지 않기로 결정했다. 4년 6월에는 경연을 선정전 처마 아래에서 열었다. 5년 삼복三伏에는 조하·조참·상참常參을 정지하고, 경연만 인정전 처마 아래에서 열었다.[67]

피전은 임금에게 큰 곤욕이었다. 가령 피전이 가장 잦았던 중종 때의 경연을 보자. 5년 5월, 월랑月廊에서 석강을 하는데, 비바람이 들이닥쳐 옷이 모두 젖었다. 왕은 급히 정전 안으로 피신하고, 경연관들은 합문 밖으로 뛰어나가, 경연이 중단되었다. 10년 1월에는 처마 아래서 주강과 석강을 하느라고 추위에 떨었다. 승지가 비현각丕顯閣에 들어가자고 해도 왕이 거절했다. 17년 6월, 처마 아래에서 강독하는데 연로한 대신들이 더위로 애먹었다. 결국 삼복중에는 경연을 중단했다.[68]

---

66 《조선왕조실록》에는 '피전'이 389회, '피정전'이 245회 나오고, 《승정원일기》에는 각각 216회와 254회다. 두 검색어를 함께 사용했다.

67 성종 2.12.11②, 3.4.24⑤, 4.6.22①, 5.윤6.10⑤.

끝으로 구언을 살펴보자. 태조와 정종 때는 구언이 없었고, 태종 때 열 번, 세종 때 네 번 기록되었다. 절반 이상 가뭄 때문이었고, 세종보다 태종이 훨씬 더 자주 구언했다. 태종 9년 6월에는 가뭄·장마·우박·산사태·벼락·성변 등 두세 달 치 재이들을 묶어서 구언했다.[69] 태종 16년, 구언하는 범위를 의정부·육조·대간·예문관 등 조정(중앙정부)에서 감사·수령·대소양반·한량閑良 등 전국으로 크게 넓혔다. 세종 때도 범위가 대소신료大小臣僚·한량·기로耆老 등으로 넓었다.[70] 문종과 단종 때는 구언이 없었고, 세조 때는 딱 한 번 구언했다.

구언 의례도 성종 때 자리 잡았다. 더 자주 구언했고 더욱 진지했다. 성변이나 겨울 우레 같은 재이에도 구언했다. 2년 11월, 겨울 우레 때문에 구언하고, 한 달 동안 응답이 없자 다시 구언했다. 9년 4월에 흙비가 내렸다고 구언하자, 서너 달 동안 상소가 올라왔다. 왕은 사관을 시켜 그 내용을 정리했다. 21년 12월 초에 성변으로 구언했으나 응답이 없자, 한 달 뒤에 다시 구언했다. 15년 9월에는 응답 내용이 부적절했지만, 처벌하지 않았다. 이것이 불문율不文律이었다.[71]

후대에는 경연에서도 구언했다. 현종 7년 11월 초, 우레가 울고 강

---

68 중종 5.5.17③, 10.1.17④, 17.6.9②. 중종(1506~44)의 재위 38년 동안 재이와 내 탓 의례가 가장 빈번했다. 피전은 성종 25년의 세 배가 넘는다. 비현각은 작은 온돌방이다.

69 태종 9.6.20④. 윤4월에는 가뭄이 심했고, 5월에는 폭우로 강화도 마니산 등이 무너졌다. 두세 달 동안 우박이나 벼락에 맞아 죽은 사람도 여럿이고, 성변星變도 잦았는데, 태백주현太白晝見, 곧 태백성(금성)이 낮에 보였다고 자주 기록한 것이 특이하다.

70 세종 1.6.2④.

71 성종 2.11.4②, 2.12.4①, 9.8.12⑤, 21.12.4③, 22.1.5②, 15.9.20③, 15.12.3①. 대구 생원이 상소하여 징계받은 영남 출신 관리를 변호했다.

풍이 불었다. 11월 3일, 선정전 주강에 대신들·비변사 당상·삼사도 특별히 입시했다. 영의정 정태화鄭太和는 재변을 이유로 사직을 청했다. 왕이 '내 탓'이라 하고 참석한 신하들에게 비판을 요청하자, 21명이(사관들 제외) 모두 한마디씩 했다. 두려워하고 반성하라, 국정에 부지런하고 민생을 안정시켜라, 간쟁을 받아들이고 폐단을 고쳐라 등 대부분 판에 박힌 말이었다. 대간은 군포軍布·환곡還穀·노비 신공身貢 등 폐단을 지적했다. 왕은 밀린 환곡의 징수와 누락된 군정軍丁의 색출을 중지시켰다.[72]

성종 이후 임금이 재이에 대응하는 방식이 거의 표준화되었다. 각종 재이가 생길 때마다 임금은 근신하고 국정을 반성했다. 피전·감선·구언 등 연례행사를 되풀이했다. 3정승이 책임을 함께 지겠다는 사직 상소도 점점 의례적인 절차가 되었다. 비록 형식적이라도 왕의 반성은 필요했고, 이러한 관행은 5백 년 동안 지속되었다. 가령 고종 9년 10월, 겨울 우레가 두 번 울리자, 왕이 사흘 동안 피전·감선·철악을 실시했다.[73]

한편 조선의 임금들은 경연관들의 상서론을 잘 따랐다. 가령 세종 13년에 왕이 평강에서 강무講武할 때 흰 꿩이 수레 앞에 나타났고, 14년에는 전라도와 경상도에서 낭간琅杆(푸른 옥돌)을 바쳤다. 예조에서는 이를 상서라고 하여 경축하려 했으나, 왕은 경연에서 이를 물리쳤다.[74] 오직 세조가 상서를 지극히 숭상했다. 그가 절에 가면 사리숌

---

72 현종 7.11.3②. 같은 날짜 《승정원일기》에는 이런 내용이 실리지 않지만, 경연이 '주강'이었음은 확인할 수 있다.

73 고종 9.10.29③.

74 세종 14.3.17①.

利·꽃비·감로甘露·이향異香 등이 생겼고, 8년 상원사上院寺 행차 때는 관음보살이 나타났다고 대사령을 내렸다. 세조는 왕위를 찬탈하여 정통성이 없었는데, 이를 불교식 상서로 덮으려고 한 것 같다.[75]

이제 재이론을 문답으로 정리해 보자. 담론의 핵심은 원인과 대응이다. 먼저 원인 문답이다. 왜 재이가 생기나? 임금이 정치를 잘못했기 때문이다. 그의 잘못이 어떻게 재이를 일으키나? 하늘과 사람은 같은 기氣로 이루어져 서로 통한다. 천인합일天人合一이다. 임금이 정치를 잘못하면 백성들의 삶이 고달프고, 사람들의 원망이 쌓이면 하늘과 땅이 음양의 조화를 잃어 이변이 일어난다.

재이는 하늘의 행동인가, 반응인가? 하늘이 인격체라면, 의식적 행동이 나타난다. 부모가 자식에게 하듯, 하늘이 임금을 꾸짖고 경고警告한다. 사람과 하늘이 같은 유기체라면, 하늘이 인간사의 부조화에 감응感應한다. 몸이 병에 걸리면 증세가 겉에 나타나듯. 경연관들은 두 가지 비유譬喩를 섞어 썼고, 둘의 모순을 문제 삼지 않았다.

여러 가지 재이는 원인이 서로 다른가? 같은가? 한나라 유학자들은 개별적인 원인을 찾았는데, 논리가 엉성했다. 가령 지방관이 사나우면 호환虎患이 잦다는 식이다. 후한 말기에는 원인을 특정하지 않는 일반적 또는 포괄적 원인론으로 기울었다. 가령 가뭄의 원인이 지나친 형벌, 과도한 부세, 왕의 사치 등 여러 가지라면, 임금에게 설명하기가 쉽고, 여러 가지 개혁을 한꺼번에 요구하기도 편하다.

다음은 대응 방법이다. 재이가 생기면 임금이 어떻게 대응하나? 재이는 내 탓이다. 공구恐懼하고 수성修省한다. 하늘의 꾸지람을 두려

---

75 세조 8.11.5①. 권연웅, 〈세조대의 불교정책〉, 《진단학보》 75집(1993) 참고.

위하고 스스로 반성해야 마땅하다. 그것을 구체적인 행동으로 보여줘야 한다. 정전을 피하고, 음식 가짓수를 줄이며, 기도(제사)하고 구언하는 등 형식은 다양하다. 임금의 '내 탓' 의례는 형식보다 정성이 중요하다. 정성이 지극해야 하늘에 통한다.

임금이 재이를 무시하면, 어떻게 되나? 원래 하늘은 임금에게 백성들을 잘 돌보라고 명령했다. 이것이 천명天命이다. 임금은 하늘의 대리인이라, 천자天子라고 불렀다. 임금이 임무를 잘 수행하지 않으면, 하늘은 명령을 취소하고 임무를 다른 사람에게 맡긴다. 혁명革命이란 천명을 바꾼다는 말이다. 아예 다른 성씨에게 맡겨 새 왕조王朝를 세운다. 그런 뜻에서 역성혁명易姓革命이다.

재이론에는 세 가지 특징이 있다. 첫째는 양면성이다. 하늘이 임금의 잘잘못에 대해 상서로 칭찬하고 재이로 견책한다는 이론은 한편으로 왕권을 강화하고, 다른 한편으로 제약한다. 임금이 천명을 받아 백성의 안녕과 천지의 조화까지 책임진다는 것은 대단한 격상이다. 상서는 그의 지위를 더욱 높인다. 반면에 천재지변이 생길 때마다 임금은 책임을 통감하고 반성해야 한다. 마치 양날의 칼과 같다.

둘째는 편중성이다. 경연관들은 재이만 중시하고 상서를 배격했다. 해마다 반복되는 가뭄과 홍수, 예측가능한 일식과 월식, 이따금 생기는 이상기후·혜성·화재 등 모든 재이는 왕이 정치를 잘못했다는 명백한 증거다. 무슨 재이가 생기든지 임금은 깊이 반성하고 잘못을 고쳐야 하며, 신하들은 임금을 맘껏 비판할 수 있다. 한편 상서는 모두 가짜니, 스스로 기만하지 말고 이를 무시하라고 가르쳤다. 왕권이 워낙 약하기도 했지만, 임금 길들이기가 매우 철저했다.

셋째는 허구성이다. 가뭄과 홍수는 거의 해마다 있고, 일식과 월식

은 주기적인 현상이며, 그 밖에 혜성·태풍·화재 등의 재변도 흔히 있
는 일이었다. 재이가 인사와 아무 상관이 없다는 주장이 옛날부터 있
었고, 특히 천문학의 발달은 재이론의 근거를 무너뜨렸다. 그런데도
경연관들이 이를 버릴 수 없었다. 재이론을 버리면, 천명天命 사상도
버려야 한다. 더구나 재이론은 임금 길들이기에 매우 편리한 무기였
다. 경연관들은 이 좋은 무기를 버릴 이유가 없었다.

　이론과 현실의 모순도 있다. 조선국왕은 중국 황제의 책봉을 받는
다. 일식은 황제 책임인가, 국왕 책임인가? 조선국왕의 책임이다. 그
래야만 국왕이 천명을 주장하고, 신하들이 국왕에게 책임을 추궁할
수 있다. 반면 가뭄이 심하면 임금이 각종 의례를 거행했는데, 제천
祭天 의례만은 중국 황제에게 양보했다. 실익은 없고, 조공관계만 꼬
일 수 있기 때문인가? 경연관들은 이 모순을 문제 삼지 않았다.

　재이론은 이런 허점을 내포하지만, 조선왕조 5백 년 동안 지속되
었고, 임금 길들이기에 큰 몫을 했다. 재이론은 특히 간쟁론과 밀접
하게 연결되어 더욱 큰 효력을 발휘했다. 재이가 발생하면 왕은 근신
하고 반성하는 뜻에서 여러 가지 '내 탓' 의례를 몸소 실천하고, 신
하들의 비판을 구했다. 이때는 신하들의 비판이 아무리 심해도 이를
용납해야 했다. 재이는 간쟁을 활성화하는 촉매제였다.

제4장

절검론

임금 노릇의 핵심은 권력과 부富의 배분이다. 누구에게, 무엇을, 얼마만큼 줄 것인가? 유가는 일찌감치 배분 기준을 마련하고, 이 잣대로 임금 노릇을 평가했다. 잘 배분하면 명군明君, 잘못 배분하면 암군暗君, 최고로 잘하면 성군聖君이다. 경연관들은 임금에게 성군을 본받으라고 가르쳤다. 위임은 권력을 배분하는 지침이고, 절검은 부를 배분하는 원칙이다. 절검 담론은 구체적으로 어떤 내용인가?

원래 유가는 권력의 배분에 주력하여 위임·간쟁·재이 담론을 체계적으로 개발했다. 앞서 살펴본 바와 같이, 임금은 국정을 신하들에게 맡기고, 신하들의 바른말을 잘 따라야 한다. 또 재이가 생길 때마다 신하들의 비판을 감수해야 한다. 그것이 게임 규칙이고, 평가 기준이다. 임금이 그대로 잘하면 높은 점수를 주었다. 경연 강의도 대개 권력의 배분에 집중하여 이론과 사례들이 풍부했다.

한편 부의 배분에 관한 담론은 자못 소박했다. 유가의 목표는 부민富民이다. 백성들의 삶이 넉넉하려면, 국가가 그들의 재물과 노동력을 덜 거두어야 한다. 덜 거두는 만큼 임금이 재물을 절약하고, 검소하게 살아야 한다. 정부의 지출도 줄여야 한다. 다만 현실은 이론과 달랐고, 모범 사례도 드물었다. 그래도 부민을 강조하면, 임금의 재물 낭비를 줄일 수 있다. 덜 거두고 덜 쓰면 된다.

이와 반대로, 법가는 부국富國을 추구했다. 가령 진秦나라는 황무지 개간, 주민의 강제 이주, 상업 통제, 철저한 부세賦稅 등으로 생산과 분배에 적극 개입했다. 법가는 국가가 모든 자원을 체계적으로 관리하는 시스템을 새로 만들었다. 이른바 변법變法이다. 법가는 총동원 체제로 통일제국을 이루었지만, 이를 안정시키지는 못했다. 그들의 경제정책은 권력의 집중을 요구하고, 지주계급을 위협했다.

한나라 유가는 법가가 만든 정부조직과 형률을 계승하고, 법가의 경제정책도 일부 수용했다. 가령 한 무제는 소금·철·술 등의 전매專賣로 국가재정을 늘렸고, 북송의 왕안석王安石도 폭넓은 제도개혁을 시도했다. 때로 유가의 이상주의와 법가의 실용주의가 충돌했는데, '염철鹽鐵 논쟁'과 '신법新法·구법舊法 논쟁'이 대표적이다. 뒤에 주자학파는 실용주의 정책을 배척했고, 조선의 유가가 이를 계승했다.

경연관들은 임금에게 세 가지 강령을 가르쳤다. 첫째, 백성들을 사랑하고 민생의 어려움을 알아라. 둘째, 백성들을 덜 부리고 세금을 덜 거둬라. 셋째, 임금이 앞장서서 절약하고 검소하게 살아라. 이들 세 조목은 마치 삼각三脚 받침대처럼 서로 의지한다. 하나씩 검토하고 나서 절검 담론이 현실에 미친 영향을 조금 살피겠다.

1. 백성 사랑하기

임금은 한 나라의 최고 권력자였고, 임금과 백성들은 지배와 복종의 관계였다. 그 구체적인 양상은 다양했다. 가령 춘추전국시대에는 여러 제후국들이 치열하게 경쟁했다. 임금이 백성들을 잘 관리하면 살아남고, 잘못하면 몰락했다. 여러 학파들도 다양한 통치술을 개발하고, 흥망의 원인을 탐구했다. 이들의 시행착오를 통해 임금과 백성, 지배와 복종에 대한 생각도 진화했다. 앞서 진나라는 법가를 발탁하

여 중국을 통일했고, 뒤에 한나라는 유가를 등용하여 대제국을 안정
시켰다.

유가는 임금에게 백성들을 사랑하라고 했다. 그것은 임금의 도리,
곧 도덕적 의무였다. 유가에게 국가와 임금은 가족과 가부장의 연장
이었다. 임금은 신하들과 백성들을 사랑하고 돌보아야 한다. 신하들
은 임금을 도와 백성들을 다스렸고, 둘은 같은 지배계급이었다. 그러
나 백성들은 임금과 거리가 멀었다. 서로 만날 일도 거의 없었다. 그
래서 임금은 백성들의 형편을 잘 배워야 했다.

《상서》〈강고康誥〉편에서 주 성왕은 강숙康叔을 위衛나라에 책봉하
면서, 백성들을 '환자처럼' 또는 '갓난아기처럼' 돌보라고 당부했다.
춘추시대 정鄭나라 재상 자산子産이 연명然明에게 정치하는 도리를 묻
자, "백성들을 자식 같이 돌보라."고 했다. 공자는 제후들에게 "씀씀
이를 줄이고, 인민을 사랑하며, 백성들을 때맞게 부리라."고 했다. 송
태조가 연로한 선비 왕소소王昭素를 불러 치세治世하는 방법을 묻자,
애민愛民이 으뜸이라고 했다.[1]

백성 사랑은 임금의 첫째 의무였다. 왜 백성들을 돌봐야 하나? 대
답은 간명했다. 백성들은 나라의 근본이고, 임금은 그들의 보호자다.
더구나 그들은 늘 어렵게 산다. 그래서 임금은 백성들을 잘 보살펴야
한다. 이것이 하늘의 명령이다. 임금이 잘못하면 천명天命이 취소된
다. 이른바 역성혁명易姓革命이다. 《상서》〈오자지가五子之歌〉에 "백성
들은 나라의 근본인데, 근본이 굳어야 나라가 편안하다."고 했다. 중

---

[1] '시민여자視民如子'는 《춘추좌전》 양공襄公 25년에 나옴. 연명은 정나라 대부大夫 종
멸蔑의 자字. 공자의 말은 《논어》〈학이〉편에 나온다. 왕소소와 문답은 개보開寶
3년 3월.

종 12년, 조강에서 검토관 기준奇遵이 그 뜻을 잘 설명했다.

> 백성들이 없으면, 나라가 있을 수 없습니다. 옛날 임금들은 모두 여기 마음을 썼습니다. 그러나 뒤의 임금들은 백성이 근본이고, 농사가 백성들의 하늘인 것을 몰랐습니다. 그래서 멸망에 이른 자가 많습니다.[2]

선조 6년, 왕이 조강에서 《상서》〈태갑太甲(중)〉편을 공부했다. 상나라 재상 이윤伊尹이 못된 임금 태갑을 쫓아냈다가, 3년 뒤에 다시 데려와, 훈시한 내용이다. 임금이 없으면 백성들이 잘못을 바로잡으며 살 수 없고, 백성들이 없으면 임금이 나라를 다스릴 수 없다고 했다. 둘은 뗄 수 없는 관계다. 부제학 유희춘柳希春은 임금과 백성들이 한몸(일체一體)임을 강조하고, 삼대 이후 성군과 현군이 백성들을 잘 보살핀 사례 십여 건을 열거했다. 앞의 세 건은 다음과 같다.

> 요임금은 의지할 데 없는 사람들에게 모질지 않았고, 곤궁한 사람들을 버려두지 않았습니다. …… 우임금은 죄인을 보면, 수레에서 내려와 울었습니다. 탕왕은 곤궁한 사람들에게 은혜를 베풀었고, 문왕은 백성들을 마치 다친 사람처럼 보살폈습니다.[3]

임금은 불쌍한 백성들을 돌보아야 한다. 애민愛民이 곧 휼민恤民이

---

2 중종 12.8.5②.
3 선조 6.12.6①. 전거는 각각 다음과 같다. 요임금은 《상서》〈대우모〉, 우임금은 《설원說苑》〈군도君道〉, 탕왕은 《상서》〈태갑(중)〉, 주 문왕은 《맹자》〈이루(하)〉.

다. 그러나 그는 대궐 안에서 늘 풍족하게 살아서, 민생의 어려움을 알 수 없다. 어찌하면 좋을까? 옛 성현들의 말씀을 거듭 가르치고, 현재 백성들의 어려움을 계속 알려줘야 한다. 고종 원년, 경연관들이 숙종 때처럼 경연에서 백성들의 형편을 자주 논의하자고 제안했다. 임금이 이를 선뜻 받아들이자, 그들이 치하致賀했다.

> **검토관 이명응李明應: 천하의 하교下敎가 지당하고 지당합니다. 임금은 구중궁궐九重宮闕에 살아 백성들의 형편을 자세히 듣기 어렵습니다. 매일 가까운 신하들과 함께 (백성들의) 피로움과 어려움을 논의하는 것은 정말 크나큰 덕화德化입니다.**
>
> **강관 윤치정尹致定: 무릇 사민四民의 일은 농사가 제일 힘들고, 생민生民의 공功은 농사가 제일 큽니다. 그런데 임금은 깊은 궁중에 있어 농사의 어려움을 알 수 없어, 주공이 〈무일〉편을 지어 성왕을 가르쳤습니다. 일찍이 숙종께서 〈빈풍도豳風圖〉와 〈농가사시도農家四時圖〉를 늘 보신 것이 훌륭한 일로 전해 왔는데, 이께 천하께서 가법家法을 잘 이으셨습니다.[4]**

유가는《상서》〈무일無逸〉편을 자주 인용했다. 주공周公이 어린 성왕成王에게 "안일에 빠지지 마라."고 훈계한 내용이다. 은(상)나라와 주나라의 선왕先王들은 백성들과 고락을 같이했는데, 그 자손들은 백성의 어려움을 모른 채 안락에 빠졌다는 것이다. 가령 문왕은 허름한 옷을 입고 밭일을 했으며, 새벽부터 한낮까지 밥 먹을 틈도 없이 백

---

4 《승정원일기》 고종 1.11.18. 앞서 숙종 7년, 왕이 주강에서 〈빈풍〉시를 공부할 때, 영의정 김수항金壽恒이 〈농가사시도〉를 자주 보라고 건의했다. 숙종 7.10.21②.

성들과 함께했다. 임금은 농사의 어려움을 알고 나서야 안일을 누릴 수 있다는 가르침이다. 〈무일〉편은 진짜 맞춤형 교재였다.

당 현종 때, 재상 송경宋璟은 그 내용을 〈무일도無逸圖〉(괘도)로 만들었고, 황제는 이를 걸어 놓고 교훈으로 삼았다. 북송의 경연관 손석孫奭이 〈무일도〉를 바치자, 인종은 이를 강독각講讀閣에 걸었다. 이리하여 임금이 〈무일도〉를 가까이 두고, 그 교훈을 되새기는 관례가 생겼다.[5] 조선왕조도 〈무일도〉의 전통을 계승했다. 정종·태종·성종·연산군·중종 때 신하들이 〈무일도〉를 바쳤다. 인조는 〈무일〉편과 〈홍범〉편을 병풍에 써서 좌우에 두었고, 정조는 〈무일〉편을 써서 침전에 걸어두고, 스스로 반성했다.[6]

유학자들은 '무일'을 강조했고, 다른 교재를 강독할 때도 〈무일〉편을 자주 거론했다. 남송의 진덕수는 《대학연의》〈계일욕戒逸欲〉(권31)에 〈무일〉편의 본문 대부분을 수록하고, 여조겸呂祖謙과 소식蘇軾 및 자신의 논평을 십여 쪽에 걸쳐 수록했다. 그리고 조선 경연관들은 〈무일〉편의 교훈을 5백 년 동안 가르쳤다. 가령 연산군이 《대학연의》를 공부할 때, 시강관 홍한洪瀚은 그 교훈을 이렇게 요약했다.

> 안일은 임금이 크게 경계할 바입니다. 성왕은 어려서 즉위하여 농사의 어려움을 몰랐습니다. 그래서 주공이 〈무일〉편을 지어서 경

---

5 진덕수 《대학연의》 권30 끝 기사를 참조.

6 정종 1.1.1②, 태종 10.5.16①, 성종 6.12.25⑩, 연산군 8.11.1①, 중종 2.11.3②. 인조는 〈무일도〉와 〈홍범도〉를 병풍으로 만들었다. 《승정원일기》 정조 7.10.15. 소대에서 《국조보감》을 강독할 때, 대교 윤행임尹行任이 언급함. 정조의 〈무일도〉는 〈시장諡狀〉에 나온다.

계하도록 했는데, 백성들의 원망을 빠짐없이 실었습니다. 임금은 구 중궁궐 속에 깊숙이 거처하여 당하堂下가 천 리보다 멉니다. 어찌 백성들의 원망과 농사의 어려움을 알겠습니까? 반드시 경연에 나아 가서 여러 신하들을 만나야 들을 수 있습니다.[7]

그러나 〈무일〉의 교훈을 체득하고 실천한 임금은 드물었다. 실천 하기가 그만큼 어려웠다. 당 현종은 즉위 초에 〈무일도〉를 걸어 두 고, 좋은 정치에 노력하여 '개원開元(713~740)의 다스림'을 이루었다. 그러나 뒤에 점점 게을러져서 '무일'의 교훈을 잊었다. 연호를 '천보 天寶'(742~755)로 바꾸고, 〈무일도〉를 산수도山水圖로 바꾸더니, 끝내 '안녹산의 반란'으로 몰락했다. 관건은 지혜와 실천이다. 인종이 《상 서》〈무일〉편을 공부할 때, 특진관 윤개尹漑가 이 점을 강조했다.

성왕 이후의 제왕으로, 무일을 마음먹은 자를 한漢과 당唐에서 찾 아보면, 어찌 그런 사람이 없겠습니까? 그러나 모두 지혜에 이르지 못하고 끝까지 실천하지 못했습니다. 당 현종도 개원의 다스림은 그 마음을 잃지 않아서 〈무일도〉를 만들어 바라보았지만, 천보 이 후에는 산수도로 바꿨습니다. 무릇 처음부터 끝까지 한결같기가 가 장 어렵습니다.[8]

영조 31년, 왕이 《상서》〈무일〉편을 공부하다가, 당 현종이 〈무일 도〉로 '개원의 다스림'을 열었고, 산수도山水圖로 '천보의 어지러움'에

---

7 연산군 1.12.21①. 바로 앞에서 말했듯이, 연산군도 〈무일도〉를 본 적이 있다.
8 인종 1.4.3①.

이르렀다고 말했다. 이에 검토관 홍준해洪準海가 무일의 도리를 알기
는 어렵지 않으나, 실행하기가 어렵다고 덧붙였다. 영조 41년 4월,
왕이 주강에 세손(훗날 정조)을 불러서 〈무일〉편을 외우게 했다. 또
암송시킨 뜻을 명심하고, 이 내용을 늘 외우라고 말했다. 뒷날 어린
고종이 《소학》을 공부하다가 '경단更端'의 뜻을 묻자, 경연관들은 주
공과 성왕을 예로 들면서 주제를 '무일'로 슬쩍 바꿨다.[9] 그만큼 중요
한 주제였다.

경연관들은 《시경》 "빈풍豳風"의 〈칠월七月〉편도 자주 인용했다. 이
것은 본래 사계절의 농촌생활을 읊은 전원시田園詩다. 유가는 주공周
公이 이 시를 지어 성왕에게 농사의 어려움을 가르쳤다고 주장했고,
남송의 진덕수는 〈빈풍칠월도豳風七月圖〉를 만들어 황제에게 바쳤다.
세종은 원년 경연에서 〈칠월〉편을 읽고 백성들의 어려움을 해결하는
방법을 물었으며, 15년 경연에서 〈빈풍칠월도〉를 보고 농사의 어려움
을 알게 되었다고 말했다. 연산군도 이 그림을 본 적이 있다.[10] 뒷날
헌종이 《시경》 〈칠월〉편을 공부할 때 특진관 박회수朴晦壽는 이렇게
설명했다.

   〈칠월〉 8장은 주공이 성왕에게 훈계한 시입니다. 임금은 구중궁
   궐 깊숙이 있어 농사의 어려움을 알 수 없습니다. 나이가 어릴 때
   는 잘 알기가 더욱 어려워, 주공이 여러 번 타일렀습니다. 민생의

---

9 《승정원일기》 영조 31.12.14, 영조 41.4.26, 고종 1.10.12. '경단更端'은 《예기》 〈곡
   례(상)〉)에 나오는 말로, 화제를 바꾼다는 뜻. 참찬관 강난형姜蘭馨과 강관 김병학
   金炳學이 차례로 대답했다.
10 세종 1.1.30②, 15.8.13①, 연산군 8.11.1①.

고통과 농사짓고 누에치는 고생을 한 편에 그렸는데, 눈으로 보는
것 같습니다. 무릇 일용하는 옷과 음식이 예사롭게 보이지만, 그 근
원을 따져 보면 모두 백성들의 고생에서 나옵니다.[11]

경연관들은 남송 진덕수의 말을 즐겨 인용했다. 진덕수는《대학연
의》를 편찬하면서, 〈무일〉과 〈칠월〉 등 민생고民生苦에 관한 내용을
많이 싣고 설명을 덧붙였다. 가령《상서》〈군아君牙〉편은 주 목왕이
군아를 대사도大司徒에 임명하면서 당부한 내용이다. 여름에 덥고 비
와도, 겨울에 몹시 추워도, 불쌍한 백성들은 원망하고 탄식하니, 그들
의 어려움을 덜어 주고 편안하게 하라는 말이다. 진덕수는 이 구절을
정성껏 풀이하여 임금에게 간절히 호소했다. 그 일부는 다음과 같다.

여름에 비가 오고 겨울에 추운 것은 절기의 정해진 바인데도 소
민小民은 원망합니다. 이것은 하늘이 버리는 비와 추위를 원망하는
것이 아닙니다. 소민의 생계는 언제나 어렵고, 이때에 더욱 어렵기
때문에 원망하는 것입니다. …… 평상시에 일 년 버버 힘써 일해도
배를 채우는 때가 없고, 큰 추위에는 살갗이 터집니다. (나라에서)
구하려고 노력하지 않으면, 앉아서 굶어 죽기를 기다릴 뿐입니다.
비록 농사가 대풍大豊이라도 오히려 이를 면하지 못합니다. 일단 흉
년을 당하면, 노약자는 죽어서 도랑과 골짜기에 구르고, 힘센 자는
일어나서 강도가 되니, 형세가 반드시 그렇습니다. 민생의 어려움이
오늘보다 심한 적이 없었으니, 오직 폐하께서 이를 헤아리소서.[12]

11 《승정원일기》 헌종 5.10.14.
12 《대학연의》 권27 '찰민정察民政.'

진덕수의 지극한 호소는 후대의 임금들을 감동시켰고, 신하들은
상소문에서 그의 표현을 자주 빌렸다. 가령 고려 말에 전제田制 개혁
을 주장한 상소문들은 이런 표현으로 넘친다. 조선에서는 태조와 태
종이 《대학연의》를 강독한 이래 이 책은 경연의 필독서가 되었다.
임금과 경연관들은 이 책을 강독할 때 늘 이 대목에 주목했다. 세종
이 즉위 초에 이 부분을 강독할 때 시강관 정초鄭招가 진덕수의 말
을 교훈으로 삼으라고 당부했고, 왕은 이를 다짐했다.[13] 중종이 《시
경》의 〈신공㫱工〉편을 공부할 때도 전경典經 유돈柳墩이 진덕수의 말
을 맘껏 인용했다.

> 지금 홀아비와 과부, 고아와 자식 없는 늙은이들이 농사와 양잠
> 에 힘을 다합니다. 그러나 벼는 마당에 오르기도 전에, 옷감은 틀에
> 서 버리기도 전에, 이미 부잣집에 들어갔는데, 세금을 낼 때는 부잣
> 집과 차이가 없습니다. 그래서 부자는 더욱 부유해지고, 빈자는 더
> 욱 가난해집니다. …… 하물며 (임금은) 구중궁궐 안에 단정히 앉아
> 손을 높이 마주잡고 있으니, 옷과 음식이 네 백성들의 고혈膏血에서
> 나오는 것을 어찌 알겠습니까? 바라건대, 성상께서는 귀한 옷을 입
> 고 귀한 음식을 잡수실 때, 백성들이 애쓰고 고생하는 것을 잊지
> 마십시오.[14]

〈친경적전親耕籍田〉은 이런 뜻을 담은 의례儀禮였다.[15] 임금은 봄에

---

13 세종 0.12.20①.
14 중종 5.9.18①. 〈신공〉편은 권농관勸農官이 하는 일을 평범하게 그렸다.
15 《예기》〈제통祭統〉 및 《춘추곡량전春秋穀梁傳》(환공 14년).

적전을 친히 갈고, 거기서 거둔 곡식을 종묘宗廟와 사직社稷의 제수祭需로 썼다. 왕비는 몸소 누에를 쳐서 제복祭服을 만들었다. 한 문제 때 가의賈誼는 농사의 중요성을 강조하여, 남자가 농사짓지 않고 여자가 길쌈하지 않으면, 춥고 배고픈 사람들이 생긴다고 했다. 그의 건의에 따라 한 문제는 2년 정월부터 '친경적전'을 거행했다. 이때부터 조서詔書에 '농자천하지대본야農者天下之本也'(농사는 천하의 큰 근본이다)라고 썼다. 또 13년 2월에는 황제의 친경 및 황후의 친잠親蠶 의례儀禮를 갖추게 했다. 역대 왕조가 이 의식을 계승했는데, 고려는 성종 때 시작했다.

조선은 태종과 세종 때 만든 《오례五禮》〈길례吉禮〉에 '친경적전 의주儀注'를 마련하고, 미처 시행하지 못했다. 문종이 《대학연의》에서 〈칠월〉편을 공부할 때 동지사 정인지鄭麟趾는 왕에게 선왕의 뜻을 이으라고 했다.[16] 성종 5년, 시강관 이맹현李孟賢이 《강목》을 강의하다가 한 문제처럼 적전을 친경하라고 권했다. 성종은 이를 받아들여 이듬해 1월에 친경을 거행했다. 중종 6년, 주강에서 《강목》을 공부할 때 시강관 이자화李自華가 흉년으로 중단된 친경을 다시 하라고 권했다. 그 뒤 여러 왕들이 거행과 중단을 반복했는데, 광해군과 영조가 가장 열성이었다.[17]

임금이 민생을 돌보지 않으면 어찌 될까? 백성들이 반란을 일으킨다. 《순자荀子》〈왕제王制〉에 "임금은 배, 백성들은 물이다. 물은 배를 띄우기도 하고, 배를 뒤엎기도 한다."고 했다. 경연에서는 《순자》를

---

16 문종 1.5.6①.

17 성종 5.8.23④. 6년 1월 14일에 예조가 의례를 올렸고, 23일에 친경했다. 중종 6.9.10②. 영조 43년에 만든 필사본 〈친경의궤親耕儀軌〉가 현재 규장각에 있다.

강의하지 않았지만, 위징이 이 비유를 인용한 것이 《정관정요》(권1)에 실려 세상에 널리 알려졌다. 앞서 한 충제沖帝 때 지진地震이 일어나자, 책문策問으로 인재들을 뽑았다. 황보규皇甫規는 대책對策에서 "임금은 배, 백성들은 물, 여러 신하들은 배를 탄 사람들"이라고 했다. 순조가 《강목》의 이 대목을 공부할 때, 검교직각檢校直閣 심상규沈象奎가 말했다.

> 황보의 대책 가운데 '임금은 배, 백성들은 물'이라는 말이 참 좋습니다. 당나라 한유韓愈가 말하기를 "임금은 배와 같고, 백성들은 물과 같다. 물은 배를 띄울 수도 있고, 뒤엎을 수도 있다."고 했습니다. 임금과 백성들이 서로 필요한 것처럼, 배와 물은 서로 돕습니다. …… 임금이 '배 뒤엎기' 교훈을 늘 기억하면, 패망하는 걱정은 없을 것입니다.[18]

첫째 명제의 바탕은 임금과 백성들의 관계다. 본래 둘은 지배와 피지배의 관계다. 유가는 비유를 써서 임금에게 도덕적 멍에를 씌웠다. 둘이 부모와 어린 자식들의 관계라면, 임금은 백성들을 사랑하고 보살필 의무가 있다. 물론 백성들이 없으면, 임금도 없다. 둘이 배와 물의 관계라면, 물이 배를 뒤엎듯이 백성들이 임금을 쫓아낼 수도 있다. 맹자는 '방벌放伐' 이론으로 임금을 겁주었다.

---

18 《승정원일기》 순조 3.8.11. 직각은 규장각의 관직이고, 검교는 '직무 대리'를 뜻함.

2. 덜 거두고 덜 부리기

임금은 백성들을 만날 일이 없는데 어떻게 사랑하고 돌보나? 세금을 덜 거두고, 그들을 덜 부리면 된다. 유가는 부세賦稅에 대해 매우 소극적이었다. 《대학장구大學章句》에 "재물이 모이면 백성이 흩어지고, 재물이 흩어지면 백성이 모인다."고 했다. 공자는 "나라와 집을 다스리는 사람은 부족不足을 걱정하지 않고, 불균不均을 걱정한다."고 했다. 애공哀公이 재정이 부족하여 세금을 더 거두려고 하자, 공자의 제자 유약有若이 말했다. "백성이 풍족한데, 임금 홀로 부족하겠습니까? 백성이 부족한데, 임금 홀로 풍족하겠습니까?"[19] 모두 세금을 적게 거두라는 말이다.

유가에 따르면, 재화의 총량은 일정하고, 국부國富와 민부民富는 반비례한다. 국가가 많이 차지하면 백성들이 가난하고, 국가가 적게 차지하면 백성들이 넉넉하다. 그래서 "왕자王者는 부민富民하고, 패자覇者는 부국富國한다."고 했다.[20] 백성들을 부유하게 하는 것이 왕도王道, 국가를 부유하게 하는 것이 패도覇道라는 말이다. 성종이 《성리대전性理大全》의 이 대목을 공부할 때, 신하들은 최근 호조戶曹에서 조세율을 올렸다고 비판했다. 연산군이 《강목》을 공부할 때 시강관 이승건李承健이 유가의 이런 생각을 잘 요약했다.

> 천하의 재보財寶는 일정한 수가 있을 뿐이니, 민간에 있지 않으면

---

19 《논어》〈계씨季氏〉편, 〈안연顔淵〉편.

20 성종 22.12.12②. 인용문은 《성리대전》권69, 〈치도治道〉 4, '왕패王伯' 항목에 실렸다. 남송의 성리학자 나중소羅仲素의 말인데, '예장豫章 나씨羅氏 왈曰'로 시작한다.

판관官에 있습니다. 재보는 국가가 중히 여기는 바라, 진실로 국가에서 거두는 것이 마땅하지만, 백성들에게 흩는 것만 못합니다. 옛사람이 이르기를, "백성이 풍족한데, 임금 홀로 부족하겠는가?"라고 했습니다. 또 "왕자의 부富는 백성들에 갈무리한다.".고 했으며, "백성에게 1/10을 감면減免해 주면, 백성들이 1/10의 하사下賜를 받는다.".고 했습니다. …… 임금은 모름지기 애민愛民하기로 마음먹고, 백성에게 너그러움을 근본으로 삼아야 합니다.[21]

대개 세금을 부과하는 기준은 십일什─이었다. 생산물의 1/10, 곧 10%다. 노魯 애공哀公이 재정부족을 말하자, 공자의 제자 유약이 '철徹'을 말했다. 맹자에 따르면, 하나라의 공貢, 은나라의 조助, 주나라의 철은 명칭이 다르지만, 모두 십일세什─稅였다. 다만 정전井田의 세율은 1/9이다.[22] 《주례》〈지관〉 '재사載師'에 부세는 1/10인데, 사역使役이 많은 도읍 주변에서는 1/20이라고 했다. 경연관들은 늘 '경요박부輕徭薄賦'(요역과 부세를 가볍게 함)를 강조했다. 순조가 주강에서 《시경》을 공부할 때 검토관 이영하李泳夏가 이런 고사를 인용했다.

옛날에 께 환공이 노인에게 옷을 주니, 노인이 말하기를, 온 나라의 추운 사람들에게 주시기 바란다고 했습니다. 음식을 주니, 온 나라의 주린 사람들에게 주시기 바란다고 말했습니다. 환공이 그 방법을 묻자, 농상農桑을 권장하고 요역과 부세를 가볍게 하면(경요박부), 온 나라 백성들의 의식衣食이 저절로 넉넉해진다고 대답했습니다. 이것은 또한 백성들과 함께 즐긴다는 뜻입니다.[23]

---

21 연산군 2.12.9①. 후한 광무제가 전조田租를 감액한 대목.
22 《논어》〈안연〉편; 《맹자》〈등문공(상)〉 '위국장.'

사실 임금이 애민과 절검을 아무리 강조해도 부세賦稅를 줄이거나 면제하지 않으면, 백성들이 실질적인 혜택을 받을 수 없다. 그래서 애민이나 절검 담론은 늘 '경요박부'로 귀결되었다. 철종 5년, 왕이 조강에서 《시경》을 공부했는데, 대신들이 아침 문안하러 왔다가 경연에 함께 입시했다. 토론 주제가 안민安民(민생 안정)이고, 왕이 손수 '안민'이라고 쓴 글씨가 마침 전각殿閣에 걸려 있었다. 여기서 판중추부사 박영원朴永元이 이를 주제로 왕과 일문일답했다.

> 박영원: …… 그런데 안민하려는 마음이 있으면, 모름지기 안민하는 일을 해야 합니다. 감히 묻겠습니다. 어떻게 하면, 안민이 되겠습니까?
>
> 철 종: 백성들을 어지럽히지 않으면, 안민이 될 것 같다.
>
> 박영원: 옳으신 말씀입니다. 그러나 어지럽히지 않는 데거 그치지 말고, 품속에 안고 어루만져 생업을 즐기도록 해야 합니다. 반드시 먼저 절검하고 부세를 줄여야 백성들이 편안합니다.
>
> 철 종: 부세는 늘 정해진 숫자가 있으니, 백성에게서 거둘 때 그 한도를 넘지 않으면 되겠나?
>
> 박영원: 이것은 부세를 줄이는 것이라고 할 수 없습니다. 옛날 성군들은 백성들의 전조田租를 면케해 주었고, 열성조列聖朝께서는 정해진 공부貢賦라도 매양 감경減輕의 혜택을 주었으며, 홍수와 가뭄으로 기근飢饉이 생기면 창고 곡식을 내어 구케하셨습니다.[24]

23 《승정원일기》 순조 11.윤3.11.
24 《승정원일기》 철종 5.1.25. 진시辰時 일강日講.

그래서 세금을 가혹하게 거두는 '취렴聚斂'은 절대 금지였다. 가령 공자는 제자 염구冉求의 업무 능력을 인정했는데, 그가 노나라의 세력가 계씨季氏의 가신家臣이 되어 취렴했다. 공자는 몹시 실망하여, 염구는 자기 제자가 아니라고 선언했다.[25] 《대학大學》에는 노나라 재상 맹헌자孟獻子의 명언이 실렸다. 벌빙伐氷하는 집(대부大夫 이상)에서는 소와 양을 기르지 않으며, 백승百乘(공경公卿)의 집은 취렴하는 신하를 두지 않는다는 구절이다. 녹봉이나 토지를 넉넉히 받았으니 더 욕심내지 말라는 뜻이다. 선조가 이 대목을 공부하다가 시강관 기대승과 문답했다.

> 선 조: 백승의 집에서는 취렴하는 신하를 두지 않는다고 했는데, 천승千乘(제후)이나 만승萬乘(천자)은 홀로 그렇지 아니한가?
>
> 기대승: 천승이나 만승이 어찌 홀로 그렇지 않겠습니까? …… 백승의 집도 오히려 취렴해서 백성들의 원한을 사면 안 되는데, 하물며 천승이나 만승이겠습니까? (이것은) 작은 것을 들어 큰 것을 깨우치는 말입니다.[26]

원래 유가와 법가는 국가 경제와 재정에 대한 생각이 아주 달랐다. 유가는 부민富民을 지향했다. 어찌하면 민생이 넉넉해지나? 백성들이 안심하고 농사를 지을 수 있도록 하고, 부세를 적게 거두면 된다. 한편 법가는 부국富國을 지향했다. 국가가 재화의 생산 및 유통

---

25 《논어》〈선진〉편.

26 선조 0.12.9①. 공자의 말은 《논어》〈선진〉편에, 맹헌자의 말은 《대학장구》에 나온다.

에 적극 개입하고, 조세와 요역도 많이 부과하여 국가 재정을 넉넉하게 했다. 한나라는 유가의 이념과 법가의 제도를 함께 썼기 때문에, 두 패러다임이 가끔 충돌했다. 기원 전 81년에 '염철鹽鐵 논쟁'이 일어났고, 북송 때는 왕안석 등 신법파와 사마광 등의 구법파가 맞부딪쳤다.

염철 논쟁의 주제는 광범하지만, 초점은 전매專賣에 대한 찬반이다. 앞서 한 무제는 대외 전쟁을 오래 계속하느라, 재정이 바닥났다. 그는 상홍양桑弘羊을 기용하여, 소금·쇠·술을 전매하고(삼각三権), 상품의 유통에 적극 개입했으며, 그 이익으로 재정을 보충했다. 무제가 죽고 소제昭帝가 뒤를 잇자, 유학자들은 전매제도를 폐지하라고 요구하고, 상홍양을 비롯한 법가 관료들과 '염철 논쟁'을 벌였다. 뒤에 유학자 환관桓寬이 당시 기록을 편찬한 것이 《염철론鹽鐵論》이다.

유가는 전매를 '여민쟁리與民爭利'라고 규탄했다. 백성들과 이익을 다투면 안 된다. 사마천은 《사기》〈화식열전貨殖列傳〉에서 '여민쟁리'를 최악의 정치로 꼽았고, 이 금기를 잘 지킨 노나라 재상 공의휴公儀休를 〈순리열전循吏列傳〉에 실었다. 그는 텃밭에서 키우는 채소를 몽땅 뽑고, 집에 있던 베틀을 불태우고, 비단 잘 짜는 여자를 내보냈다. 그리고 시장에 가서 채소와 비단을 듬뿍 산 뒤, 고위 관리부터 시장 물건을 많이 사야, 백성들이 먹고 살 수 있다고 설명했다.[27] 순조가 소대에서 《강목》을 공부할 때 검교직각 김근순金近淳이 전매를 이렇게 비판했다.

---

[27] 사마천은 통치 유형을 다섯 가지로 나누고 등급을 매겼다. ① 도민道民(도가), ② 이민利民(상가商家/묵가), ③ 교민教民(유가), ④ 제민齊民(법가), ⑤ 여민쟁리.

> 임금이 백성들과 이익을 다투어도 안 되는데, 하물며 그 이익을
> 독점하겠습니까? …… 《대학》에 이르기를 "취렴하는 신하를 두느
> 니, 차라리 도둑질하는 신하를 둔다."고 했습니다. 무릇 도둑질하는
> 신하는 국가의 재물을 축낼 뿐입니다. 취렴하는 신하는 세금을 가
> 혹하게 징수하여 보태지만, 그 피해가 도둑질하는 신하보다 큽니다.
> 그러므로 차라리 백성에게 잃을지언정, 아래에서 덜어서 위에 보태
> 는 정치를 해서는 안 됩니다.[28]

유가의 목표는 가볍고 공평한 부세로 민생을 안정시키고, 국가 재
정도 충족시키는 것이었다. 그러나 백성들의 부담은 늘 무겁고, 재정
은 부족했다. 가끔 제도를 바꿔도 효과가 적었다. 근본 원인은 자명
했다. 특권층은 부세를 거의 부담하지 않았고, 관리들의 중간착취도
심했다. 그러나 지주계급인 유학자들은 이런 현실을 외면했다. 경연
관들도 조세의 근본 문제는 논의하지 않고, 경세輕稅라는 원칙만 되
뇌었다. 순조가 《국조보감國朝寶鑑》을 공부하다가 검토관 홍의영洪儀泳
과 문답했다.

> 순 조: 무릇 조용조租庸調의 법을 어찌하면, 폐단이 없어질까?
> 홍의영: 우리나라 조용조는 대개 당나라의 유제遺制입니다. 토지가
> 있으면 조租가 있고, 사람이 있으면 용庸이 있고, 집이 있으면 조
> 調가 있습니다. 대개 당나라의 수취제도는 옛 제도에 자못 가깝
> 습니다. 맹자가 말하기를, (여름에) 베와 비단을 거두고, (가을에)

---

28 《승정원일기》 순조 2.4.9. 손하익상損下益上(아래에서 덜어 위에 더한다)은 《주역》
손괘損卦의 풀이로서, 약자의 것을 빼앗아 강자에게 준다는 뜻이다.

곡식을 거두며, (겨울에) 사역使役하는데, 한두 가지를 거두고 늦춤에 백성들의 기쁨과 슬픔이 달렸다고 했습니다. 요컨대 조세 행정은 가볍고 느슨한 것이 좋습니다.[29]

당나라의 조용조租庸調는 토지·정남丁男·호구戸口를 기준으로, 전조田租·요역徭役·공물貢物을 각각 거두는 제도였다. 160년 뒤 덕종이 이를 양세법兩稅法으로 바꿨다. 재산만을 기준으로 1년에 두 차례 돈을 거두는 방식이다. 재상 육지陸贄는 양세법의 문제점과 개선책 여섯 조목을 써서 덕종에게 올렸다. 제3조는 관리들의 근무 성적을 평가할 때 호구의 증가가 아니라, 부세의 감면을 기준으로 등급을 매기자는 것이다. 연산군이 《강목》을 공부하다가, 이 제안을 지금 적용할 수 있는지 물었다. 그러나 경연 당상관 세 명 모두 동문서답했다.

특진관 박숭질朴崇質: 호조에서 거두는 액수가 많습니다. 비록 명목은 다르지만 실제로는 부세를 증가한 것입니다. 반드시 국가가 이 폐해를 염려하여 재용財用의 절약에 힘쓴 뒤에야, 백성이 그 혜택을 받습니다.

지사 이세좌李世佐: 고금의 명재상名宰相 가운데 어찌 육지 같은 자가 있겠습니까? 만약 덕종이 그의 말을 들었다면, 당 왕조가 어찌 거기서 그치고 말았겠습니까?

영사 이극균李克均: 육지의 말은 지론至論이라고 할 만합니다. 절용節用과 애민愛民은 다스림의 선무先務입니다. 덕종은 혼군昏君이라 그의 말을 듣지 않고, 도리어 벌을 주었으니 안타깝습니다.[30]

---

29 《승정원일기》 순조 6.9.20. 《맹자》 〈진심(하)〉 27.

조용조에서 보았듯이, 고대국가는 성인 남자들을 요역에 동원하고, 각 지방에서 공물도 거뒀다. 그러나 요역과 공물은 비용이 많이 들고, 효과는 적었다. 그래서 역대 왕조들이 이 제도를 많이 고쳤는데, 대개 토지를 기준으로 각종 조세를 하나로 통합하는 방향이었다. 당나라의 양세법이 대표적이다. 조선의 조세제도도 이런 방향으로 바뀌어서, 경연관들이 부역이나 공물을 따로 논의할 필요는 거의 없어졌다. 조세에 대한 논의가 단순해져서 말끝마다 '감면'이었다.

한 문제는 세금 감면減免의 모델이었다. 재위 2년에 전조田租의 절반을 감했고, 12년에도 절반을 감면했으며, 13년에는 전액을 면제했다. 당시 백성들은 오랜 통일 전쟁으로 궁핍했다. 문제는 농업을 장려하고 민생을 안정시키려고 애썼다. 이른바 무위無爲의 다스림이다. 그 덕분에 인구가 증가하고 농업생산도 늘어 창고마다 넘쳤다. 부세를 자주 감면해도 나라 살림이 넉넉했다. 고종 22년, 소대에서 《강목》의 한 문제 대목을 강독하다가, 시독관 이의덕李義悳이 왕과 의견을 나누었다.

> 이의덕: 무릇 농사는 천하의 대본인데, 이때 인민들이 간혹 본업本業(농업)을 버리고, 말업末業(상업)을 일삼았습니다. 그래서 조서詔書를 내려 농업을 권하고, 백성들에게 전조의 반을 감면하기까지 했습니다. 농사에 힘쓰고 인민을 사랑한 문제의 다스림은 후세

30 연산군 9.2.13①. 육지의 제안은 《강목》 당 덕종 정원貞元 10년 2월에 실렸다. 양세법을 시행한 지 12년 뒤였다. 육지는 30% 면세를 1등급, 20% 면세를 2등급, 10% 면세를 3등급으로 정하자고 제안했다. 덕종은 이 제안을 거부하고, 육지를 곧 지방관으로 내쳤다.

임금들이 마땅히 본받을 바입니다.

고 종: 임금은 백성들을 하늘로 삼고, 백성들은 먹을 것을 하늘로
삼는다. 그러므로 정치하는 도리는 진실로 농사를 권하고 근본을 힘
쓴다는 원칙에 있다. 여기서 한 문제의 성덕盛德을 볼 수 있다.[31]

임금이 맡은 가장 큰 일은 민생 안정이다. 백성들에게 농업 생산
을 권장하고, 그들의 노동력과 생산물을 조금만 거둬야 한다. 그래서
부민富民을 추구한 한 문제는 훌륭한 임금이고, 부국강병富國强兵을
추구한 진시황이나 한 무제는 나쁜 임금이었다. 연산군의 경연관에서
시강관 이승건李承健이 한 무제를 혹평했다. 그의 정복사업은 함부로
군사를 일으켜 무덕武德을 더럽혔고, 가혹한 세금 징수로 해내海內를
협박하고, 배와 수레에도 세금을 매겼다는 것이다.[32]

3. 절약하고 검소하기

왜 임금이 절검해야 하나? 덜 거두려면 덜 써야 한다. 더구나 절
검은 생존전략이다. 평소에 물자를 절약하고 비축해야 흉년에 백성들
이 굶어죽지 않고, 전쟁이 일어나도 오래 버틸 수 있다. 《예기》에 이
르기를, 3년을 비축해야 1년을 버티고, 3년 치 비축이 없으면 나라가
아니라고 했다.[33] 9년 동안 절약해서 3년 치를 비축해야 나라다운 나

31 《승정원일기》 고종 22.11.5.
32 연산군 2.12.9①.
33 《예기》 〈왕제王制〉 '총재冢宰' 및 《춘추곡량전春秋穀梁傳》 장공莊公 28년 6월.

라라는 말이다. 물론 임금이 앞장서고, 온 나라가 따라야 한다. 순조
가《강목》을 공부할 때 시독관 강세륜姜世綸이 그 이유를 설명했다.

> 강세륜: …… 〈왕제王制〉에 이르기를, "나라에 3년 치 비축이 없으
> 면 나라가 아니다."라고 한 것이 이것입니다. 재물을 비축하는 길
> 이 어찌 중세重稅와 전매專賣를 뜻하겠습니까? 요컨대 임금의 절
> 검에 달렸습니다.
>
> 순 조: 임금이 절검에 힘써도 실효가 없을 때가 있다.
>
> 강세륜: 윗사람이 좋아하면, 아랫사람은 반드시 더욱 좋아합니다.
> 위로부터 절검에 힘쓰면, 바람에 풀이 쏠리듯 교화됩니다. 온 나라
> 가 본받는데, 임금과 백성들이 어찌 모자람을 걱정하겠습니까?[34]

경연관들은 경사를 강독할 때 늘 절검을 강조하고 사치를 경계했
다. 일찍이 공자가 제후들에게 쓰임새를 줄이고, 인민을 사랑하며, 백
성들을 때맞게 부리라고 당부했다. 송나라 재상 이항李沆은 이것이
치국평천하治國平天下하는 도리라고 말했다. 성종이《근사록近思錄》을
공부할 때 공자의 이 말이 나오자, 참찬관 김종직金宗直은 바로 이항
을 인용했다.[35] 순조가 소대에서《시경》〈격고擊鼓〉편을 공부할 때
영사 김관주金觀柱가 공자의 가르침을 이렇게 풀이했다.

> 성인은 애민愛民을 말할 때 꼭 절용節用을 앞세웠습니다. 무릇 재

---

34 《승정원일기》순조 5.7.22. 왕이 남조의 송宋 원가元嘉 24년~25년을 공부하고 있
   었다.
35 성종 14.10.5④. 《논어》〈학이〉편, "절용이애인節用而愛人, 사민이시使民以時".

물은 백성으로부터 나옵니다. 백성들의 재물이 아니면 어디서 나오
겠습니까? 재물 사용을 줄이지 않고 민생을 해치면, 백성들이 흩어
지고 나라가 위태해져서 재물 나오는 근원이 영영 끊어집니다. 어
찌 국가 재정의 어려움을 조금 참고 (지출을) 많이 줄여, 백성 구제
에 힘쓰는 것만 하겠습니까.[36]

절검의 전형은 요堯와 순舜의 의식주衣食住였다. 요임금의 집은 띠
(풀)로 지붕을 덮고, 그 끝을 가지런하게 자르지 않았으며, 다듬지
않은 통나무를 서까래로 얹었다. 대청은 높이가 3척이고, 흙으로 만
든 계단은 겨우 3단이었다. 의복은 겨울에 사슴가죽 옷을, 여름에 칡
으로 짠 옷을 입었다. 음식은 현미와 기장으로 지은 밥과 명아줏잎과
콩잎으로 끓인 국을 질그릇에 담아 먹었다. 순임금도 거친 음식을 먹
고 거친 옷을 입었다. 몸소 쟁기와 가래를 잡고 농사일에 늘 앞장섰
기 때문에, 넓적다리와 정강이에 털이 남아 있지 않았다.[37]

아마 신석기시대 부족장의 모습이 이와 비슷했을 것이다. 원래 농
가農家(학파)는 농업을 중시하여 임금이 농사에도 앞장서라고 했는데,
뒤에 유가가 이런 생각을 받아들인 것 같다. 조선의 경연관들도 임금
에게 요와 순의 절검을 본받고, 후대 임금들의 사치를 경계하라고 가
르쳤다. 가령 중종이 주강에서 《강목》을 공부할 때 위魏 명제明帝가
주색에 빠지고, 임금의 도리에 어긋났다는 대목에 이르렀다. 여기서
왕이 요·순을 본받겠다고 다짐하자, 경연관이 그를 한껏 격려했다.

---

36 《승정원일기》 순조 3.2.2.
37 이런 이야기는 《한비자》의 〈오두五蠹〉편 및 《사기史記》와 《한서漢書》에 나온다.

> 종 종: 위주가 토목공사를 좋아하여 궁실을 지은 것은 경계할 바이
> 며, 본받을 바가 아니다. 요와 순은 궁실이 낮고 의복이 나빴으
> 니, 이것이 마땅히 본받을 바다. ……
> 시강관 이항李沆: 전하께서 이를 언급하셨는데, 천 년에도 듣기 어
> 렵습니다. 전하께서는 즉위 이래 궁실(건축)과 사냥을 일삼지 않
> 으셨습니다. 그러나 사람의 마음은 잡고 놓치기가 무상無常하니,
> 마땅히 매일 삼가고 또 삼가야 합니다. 조금도 마음을 놓으면 안
> 됩니다.[38]

임금의 절검은 오락과 애완愛玩에도 적용된다. 《상서》〈여오旅獒〉
편이 대표적이다. 주 무왕이 상나라를 정복하자, 사방의 오랑캐들이
공물貢物을 바쳤다. 대개 생활용품인데, 서쪽의 여족旅族은 오獒라는
크고 사나운 개를 토산물로 바쳤다. 소공召公은 무왕에게 이를 받지
말라고 충고했다. 본래 개나 말은 풍토에 맞는 곳에서 길러야 한다.
또 진기珍奇한 새와 짐승들을 좋아하면, 임금의 덕을 해치고 백성들
이 궁핍해진다. 대충 이런 내용이다. 경연관들은 이 교훈을 자주 인
용했다. 명종이 《대학》을 공부할 때, 참찬관(부제학) 주세붕周世鵬이
그 중요성을 잘 설명했다.

> 무왕이 천하를 얻은 뒤, 구이九夷와 팔만八蠻이 각각 토산물을 바
> 쳤는데, 서쪽의 여족은 오獒를 바쳤습니다. 이때 무왕의 나이가 팔
> 십이 넘었으나, 소공은 오히려 글을 지어 이를 훈계하기를 마치 어
> 린아이 가르치듯 타일렀습니다. 그래서 개 한 마리를 받지 않음으

---

38 중종 5.1.28③. 농가의 사상은 《맹자》〈등문공(상)〉 '신농장神農章'에 조금 나온다.

로써 **팔백 년 왕업王業의 기초를 마련했습니다.**[39]

조선의 임금들은 이 가르침을 잘 따랐다. 정종은 여진女眞이 선물한 이리를 대궐에서 키웠는데, 매달 닭 60마리 이상을 먹어서 이를 풀어 주었다. 왕이 경연에서 이 말을 하자, 동지사 이첨李詹이 크게 칭찬했다. 함길도 도절제사 하경복河敬復이 순록馴鹿을 바치려 했는데, 세종이 이를 금지했다. 옛사람이 '진기한 새와 짐승'을 경계했기 때문이다. 성종은 매사냥꾼을 시켜 해청海靑을 키우다가, 사간원이 비판하자 풀어 주었고, 호마胡馬를 무역하려다가, 시독관 유호인俞好仁의 지적을 받고 그만두었다.[40] 이런 모범 사례들이 《국조보감國朝寶鑑》에 많이 실렸다.

한 문제文帝는 절검의 모델이었다. 무제가 사치 풍조를 바꿀 방법을 묻자, 동방삭東方朔이 가까이 할아버지 문제를 본받으라고 대답했다. 문제는 천자로서 천하의 부를 누렸으나, 검은 명주옷을 입고 여러 겹 덧붙인 가죽신을 신었다. 값싼 가죽띠로 칼을 찼고, 자리는 왕골과 부들로 만들었다. 나무칼은 날이 없고, 거친 옷은 무늬가 없었으며, 상서上書 주머니를 모아서 휘장揮帳(커튼)을 만들었다. 황제가 이처럼 검소하게 살아서 천하가 이를 본받았다는 것이다.[41]

천리마千里馬의 고사도 유명하다. 문제 원년에 누가 천리마를 바치자, 황제가 돌려보내고 이유를 밝혔다. 천자의 거동에는 난기鸞旗가

---

39 명종 2.3.9①.
40 정종 1.5.16⑥, 세종 12.9.11④, 성종 5.8.6②, 성종 24.3.16②.
41 《대학연의》 권34. 여기서 진덕수는 무제가 문제를 본받지 않은 것을 호되게 비판했다.

앞서고 속거屬車(여벌 수레)가 뒤따르며, 하루에 겨우 50리를 간다. 황제 홀로 천리를 가겠는가? 바로 전국에 하명하여, 공물 상납上納을 금지했다. 그의 손자 무제가 한혈마汗血馬를 구하러 서역으로 원정군을 보낸 것과 대조적이다. 또 문제는 노대露臺를 만들려다가 비용이 너무 많이 든다고 취소했다. 선제先帝의 궁실에 사는 것도 과분한데, 보통 집 열채 값인 백금百金(황금 백 근斤)을 들여 노대를 만들 수는 없다고 했다.[42]

그는 48세에 죽었는데, 유조遺詔로 박장薄葬과 단상短喪을 명했다. 후장厚葬이 사람들의 생업을 망치고, 삼년상이 살아 있는 사람들을 해치기 때문이다. 그의 무덤 패릉霸陵은 산을 있는 그대로 이용하고, 봉분을 올리지 않았으며, 무덤에 질그릇만 넣고, 금·은·구리·주석으로 무덤 내부를 장식하지 않았다. 또 장례 절차를 간소화하고, 상복은 사흘만 입은 뒤에 벗고, 모두 일상으로 돌아가게 했다. 유가는 부모 삼년상을 가장 중시했기 때문에 그의 단상을 못내 아쉬워했다.

제왕이 절검하는 것은 자기 한 사람의 경비를 줄일 뿐만 아니라, 신하와 백성들을 교화하기 위함이다. 앞서 동방삭이 한 무제에게 말했듯이, 임금이 검소하게 살아야 신하들이 이를 본받고 백성들도 따르게 되어, 온 나라 풍속을 검소하게 바꿀 수 있다. 또 위아래가 함께 절검하여 낭비를 줄이면, 재물을 그만큼 더 비축하여 나라가 넉넉해진다. 중종이 《강목》을 공부할 때 한 문제가 검은 명주옷을 입었다는 대목에서, 시강관 안팽수安彭壽가 이렇게 말했다.

---

42 한 문제와 무제의 고사들은 《한서》·《통감》·《강목》 등에 나온다. 황금 1근은 1만 전錢이다.

풍속을 순박하게 하려면, 마땅히 한 문제가 검은 명주옷을 입은
일을 본받아 몸소 실천해야 합니다. 임금이 몸소 실천하지 않고 헛
되이 법령으로 금한다면, 어찌 백성이 보고 느끼어 따르겠습니까?
임금이 위에서 몸소 실천하여 모범을 보이면 경卿과 대부大夫들이
따르고, 경과 대부들이 따르면 사士와 서인庶人들이 따르니, 점차
변하여 풍속이 순박하고 아름답게 됩니다.[43]

후대에도 절검의 모범 사례들이 더러 있었다. 가령 진晉 무제(사마
염司馬炎)는 진나라를 세우고, 삼국을 통일한 뒤 개혁정치를 펼쳤다.
함녕咸寧 2년(276), 태의太醫 정거程據가 치두구雉頭裘, 곧 꿩의 머리
로 만든 갓옷을 바치자, 이 옷을 대전 앞에서 불태우고 앞으로 사치
품을 바치지 말라고 명령했다. 당 현종은 개원開元 2년(714)에 주옥
珠玉과 금수錦繡(수놓은 비단)를 대전 앞에서 불태우고, 금은 그릇과
장신구 등은 모두 녹였다. 사치스러운 풍속을 바로잡기 위한 조치였
다. 순조가 소대에서 《강목》의 진 무제 대목을 공부하다가, 참찬관
홍의호洪義浩와 문답했다.

순 조: 꿩 머리 갓옷을 태운 것은 어떤 뜻인가?

홍의호: 꿩의 머리를 모아 갓옷을 만들면, 오색五色이 찬란하여 너
무 사치스럽습니다. 신하가 사사롭게 바친 것을 드러나게 물리치
려고 대전 앞에서 태웠습니다.

순 조 : 이것은 당 현종이 주옥珠玉을 태우고, 한 문제가 천리마를
물리친 일과 같은가?

---

43 중종 3.3.15④.

> 홍의호: 당나라 때 주옥을 태우고, 한나라 때 말을 물리친 일은 과
> 연 진 무제가 꿩 머리 갖옷을 태운 것과 같습니다. 그러나 한 문
> 제는 처음부터 끝까지 절검하여 다스림이 소강小康에 이르렀고,
> 진 무제와 당 현종은 마지막에 모두 사치하여 마감을 잘못했습니
> 다. 이것을 감계鑑戒해야 합니다.[44]

수 문제는 360년 남짓 분열되었던 중국을 다시 통일하고, 제국의
경영 시스템도 새로 마련했다. 대개 그의 장점으로 근정勤政·애민·절
검을 손꼽는다. 그가 재위 24년 동안 민생의 안정에 애쓴 덕분에, 민
호民戶가 약 4백만에서 약 9백만으로 늘었다. 정부의 창고에는 물건
이 넘쳐 부세를 줄여야 했다. 그는 물건을 몹시 아껴서 자신이 입는
옷과 타는 수레가 닳아 해지면, 그때그때 기워서 썼고, 잔치가 아니
면 고기요리 한 접시뿐이었다. 철종 6년, 소대에서 《통감》의 수 문제
대목을 공부할 때 시독관 강난형姜蘭馨이 그의 절검을 매우 높이 평
가했다.

> 수 문제는 칭송할 만한 덕이 없고 비판할 점은 많지만, 오히려
> 절검의 중요성을 알았습니다. 의복과 수레가 해지면 기우고, 음식은
> 고기 한 가지뿐이었는데, 마침내 왕업王業을 열고, 백성과 재물이
> 불었습니다. 무릇 절검은 성인의 보배이자 세상을 다스리는 도구입
> 니다. 옛사람이 말하기를 "한 사람이 절검을 알면 한 집이 넉넉하
> 고, 임금이 절검을 알면 천하가 넉넉하다."고 했습니다.[45]

---

44 《승정원일기》 순조 4.3.19. 유가는 한 문제의 천리마를 무실懋實로, 진 무제의 치
두구를 호명好名으로 평가했다. 《승정원일기》 철종 1.10.21. 시독관 이인섭李寅燮의
설명.

성군들의 절검을 강조하다 보면, 《시경》〈영대靈臺〉편이 문제가 된다. 주 문왕이 영대를 만들자, 백성들이 즐거운 마음으로 일해서 금방 완성되었다. 임금이 동산에 나오면, 사슴과 백조가 한가로이 노닐고, 연못에는 물고기가 뛰어 놀았으며, 악사들은 북과 종과 경磬을 연주했다는 내용이다. 성군도 놀이동산을 만드나? 《시경》을 편찬한 모씨毛氏는 문왕이 놀면서 즐겼다고 썼다. 맹자는 양혜왕梁惠王과 문답하면서 문왕이 '백성들과 함께' 즐겼음을 강조했다. 후대에는 영대가 곧 관상대觀象臺라는 것이 정설正說이었다. 본래 분침氛祲(나쁜 기운)과 재상災祥(재이와 상서)을 살피는 곳인데, 가끔 보고 즐기며 긴장과 이완弛緩을 조절했다는 해석이다.

조선의 국왕들은 이런 해석에 의문을 제기했지만, 경연관들은 요지부동搖之不動이었다. 가령 문종이 《맹자》〈영대〉장에서, 문왕이 늘 그곳에서 새와 짐승을 길렀는지 묻자, 시강관 박팽년朴彭年은 아니라고 했다. 나라에는 관상대가 있고 그 아래 동산이 있으며, 동산 안에 연못이 있지만, 새와 짐승을 기르는 곳이 아니라는 것이다.[46] 앞서 세종이 《시경》〈영대〉편을 공부하다가 이곳이 놀이공원 같은 점을 지적했다. 그러나 경연관이 정설을 고수하자 그냥 물러섰다.

세 종: 영대를 만든 것은 분침을 바라보고 재상을 살피며, 때로 바

---

45 《승정원일기》 철종 6.12.7. 수 문제의 애민과 절검의 사례를 들어보자. 개황開皇 11년에는 하북과 하동의 부세를 감면했다. 전조는 1/3을, 요역은 1/2을, 공물은 전액을 면제했다. 개황 15년에는 상주相州에서 바친 고급 비단과 고급 면포를 조당朝堂에서 불태웠다.

46 문종 1.11.26③. 영대 풀이는 《맹자》〈양혜왕(상)〉 둘째 대목.

라보고 즐기면서 일과 휴식을 조절하기 위함이다. 다만 "암사슴은 살쩌 윤이 흐르고, 백조는 깨끗하고 희다."는 구절은 바라보며 노니는 것 같다. 문왕과 무왕의 성시盛時에는 이런 일이 없어야 마땅한데, 있었다니 이해할 수 없다. 한대漢代로 내려오면 동산을 숭상했는데, 원케元帝가 더욱 심했다. 또 짐승들을 싸우게 하여 보고 즐겼으니, 말류末流의 폐가 이와 같았다. 어찌 문왕이 만든 것만 한 번 켕기고 한 번 늦추기 위한 것이겠나?

참찬판 김종서金宗瑞: 영대를 만든 것은 분침을 바라보고 재이와 상서를 살피는 것이 근본입니다. 때로 바라보며 일과 휴식을 조절함은 또한 성인이 한 번 켕기고 한 번 늦추는 도리입니다.

세 종: 그렇다.[47]

유가는 임금에게 사치를 경계하라고 가르쳤다. 경서와 사서에는 그런 구절이 많이 나온다. 앞에 인용한 《상서》의 〈오자지가〉는 여색女色·사냥·술과 음악·사치스런 건축, 네 가지 가운데 하나에만 빠져도 반드시 망한다고 했다. 역사책에는 사치로 망한 사례가 많이 실렸다. 하나라 걸왕桀王의 주지육림酒池肉林, 진시황의 아방궁阿房宮, 당 현종의 여색(양귀비), 송 휘종의 화석강花石綱, 수 양제의 과도한 토목 공사 등이 대표적이다. 강독 교재에서 제왕이 사치로 망한 사례가 나올 때마다 경연관들은 임금에게 이를 되풀이하지 말라고 가르쳤다.

화석강花石綱을 예로 들어보자. 송 휘종은 수도 개봉開封에 강남江南의 멋진 경치를 조경造景으로 재현하고 싶었다. 관리들을 강소江蘇

---

47 세종 11.10.22①. 뒷날 헌종 때 영의정 권돈인權敦仁이 세종과 김종서의 문답을 언급했다. 《승정원일기》 헌종 11.12.3. 대신大臣을 인견引見하는 대목.

와 절강浙江 지역에 보내어 온갖 진기珍奇한 암석, 꽃과 나무, 새와 짐승들을 모았다. 그래서 이를 운송하는 배들이 줄을 이었다. 원래 배 열 척을 하나의 '강綱', 곧 선단船團으로 편성하는데, 이를 '화석강 (꽃과 돌의 선단)'이라고 불렀다. 이 일로 백성들의 고통이 컸다. 숙종이 소대에서 《송감》의 이 대목을 공부할 때 검토관 남정중南正重과 참찬관 강선姜銑이 당부했다.

> 남정중: 휘종의 화석강이 정말 동남쪽을 어지럽히고 망쳤습니다. 임금이 어찌 이렇게 어이없는 짓을 합니까? 돌 하나, 나무 하나라도 조금 즐길 만한 것은 꼭 손에 넣고야 말았습니다. 민심이 날로 흩어졌으니, 어찌 망하지 않기를 바라겠습니까? 후대의 임금들은 이런 일을 늘 경계해야 합니다.
> 숙 종: 휘종의 화석강은 고금에 없던 일이다.
> 강 선: 역사가가 나쁜 일을 자세히 적은 것은 대개 이를 거울로 삼아서 경계하라는 뜻입니다.[48]

무릇 절검은 보편적인 덕목이다. 동서고금에 두루 통한다. 임금에게는 더욱 중요한 덕목이다. 그가 절검하지 않으면 전국 백성들의 부담이 늘어나고, 국가 재정이 바닥나기 때문이다. 경연관들은 당연히 임금에게 절검을 강조하고, 사치를 경계하라고 가르쳤다. 절검과 경세輕稅는 서로 짝을 이루었고, 임금이 백성 사랑을 실천하는 길이었다.

---

48 《승정원일기》 숙종 25.1.7.

4. 내수사 장리 논쟁

절검 담론은 임금의 경제행위에 어떤 영향을 미쳤을까? 조선의 임금들은 거의 다 모범생이었다. 호화로운 대궐을 짓거나, 잦은 사냥이나 술잔치로 말썽을 일으킨 적이 거의 없었다. 연산군이 예외였지만, 결국 쫓겨났다. 다만 왕실 살림이 가끔 큰 논란을 일으켰다. 왕실 재산은 한도가 있는데 자손들은 계속 늘어난다. 어찌 해결하나? 재산을 계속 늘리면 된다. 손쉬운 방법이 내수사內需司 장리長利였고, 이 것이 말썽을 부렸다. 성종~중종 때의 장리 논쟁과 해결 과정을 살펴보자.

내수사는 하급(정5품) 관청으로, 왕실 소유의 토지·노비·곡식·옷감·염분鹽盆(소금 가마) 등 각종 재산을 관리했다. 왕실 재산은 두 갈래로, 고려 왕실에서 물려받은 것과 이성계 가문이 함흥 지역에 가지고 있던 것이다. 그 뒤 여러 왕들이 즉위하기 전에 소유했던 재산도 여기 추가되었다. 세종 때 내수소內需所로 불리다가, 세조 때의 관제官制 개혁으로 '내수사'라는 명칭이 확정되었다. 《경국대전》에 전수典需와 별좌別坐 등 잡직 7명과 서제書題(서리書吏) 20명을 둔다고 규정했다. 장리 업무는 전국의 노복奴僕 수천 명이 맡았다. '본궁本宮'은 내수사의 별칭이다.[49]

문제는 장리, 곧 1년 이자율 50%의 고리대高利貸였다. 가령 봄에 곡식 두 말(두斗)을 빌려주었으면, 가을에 이자 한 말을 얹어 서 말을

---

49 세조 12.1.15①. 원래 본궁은 왕이 즉위하기 전에 살던 집을 말한다. 다음 논문을 참고. 윤인숙, 〈조선 전기 내수사 폐지 논쟁과 군주의 위상〉, 《대동문화연구》 84집 (2013).

받았다. 지주들이 굶주린 농민들을 착취하는 오랜 관행이었다. 물론 경연관들은 내수사 장리를 비판했다. 임금이 고리대로 돈을 버는 것은 도리에 어긋나고, 이를 관리하는 내수사 노복들의 횡포도 심각했다. 그들은 빚을 갚지 못한 농민들의 소·말·솥 등 재산을 뺏고, 논밭을 팔아서 갚으라고 강요했다. 수납 업무에 지방 수령들도 동원했다.

폐단이 그리 심각한데 왜 이를 없앴지 않았나? 왕실 재산을 증식하는 가장 편리한 수단이기 때문이다. 역대 임금들은 왕비와 후궁들을 통해서 자녀들을 많이 낳았다. 자녀들이 결혼하여 분가할 때마다 (왕세자는 제외) 토지와 노비를 많이 주어야, 평생 넉넉하게 살 수 있다. 왕실 재산은 한도가 있는데, 왕실 자손은 계속 태어나고 분가한다. 이를 어찌 감당하나? 재산을 증식해야 한다. 내수사가 운영하는 장리는 가장 확실한 해결책이다. 도덕규범에 어긋나지만 대안이 없었다.

세종은 내수사 장리를 폐지했다가 2년 뒤에 복구했다. 재위 25년 2월, 왕이 승지들을 시켜 본궁 장리를 밑천 열 말에 이자 서 말, 곧 이자율을 30%로 내리는 방안을 검토했다. 같은 해 7월, 왕이 본궁 장리에 환자還子(환곡)의 이자율을 적용하라고 명했다. 이때 환자의 이자는 곡식 한 섬(15말)에 석 되(승升), 곧 5%였다. 그러나 겨우 두 해가 지난 27년 9월, 세종은 본궁 장리를 복구하고, 그 이자를 의창義倉에 넘기라고 했다.[50] 이때 이자율을 30%로 정한 것 같다.

---

50 이자율 30% 검토는 세종 25.2.13①, 환자 이자율은 25.7.20⑥, 본궁 장리 복구는 27.9.1①. 세종이 본궁 장리를 의창으로 바꿨다가 밑천이 줄어들어 포기하고, 절충안을 만든 것 같다. 곡식의 계량計量 단위는 : 1석石(섬)=15두斗(말), 1두(말)=10 승升(되).

성종은 내수사 장리의 규모를 대폭 줄였다가, 10년 뒤 복원하여
큰 논란을 일으켰다. 성종 3년 1월 26일, 왕명으로 전국 325곳의 내
수사 장리를 없애고, 281곳의 장리는 그대로 두었다. 장리를 없앤
325곳의 곡식은 각각 지방 관청으로 넘겼다. 이자율은 세종 때부터
30%였던 것 같다. 장리의 규모를 절반 이상 줄였으면, 그 손실을 어
찌 메꿨나? 공해전公廨田 3천 결結을 내수사로 넘겨 해결했다.[51] 고리
대 일부를 지대地代 소득으로 대체한 것인데, 국유지도 줄고 왕실 수
입도 줄었다.

위의 개혁 이후에도 장리에 대한 비판은 가끔 있었다. 성종 5년
윤6월, 가뭄이 오래 계속되자, 왕이 구언求言했다. 사간원이 상소하여
네 가지 문제점을 지적했는데, 마지막이 내수사 장리였다. 사흘 뒤
사헌부는 상소문 첫째 조목에서 내수사 장리를 없애고, 그 곡식을 각
고을 의창에 넘기라고 건의했다. 성종 9년 4월에는 유학幼學(선비)
남효온南孝溫이 구언 상소에서 내수사를 해체하는 방안을 제시했다.[52]
이들의 상소문은 앞서 소개한 절검 담론을 잘 활용했다.

성종 13년 11월, 왕이 호조판서 어세공魚世恭 및 참판 이육李陸과
의논하고, 내수사 장리를 복구했다. 이유는 세 가지였다. 대왕대비가
이를 지시했고, 왕의 자녀들이 증가하기 때문에 비축이 더 필요하며,
이자율 30%는 장리 50%와 다르다는 것이다. 호조는 재정적인 이유로
찬성했다. 전에 내수사 장리를 없애는 대신 공해전 3천 결을 내수사
로 넘겼는데, 다시 그만큼 넘기면 군수軍需가 부족해지므로, 장리를

---

51 내수사 장리를 절반 이상 없앤 것은 성종 3.1.26⑩, 주현州縣 창고로 이관은 성종
　8.1.13③(사간원 상소). 이자율 30%와 공해전 3천 결은 성종 13.11.2④.
52 사간원 상소는 성종 5.윤6.18④, 사헌부 상소는 5.윤6.21③, 남효온 상소는 9.4.15③.

유지해야 한다는 것이다. 사관은 장리 복구를 비판하는 짧은 논평을 이 기사에 덧붙였다.[53]

성종 13년 11월 23일, 강독이 끝난 자리에서 경연관들이 내수사 장리의 복구를 비판했다. 마침 주강이라 대신들과 대간은 없었다. 왕은 해명하고, 입시했던 승지가 왕을 두둔했다. 이때부터 경연관들은 이 문제를 계속 제기했고, 대간, 대신들도 곧 논쟁에 가담했다. 대개 홍문관·사헌부·사간원이 공격하고, 왕·대신·승지들이 방어했다. 원칙론이 창이라면 현실론이 방패였다. 이것은 앞으로 전개되는 논쟁의 축소판 같다. 현장에서 사관이 찬반 토론을 아래와 같이 요약했다.

> 검토관 안윤손安潤孫: 전에 내수사 장리를 없앴다가 이제 또다시 설립하셨는데, 저는 그 이유를 모르겠습니다.
>
> 성 종: 전날 대왕대비께서 하교하시기를 "세종께서 내수사 장리를 없앴다가 얼마 지나지 않아 다시 설립하신 것은 또한 부득이한 일이었다. 지금 왕의 자녀들이 여럿인데, 어찌 나라 창고에서 일일이 갈라 주겠나? 다시 설립하는 것이 옳다."고 하셨다. 나도 생각해 보니, 내 자녀는 그만두더라도, 세 대비전大妃殿의 비용을 매번 나라 창고에 의지하면, 세 대비님의 마음이 불편하실 것 같다. 그래서 호조와 의논하고 다시 설립했다.
>
> 시강관 김흔金訢: 옛날 양 혜왕이 나라를 이롭게 하는 방법을 묻자, 맹자가 대답하기를 "왜 꼭 이利를 말하십니까?"라고 했습니다. 비록 나라를 이롭게 하는 일인데도 오히려 말하기를 "왜 꼭 이를 말하십니까?"라고 했습니다. 하물며 장리로 이익을 취하는 이 일

---

53 성종 13.11.2④.

이겠습니까? 전하께서 그 잘못임을 아시고 없애셨는데, 왜 또다시 설치하십니까?

검토관 안윤손安潤孫: 지금 재상들은 모두 다 재산을 불립니다. 자신이 부정하니, 누가 감히 전하를 위해 그 잘못을 직언하겠습니까? 요·순과 삼대의 성군들이 이利로써 국가를 다스렸다는 말을 듣지 못했습니다.

김 흔: 양호陽虎가 말하기를 "부자가 되려면 인자할 수 없다."고 했습니다. 양호가 비록 인자하지 못하나, 옛사람이 오히려 이 말을 취했습니다. 전하께서 이미 그것이 옳지 않음을 아시면서, 왜 신들의 말을 듣지 않으십니까?

성 종: 너희 말이 맞지만, 나 또한 부득이할 따름이다. …… 경의 생각은 어떤가?

좌승지 이세좌李世佐: 제가 듣기에도, 세종께서 버수사 장리를 혁파하셨다가 조금 뒤 다시 설치하신 것은 부득이한 일이었다고 합니다. 지금 다시 설치해도 무방합니다.

안윤손: 벌빙伐氷하는 집(대부 이상)은 소와 양을 기르지 않습니다. 하물며 임금이 재화의 이익을 사사로이 쌓는 것은 의롭지 않습니다. 청컨대 신들의 말씀에 따르십시오.

성 종: 시대마다 형세가 다르니, 그 시대의 형세를 살핀 뒤에야 모든 일이 마땅하게 된다.[54]

장리 논쟁은 이날부터 12월 17일까지 모두 12회 기록되었는데, 매

---

[54] 성종 13.11.23③. 인용문의 '생략' 부분은 애완동물(송골매)에 대해 경연관들이 간쟁했던 일. 양혜왕의 고사는 《맹자》 첫 대목에, 양호의 말은 같은 책 〈등문공(상)〉에 나옴.

번 조강에서 벌어졌다. 조강에는 대신들과 대간도 함께 참석하니까, 토론의 마당으로 최고였다. 언관들은 상소도 여러 번 했다. 홍문관이 세 번, 사헌부와 사간원이 각각 한 번, 대간의 공동 명의로 한 번, 모두 여섯 번 기록되었다. 삼사는 늘 절검 담론으로 공격했고, 왕·대신·승지들은 으레 '부득이'라는 방패로 막았다. 12월 4일, 왕이 승지를 창덕궁에서 경복궁으로 보내어 세 대비들의 의견을 물었고, 9일과 19일에는 왕이 몸소 가서 문안드렸다.[55]

삼사가 장리를 비판하는 이유는 원칙 위반과 운영상의 문제였다. 그들은 앞서 소개한 맹헌자孟獻子의 말, 공의휴公儀休의 말과 행동, 맹자가 양 혜왕의 이익 추구를 비판한 구절, 여민쟁리與民爭利 금지 같은 원칙들을 총동원했다. 또 각종 폐단도 지적했다. 장리 곡식을 빌려주고 거둘 때 내수사 노복들은 왕실의 힘을 등에 업고 백성들을 마구 착취했다. 또 지방 수령들은 고을의 창고에 장리 곡식을 보관하고, 장리의 수납을 확인하며, 임기가 끝날 때는 후임자에게 확실하게 인계(해유解由)할 책임도 있었다. 이자놀이가 공公과 사私의 경계를 무너뜨린 것이다.

한편 현실론도 그럴듯했다. 왕의 자녀들이 크면서, 왕실의 지출이 자꾸 느는데, 매번 국고에서 받기가 불편하다. 왕이 매번 해당 관청에 지시해야 한다. 더구나 성종은 세 대비를 모시고 있다. 대왕대비(할머니)·왕대비(숙모)·대비(친모), 이른바 삼전三殿이다. 왕은 이분들에게 효도하기 위해서, 이분들은 자손들에게 베풀기 위해서, 자유로

---

55 성종 13.11.25~12.17 기간에 삼사가 간쟁한 날짜는 기록을 생략한다. 짧은 기간이라 쉽게 확인할 수 있다.

운 지출을 원했다. 실리와 명분을 갖춘 셈이다. 주강에서 논란한 이틀 뒤 조강에서 시독관이 장리 문제를 다시 끄집어내자, 임금이 하소연했다.

> 내가 이 법을 다시 만든 뜻이 어찌 자손의 생계를 마련하려고, 재산 불린다는 이름을 얻는 것이겠나? 다만 삼전三殿께서 안심하고 쓰실 수 있도록 특별히 만들었을 뿐이다. 삼전께서 쌀 한 말이 필요하실 때, 꼭 풍저창豊儲倉이나 군자감軍資監에서 일일이 가져가셔야 하겠나? 또 내가 천만 석을 올린들 삼전께서 편안한 마음으로 받으시겠나?[56]

한편 대왕대비는 왕이 보낸 승지 편에 의견을 전했는데, 식견이 한 수 위였다. 장리의 복구는 단지 왕의 자녀들이나 대비들만을 위한 것이 아니라 저축을 넓혀서 흉년과 비상사태에 대비할 수 있으니, 국가에도 유익하다는 것이다. 가령 이시애李施愛의 반란 때 내수사 곡식으로 정벌군의 비용을 충당했다. 또 곡식을 흩고 모으는 것도 백성들의 요구를 따르며, 근래 흉작으로 곡식 종자가 부족한데 내수사 곡식을 백성들에게 풀면 된다. 이자도 사채보다 낮다.[57] 아주 그럴듯한 방어였다.

내수사 장리 논쟁은 한 달 가까이 계속되다가 잠잠해졌다. 12월 6일 조강에서 시독관 성건成健이 건의하기를, 왕이 장리의 폐단을 직

---

56 성종 13.11.25②.

57 성종 13.12.4②. 대왕대비 정희왕후貞熹王后(세조비)는 이듬해 3월 말에 세상을 떠났다.

접 대비들에게 아뢰고 이를 없애라고 했다. 왕은 대안을 찾아보겠다
고 대답했다. 뒤이어 호조판서와 참판을 불러 물었는데, 물론 대안이
없었다. 두 달 지난 14년 2월, 왕이 논쟁을 매듭지었다. 승지를 시켜
원로대신 다섯 명의 의견을 물었고, 그들은 모두 대안이 없다고 회답
했다.[58] 이로써 내수사 장리를 없애자는 주장은 잠잠해졌다. 그 뒤로
경연관들은 장리 운영상의 폐단을 비판했다.[59] 폐지론은 이렇게 수그
러졌다.

연산군 때는 내수사 장리 논쟁이 더 부진했다. 처음 5년 반 남짓
조용하더니, 6년 8월부터 10월까지 넉 달만 요란했다. 또 경연관들은
침묵하고, 대간만 간쟁했다. 쟁점은 장리의 운영 방식이었고, 대개 내
수사 업무에 수령들을 동원하지 말라는 정도였다. 그 뒤 간쟁은 다시
잠잠했고, 왕의 사치와 낭비는 갈수록 심해졌다. 연산군 10년 갑자사
화 때 왕은 대간의 장리 논쟁에 한두 번 동조했던 대신들까지 찾아
내서 처벌했다.[60] 그리고 2년 뒤 폭군은 결국 신하들에게 쫓겨났다.

중종이 즉위하자, 내수사 장리 논쟁이 다시 불붙었다. 중종 2년 7
월, 홍문관과 대간이 각각 내수사의 혁파와 폐단의 시정을 요구했으
나, 왕이 수용하지 않았다.[61] 이해 9월, 대신들이 왕 앞에서 《중용》의
'구경九經'을 주제로 치도治道(다스리는 도리)를 토론했다. "재물을 천

---

58 성종 14.2.22⑤.

59 예를 들면, 성종 21.2.25④, 성종 22.9.13②.

60 가령 공조판서 박안성朴安性은 성종 6년 10월에 특진관으로 경연(조강)에 참석했
다가, 두 번 대간의 비판에 동조했다. 연산군 6.10.5②, 6.10.13①. 연산군 10년,
왕은 시정기時政記에서 박안성의 발언을 확인하고, 그를 유배流配했다. 연산군
10.6.27①.

61 중종 2.7.6③, 2.7.10①. 즉위한 이듬해다. 반정으로 즉위하면, 바로 원년으로 친다.

히 여기고, 덕을 귀히 여긴다(賤貨而貴德)."는 대목에서 내수사 장리를 논의했는데, 거의 다 폐지를 주장했다. 발언자는 영의정 유순柳洵, 좌의정 박원종朴元宗, 영중추부사 노공필盧公弼, 좌찬성 박안성朴安性, 우찬성 송질宋軼, 병조판서 홍경주洪景舟, 대사헌 이유청李惟淸, 도승지 홍숙洪淑 등이었다. 기사가 너무 길어서 발언 전체 또는 일부를 빼고 인용한다.

　　이유청: 삼대 이전에는 임금의 사유 재산이 없었는데 한나라 환제桓帝와 영제, 당 덕종이 처음 가졌고, 고려 때는 충혜왕이 뒷 대궐에 쌓아 두었습니다. 앞서 대간이 내수사의 혁파革罷를 요청했는데, 그 말이 매우 마땅합니다.

　　……

　　유 순: 대사헌의 말이 매우 마땅합니다. 또 내수사는 조종祖宗께서 설립하신 것이지만, 없애는 것이 매우 마땅합니다. 앞으로 내수사의 재물이 부족하더라도 보충하지 마십시오.

　　박원종: 지방의 장리는 서제書題들이 진상進上하는데, 민폐가 매우 많습니다.

　　유 순·박안성: 장리라는 이름은 성군과 명왕明王의 미사美事가 아닙니다.

　　노공필: 국가가 장리를 놓는 것은 백성들과 이익을 다투는 것입니다. 수납할 때 강압하는 일이 많아서, 백성들의 원망이 정말 많습니다.

　　……

　　홍경주: 내수사 장리는 그 유래가 오래되어, 성종께서도 없애지 못하셨습니다. …… 최근 백성들이 떠돌고 흩어져서 아직 안정되지

못했습니다. 앞으로 (수납) 담당자를 파견하지 마십시오. 아직 영
구히 없앨 수 없으면, 임시로 없애는 것도 좋습니다.

송 질: 홍경주의 말이 맞습니다. 제가 직접 보았는데 성종께서는
왕자들이 많아서 없애지 못했지만, 성종의 뜻은 아니었습니다.

……

이유청: 내수사 장리를 없애는 일은 박원종의 말이 매우 옳고, 홍
경주의 말이 매우 그릅니다. 빨리 없애시기를 청합니다. 조종祖宗
께서 세우신 것이 아니라 세조 때 시작되었습니다. 영영 없애는
것이 매우 마땅합니다.

중 종: 내수사 장리는 성종 때 없앴다가 대비전을 위해서 다시 세
웠다. 지금 갑자기 없앨 수 없다.[62]

마치 삼사만 가세하면, 논쟁이 곧 결판날 것 같았다. 그러나 이때
삼사는 공신들을 공격하기 바빴고, 더 시급한 과제들이 많았다. 1년
이 지나서 중종 3년, 대간이 10월에 두 번, 11월에 세 번, 내수사 장
리와 기신재忌晨齋를 폐지하라고 요청했다.[63] 이때부터 대간은 늘 두
건을 함께 묶었다. 10월 14일 주강에서 동지사 정광필鄭光弼이 장리
는 모리謀利, 기신재는 부처 숭상이라고 비판했다. 그가 말한 기신재
는 제삿날 절에 가서 올리는 불교 의식이다. 장리 비판은 드문드문
있었고, 홍문관이나 대신들은 아직 가담하지 않았다. 그냥 서막이었다.
장리 논쟁은 4년 6월·7월·8월에 뜨거웠다. 사헌부와 사간원이 함

---

62 중종 2.11.15②. 왕이 사정전에서 성균관 유생들의 강경講經을 참관한 뒤풀이었다.
63 중종 3.10.13①, 3.10.14①, 3.11.4①, 3.11.16①. 한번은 경연이 없을 때 대간이
　　함께 왕을 만나서 간쟁했다. 3.11.2②. 정광필은 당시 대사헌과 경연 동지사를 겸
　　했다.

께 내수사 장리와 기신재의 폐지를 요구했는데, 6월에 7회, 7월 12회, 8월 16회로, 공세가 꽤 치열했다.[64] 홍문관과 예문관도 가끔 동참했다. 또 대간은 7월 10일부터 십여 일 동안 계속 사직했다. 왕이 복직을 명하면 다시 간쟁하고, 왕이 받아주지 않으면 다시 사직했다. 8월 2일에는 하루에 두 번 사직했다. 8월 5일, 참다못한 임금이 이들을 모두 서반西班, 곧 무신武臣 관직에 임명했다. 그러나 3정승·6판서·6 승지·홍문관이 모두 항의하자, 왕이 16일에 이들을 모두 동반으로 복직시켰다.

중종 4년 8월 11일부터 26일까지 대간은 매일 장리와 기신재의 혁파를 요구했다. 왕에 대한 압박을 최대한 높여 장리 폐지 투쟁을 바로 끝장낼 기세였다. 그러다가 여기서 갑자기 멎었다. 이해 9월과 10월에 한 번씩 간쟁하고 나서, 거의 잠잠해졌다. 중종 5년에서 10년까지 여섯 해 동안 대간은 이 문제를 겨우 여덟 번 비판했을 뿐이다.[65] 왜 그랬나? 승지나 대신들이 적극 동참하지 않아서 아직 힘이 모자랐다. 삼사가 뒷날을 기약하기로 한 듯, 6년이 조용히 지나갔다.

중종 11년 1월 3일, 야대에서 《고려사》를 강독하다가, 시독관 이청李淸과 사경 임권任權이 내수사 장리를 비판했다. 고려 인종 때 재상 김정순金正純이 재화를 좋아하고 사치를 일삼았다는 대목에서였다. 이 비판은 머지않아 닥칠 태풍을 예고하는 것 같았다. 앞서 중종 10년

---

64 대간이 하루에 여러 번 간쟁한 적도 있다. 8월 18일 4회, 19일 5회, 21일 6회 등인데, 모두 한 번으로 쳤다.

65 중종 5.11.2①, 5.12.19①, 6.1.26②, 7.6.8④, 7.8.11④, 8.1.19③, 9.4.25①②⑤, 9.11.5①. 경연관이 석강에서 이 일을 말한 것은 합산하지 않았다. 예 : 중종 6.5.18④, 10.1.23②.

11월, 조광조趙光祖의 등장으로 조정의 권력 지형이 바뀌기 시작했다. 이제 공신들의 전성시대가 끝났고, 임금도 권력 게임에 꽤 익숙해졌다. 바야흐로 국왕·대신·삼사가 새로운 연대와 공생을 모색하고 있었다.

대간은 11년 2월 하순부터 총공세를 펼쳤다. 20일에 간관諫官이 먼저 포문을 열었고, 21일 조강에서 헌관憲官이 공세에 앞장섰다. 22일 조강에서 대간이 내수사 장리와 기신재의 폐지를 요구하자, 영사·지사·특진관(2명)·시독관 등이 모두 가세하고, 왕 혼자 버텼다. 대간은 2월 20일~30일에 10회, 3월에 17회 간쟁했고(4회는 사간원 단독), 4월에 20회, 5월에는 26회(사헌부 상소 포함) 간쟁했다. 조강에서는 영사 정광필·김응기金應箕·신용개申用漑 등이 각각 동참하여 힘을 보탰다. 왕은 6월 2일 조강까지 버티다가 마침내 두 가지를 없애기로 결정했다.[66]

이리하여 내수사 장리와 불교식 기신재가 혁파되었다. 실록이나 《승정원일기》에 둘은 다시 등장하지 않는다. 내수사 장리 폐지는 절검 담론의 승리였고, 기신재의 폐지는 불교 잔재의 청산을 의미했다. 당시 선비들은 모두 유교식 제사를 지냈는데, 왕실에서는 대비들이 원하는 불교식 추모행사를 함께 거행했다. 이제 예관禮官들은 그들이 혐오하는 불교 의례에서 해방되었다. 드디어 조선 왕실은 고려의 유산 두 가지를 떨쳐 버렸다. 유교화 백 년이 거둔 작은 성과였다.

그렇다면 왕은 왕실재산의 부족을 어찌 해결했나? 위의 혁파 기사

---

66 중종 11.6.2①②. 이 무렵 실록에 "대간계전사臺諫啓前事"라고 한 것은 내수사 장리와 기신재를 가리킨다. '계啓' 대신 '논論'(논의)을 쓰기도 했는데, 모두 간쟁 횟수로 계산했다. 11년 2월 이후에는 횟수가 너무 많아서 날짜를 일일이 밝히지 않는다.

에 사관이 설명을 덧붙였다. 왕이 여러 불교사찰의 전답을 내수사에 이속시킨 다음 매년 사람을 파견하여 그 수확을 관청 창고에 넣어 두고, 아무 때나 꺼내 썼다. 이것이 해결책이었다. 중종 20년 9월, 주강에서 특진관(호조참판) 조옥곤趙玉崑이 문제를 제기했다. 최근 옹주翁主가 출가할 때 내수사의 요구로 이 곡식을 꺼내 주는데, 호조에서 그 내용을 모른다는 것이다.[67] 조선 후기에는 왕들이 자녀들에게 궁방전宮房田을 계속 떼어 주어, 국가재정이 갈수록 부족했다.

끝으로 절검 담론의 구조를 살펴보자. 이 담론은 계명 셋으로 구성되었다. (1) 임금은 백성들을 잘 돌보아라. (2) 세금을 덜 거두어라. (3) 검소하게 살아라. 모두 보편적인 규범들인데, 유가의 도덕관념이 많이 첨가되었다. 보편적 실용주의와 유가의 도덕주의가 섞여 있다. 둘의 배합이라는 관점에서 세 명제들을 차례로 살핀 다음, 절검 담론이 임금 길들이기에 어떻게 작용했는지 평가하겠다.

먼저 임금이 백성들을 사랑해야 한다는 명제다. 왜 임금은 그들을 사랑하고 보살펴야 하나? 실용주의 설명은 이렇다. 백성들이 있어야 나라가 있고, 민심이 안정되어야 나라가 안정된다. 그들이 살기 힘들면, 나라가 혼란에 빠진다. 나라가 망하면 임금 자리도 없다. 백성들은 물, 임금은 배라는 비유는 물이 배를 뒤엎을 수도 있다고 임금을 겁준다. 임금은 본 적도 없는 백성들을 어떻게 사랑하나? 그냥 불쌍하게 여기고 괴롭히지 말라는 뜻이다.

한편 도덕주의는 둘의 관계를 다르게 설명한다. 임금은 최고 권력자로서 백성들을 보호할 책임이 있다. 임금은 부모, 백성들은 자식이

67 중종 11.6.2②, 20.9.25②.

라는 비유는 친근하고 호소력이 크다. 백성들을 갓난아기 또는 다친 사람에 비기면, 임금의 보호 의무를 더욱 강조할 수 있다. 하늘이 임금에게 백성들을 돌보라고 명령했다는 '천명天命'은 매우 세련된 개념이다. 경연관들은 실용주의와 도덕주의, 두 설명 방식을 함께 썼는데, 그것이 임금 길들이기에 훨씬 더 효과적이었다.

둘째는 세금을 덜 거두라는 명제다. 이것은 첫째 주제의 연장이다. 임금이 백성들을 사랑하는 방법은 무엇일까? 의식주를 보장하고, 사회질서를 유지하는 것이다. 대개 백성들은 늘 가난하고, 애써 농사를 지어도 식량이 부족하다. 임금이 이들을 돕는 길은 그들의 노동력을 함부로 동원하지 않고, 생산물을 최소한 거두는 것이다. 거둔 식량을 비축했다가 흉년에 굶주리는 백성들에게 나눠 주면 더욱 좋다.

둘째 명제는 재화에 대한 유가의 생각을 반영한다. 한 나라의 재화는 총량이 일정하여, 국가 아니면 민간에 있다. 국부國富와 민부民富는 제로섬의 관계며, 최고의 경제정책은 방임放任이다. 한편 법가는 국가경제에 적극 개입한다. 백성들을 강제로 이주시키고, 황무지를 개척하며, 세금을 철저히 거둔다. 또 여러 지역의 생산물들을 유통시키고, 특정 상품은 국가가 전매한다. 이로써 국부를 극대화한다. 유가는 법가 정책을 일부 수용했는데, 두 패러다임이 가끔 충돌했다.

셋째는 검소하게 살라는 명제다. 이것은 둘째 명제와 직결된다. 조세와 부역을 줄이면, 국가의 재정수입이 줄어든다. 재정 부족을 어떻게 해결하나? 소비를 줄이면 된다. 임금부터 검소하게 살고 특권층도 절약하면, 이렇게 모은 재화를 비축하여 흉년과 전쟁 같은 비상사태에 대비할 수 있다. 그래서 임금은 소박한 음식을 먹고, 검소한 옷을 입고, 잔치·사냥·토목공사 등 불필요한 지출을 삼가야 한다.

절검은 시대와 지역을 뛰어넘는 보편적 덕목이다. 예로부터 여러 종교가 절검을 실천하라고 가르쳤는데, 그 목적은 대개 욕망의 절제節制와 자선慈善이었다. 근대 이후로는 환경 보호도 주요 목적이다. 유가도 비슷하지만, 큰 예외가 있었다. 묵가가 야멸차게 비판했듯이, 유가는 장례葬禮와 제례祭禮에 비용을 아끼지 않았다. 그래도 한 나라의 최고 부자인 임금에게 절검을 가르친 것은 매우 적절했다.

경연의 절검 담론은 간명하고 합리적이며, 한정된 인적 자원과 물적 자원을 배분하고 사용하는 기준을 제시했다. 그러나 그것은 매우 비현실적이다. 이를 그대로 실천하면, 국가 재정이 바닥난다. 그렇다면 절검론의 기능은 무엇인가? 제동장치다. 이 담론으로 국가의 과도한 수취를 억제하고, 임금의 사치와 자의적인 부의 배분을 줄일 수 있다. 요컨대 절검론은 임금을 길들이는 이론이었다.

절검 담론은 조선 임금들의 경제 행위에 어느 정도 영향을 미쳤을까? 매우 중요한 질문인데, 당장 대답할 수가 없다. 영향력을 측정할 방법이 마땅치 않다. 어떤 자료들을 어떻게 분석하면 답이 나올까? 앞에서 다룬 내수사 장리의 폐지는 단편적인 사례일 뿐이다. 앞으로 다른 연구자들이 제대로 대답할 수 있기 바란다.

제5장

수기론

수기修己란 무엇인가? 내 욕망을 조절하고, 생각과 행동을 바로잡는 일이다. 공자는 수기와 치인治人을 군자君子의 본분으로 삼았다. 수기가 먼저, 치인이 나중이다. 윗사람이 본보기가 되어 아랫사람을 교화敎化하고, 좋은 세상을 만들자는 것이다. 그 뒤 2천 5백 년 동안 수기와 치인은 유가가 사는 목적이자 삶의 방식이었다.

임금의 수기는 더욱 중요하다. 그는 최고 권력자로서 절대 권력을 휘둘렀다. 그의 말이 곧 법이고, 생살여탈生殺與奪, 곧 사람을 살리고 죽이며, 벼슬이나 재물을 주고 뺏는 것이 모두 그의 마음대로였다. 그의 마음먹기가 신하와 백성들의 안녕과 재앙을 결정했다. 요컨대 임금이 자기 마음을 잘 다스려야 살기 좋은 세상이 될 수 있다.

어떻게 자신을 수양하나? 수기 방법론은 이천 년 동안 꾸준히 진화했다. 공자는 극기복례克己復禮를 말했고, 맹자와 순자는 각각 성선설性善說과 성악설性惡說을 바탕으로 수기 이론을 더 개발했다. 유가는 뒤에 도가道家와 선불교禪佛敎의 이론을 차례로 받아들였고, 이에 따라 그들이 인간과 우주를 이해하는 방식이 달라지고, 수기론도 훨씬 더 복잡해졌다.

유가의 수기론은 송나라 때 확 바뀌었다. 앞서 다룬 네 주제는 이천 년 동안 내용이 거의 그대로였던 것과 대조적이다. 주자의 이기심성론理氣心性論은 패러다임의 대전환을 의미했고, 수기론도 그만큼 달라졌다. 맹자가 주자의 저술을 읽었다면 아마 이단으로 여겼을 것이다. 더구나 성리학은 이론이 여러 갈래라서 헷갈리기 쉽다.

조선의 경연관들은 15세기부터 수기를 논의했지만, 내용이 소박했다. 성리학을 깊이 이해하는 사람이 드물었기 때문이다. 16세기 중엽에 이르러 이해의 수준이 훨씬 높아지자, '사단칠정四端七情' 논쟁이 일어났다. 주자의 이기심성론에서 모순을 발견하고, 이를 해결하려고 애쓴 결과였다. 조선의 성리학자들은 내내 이 문제와 씨름했다.

수기론은 조선 후기에 더욱 성숙했다. 경연에서도 말잔치가 자주 벌어졌고, 그 기록이 많이 남아 있다. 경연의 수기 담론은 영조 때 가장 풍성했다. 《영조실록》은 경연 기사를 극히 일부만 실었지만, 같은 시기의 《승정원일기》는 수기 논의로 넘친다. 정조는 대개 경연 밖에서 경서 강의를 주도했고, 가끔 열었던 경연에서도 신하들을 압도했다.

제5장은 다섯 부분으로 구성된다. 먼저 유가 수기론의 변천을 정리하여, 담론의 큰 틀을 마련한다. 다음 경연관들의 강의 내용을 네 가지 질문에 대한 답변으로 설명한다. (1) 왜 임금이 수기해야 하나? (2) 마음은 어떻게 생겼고, 어디가 문제인가? (3) 왜 사단과 칠정이 중요한가? (4) 마음을 바르게 하는 방법은 무엇인가? 워낙 주제가 거창하고 관련 정보가 방대하여, 내용을 많이 압축했다.

1. 방법론의 진화

수기란 나 자신을 길들이는 일이다. 내 생각과 행동을 특정한 규범에 맞추는 일이다. 왜, 무엇을, 어떻게 바꾸자는 것인가? 수기 담론은 인간의 본성과 마음을 이해하는 방식에 따라 변화했다. 유가·도가·불가가 서로 영향을 주고받으며 수기 이론을 개발했다. 마침내 송나라 유학자들은 이전의 이론들을 통합하여 새로운 이기심성론理氣心性論을 수립했고, 이에 따라 수기론도 달라졌다. 이러한 진화 과정을 훑어보자.¹

공자는 유가 수기론의 원조였다. 그의 언행록인 《논어》는 대부분 수기와 치인에 관한 내용이다. 자로子路가 군자君子를 묻자, 공자는 자신을 닦아, 사람들을 편안하게 한다고 대답했다. 안연顔淵이 인仁을 묻자, 극기복례克己復禮라고 대답했다. 안으로 욕망을 극복하고, 밖으로 예를 실천한다는 뜻이다. 구체적인 방법을 묻자, "예禮가 아니면 보지 말고, 예가 아니면 듣지 말며, 예가 아니면 말하지 말고, 예가 아니면 행동하지 말라."고 했다. '사물四勿'이다. 수기의 목표는 군자, 방법은 예의 실천이다.²

맹자는 수기의 초점을 '마음'에 맞추었다. 사람은 누구나 착한 본성을 타고난다. 딱한 사람을 불쌍히 여기고〔측은惻隱〕, 내 잘못을 부끄러워하고 남의 잘못을 미워하며〔수오羞惡〕, 남에게 양보하고〔사양辭讓〕, 옳고 그름을 따지는〔시비是非〕마음이다. 이른바 사단四端(네 가지 단서)은 도덕성의 싹이다. 수기란 농부가 곡식을 키우듯이, 이 싹을

1 아이반호(Philip J. Ivanhoe)는 유가의 수기 방법론을 일곱 유형으로 나누었다. 공자의 습득(acquisition)형, 맹자의 개발(development)형, 순자의 개조(re-formation)형, 주자의 회복(recovery)형, 왕양명의 발견(discovery)형 등이다. 도가와 불교가 성리학에 미친 영향을 잘 정리했다. 아이반호, 《유학, 우리 삶의 철학》(신정근 옮김, 동아시아, 2008). 원서의 제목 *Confucian Moral Self Cultivation*(유가의 도덕적 자아수양)이 주제를 잘 표현한다. 저자는 아이반호의 유형을 조금 바꿔서 쓴다.
2 자로가 묻는 대목은 《논어》〈헌문〉편에 나온다. 공자는 안인安人과 안백성安百姓을 구분했다. 당시에 인人은 지배계급을, 민民이나 백성은 피지배계급을 가리켰다. 안연이 묻는 대목은 같은 책 〈안연〉편에 나온다.

잘 키우는 일이다. 배양培養 모델이다. 맹자는 수기의 목표를 군자에
서 성인聖人으로 높이고, 구방심求放心·존심存心·양기養氣 같은 수기
방법도 탐구했다.[3]

　순자는 사람의 악한 본성에서 출발하고, 마음보다 행동에 초점을
맞추었다. 사람들이 욕구대로 행동하면 사회질서가 무너진다. 예와
법으로 길들여야 한다. 목수가 굽은 나무를 바로잡고, 대장장이가 쇠
를 연마하듯 사람의 본성을 바꿔야 한다. 타고난 본성(자연)을 인위
적인 틀(예·법)로 바꾸려는 것이다. 개조改造 모델이다. 순자와 맹자
는 공자를 계승하여 많은 것을 공유하고, 수기의 목표와 낙관론도 같
았다. 누구나 수양하면 성인이 될 수 있다. 다만 출발점과 방법이 달
랐다. 뒷날 성리학파는 순자를 따돌렸다.[4]

　한나라가 유교를 지배 이념으로 채택하자, 유가는 도가와 음양가
의 사상을 받아들여 '천인합일天人合一' 이론을 만들었다. 하늘·땅·사
람을 하나로 묶고, 만물의 존재와 변화를 음양陰陽과 오행五行으로 설
명했다. 또 진시황이 없앤 경서들을 복원하면서 원래 없던 내용을 많

---

3 착한 본성과 '사단'은 《맹자》 〈공손추(상)〉에, 누구나 성인이 될 수 있다는 말은
　〈등문공(상)〉에, '구방심'은 〈고자(상)〉에, '양기'와 '호연지기'는 〈공손추(상)〉에
　나온다. 서양 철학자들도 맹자와 순자의 수기론에 관심이 크며, 우수한 연구가 많
　다. 카린 라이(Karyn L. Lai)는 《케임브리지 중국철학 입문 : 지성사로 본 중국
　사유의 계통과 맥락》(심의용 옮김, 유유, 2018), 제3장 〈유가 철학에서 인간 본성
　과 수양 : 맹자와 순자〉에서 이를 잘 정리했다.
4 《순자》는 마음에 대한 통찰이 뛰어났다. 가령 〈해폐解蔽〉편에서 "마음은 몸의 임금
　이고, 정신의 주인이다(心者, 形之君也, 而神明之主也)."라고 했다. 〈천군天君〉편에서는
　"마음이 가운데 빈 곳에 있으면서, 오관을 다스린다(心居中虛, 以治五官)."고 했다.
　그러나 주자학파는 순자의 큰 공헌을 인정하지 않았다. 그의 성악설과 법치 이론을
　용납할 수 없었기 때문이다.

이 추가했다. 가령 《상서》에 〈대우모大禹謨〉 같은 가짜 고문古文 텍스트를 무더기로 넣었다. 《예기》에는 〈대학〉과 〈중용〉 등 잡다한 글들을 수록했다. 사실 이 가짜 텍스트들은 일부 진보적인 유가의 최신 저작물이었다.[5]

이때 동중서는 새로운 우주론宇宙論을 개발하고, 이를 공맹의 가르침과 결합했다. 이제 왕王은 하늘·땅·사람을 연결하는 중심축이 되었다. 임금은 지극히 높아지고, 신하는 지극히 낮아졌다. 대제국을 떠받치는 어용御用 유학의 특징이다. 이리하여 수기론은 우주론과 연결되고, 유가의 도덕규범은 당연當然에서 필연必然으로 바뀌었다. 그리고 황제의 마음을 바르게 하는 '정심正心'은 세상에서 가장 중요한 일이 되었다. 동중서가 이를 멋지게 표현했는데, 그 말이 제왕학帝王學의 근본명제가 되었다.

그러므로 임금은 마음을 바르게 함으로써 조정朝廷을 바르게 하고, 조정을 바르게 함으로써 백관百官을 바르게 하며, 백관을 바르게 함으로써 만민萬民을 바르게 하고, 만민을 바르게 함으로써 사방四方을 바르게 합니다. …… 이로써 음양陰陽이 고르고 풍우風雨가 때맞으며, 군생群生이 화합和合하고 백성이 늘어납니다.[6]

---

5 현재 통용되는 《상서》 58편 가운데 25편이 위작僞作이라고 한다. 유가의 최신 저작을 옛 성현의 가르침으로 변조變造한 것은 그들의 상고주의尙古主義 때문이다. 이 가짜 텍스트들은 유가 사상이 계속 진화한 결과였고, 이것을 받아들인 만큼 유가 사상이 더 풍부해졌다.

6 《한서漢書》 권56, 〈동중서전〉 인용문은 동중서가 무제에게 올린 〈치도책治道策〉에 나온다.

한나라가 망한 뒤 약 4백 년 동안 중국이 분열되고 정치적 혼란이 계속되자, 중국인들의 관심사도 바뀌었다. 개인과 자연에 관한 담론이 넘쳤고, 양생養生과 성인聖人이 주요 주제로 떠올랐다. 특히 위진魏晉의 현학玄學은 도가 사상을 토대로 발전했다. 전에는 명상과 호흡 조절, 선단仙丹 등으로 불로장생不老長生을 추구했는데, 이제는 몸보다 마음을 강조하고, 자연과 하나가 되려고 했다. 왕필王弼 등은 유가 사상을 받아들여 '내성외왕內聖外王' 이론을 펼쳤다. 안으로 성인聖人이 되어 밖으로 이상 정치를 베푼다는 뜻이다. 뒤에 유가가 이를 받아들였다.

또 불교가 한나라 명제(기원 57~75) 때 중국에 들어와서 널리 유행하며, 약 7백 년 동안 중국인들의 삶에 큰 영향을 미쳤다. 인도인들은 석가모니 이전부터 놀라운 사상체계를 구축했다. 상상을 초월하는 시간과 공간 개념, 우주 만물의 연계망連繫網, 업業과 윤회輪廻, 마음에 대한 통찰, 수행과 해탈解脫 등 중국과 전혀 다른 패러다임은 중국인들을 매혹했다. 한편 불교경전을 한문으로 번역할 때 도가의 어휘를 차용借用해서 여러 핵심개념들이 중국식으로 바뀌었다. 뒷날 장자莊子 사상을 바탕으로 한 중국식 선불교가 활짝 꽃피었고, 이것이 유가의 수기론에 큰 영향을 미쳤다.[7]

송나라 때 유교가 오랜 부진을 떨치고 되살아나 성리학性理學으로 꽃피었다. 유학자들은 공자와 맹자를 계승하고, 도교 및 불교 사상을 일부 수용하여 새로운 형이상학을 만들었다. 음양오행설을 흡수하고, 이기론理氣論을 새로 개발하여 우주만물을 새롭게 설명했다. 그들은

---

7 정은혜, 《유교 명상론: 불교와의 비교철학》(성균관대학교 출판부, 2015) 참고.

사람의 심성心性과 도덕성의 근원을 우주에서 찾았다. 이제 사람은 완전한 도덕성을 타고난 존재였다. 이에 따라 수기론도 본성本性을 되찾는 '회복 모델'로 바뀌었다. 성리학의 발달에는 북송의 주돈이周敦頤·장재張載·소옹邵雍·정호程顥·정이程頤 등이 기여했고, 남송의 주희朱熹(1130~1200)가 이를 집대성했다.[8]

형이상학은 세상 만물의 존재를 설명하는 이론이다. 태초에 무엇이 있었나? 말씀인가 행동인가, 태극인가 대폭발(빅뱅)인가? 놀라운 주장들은 모두 억측이고, 참과 거짓을 증명할 길이 없다. 학자들은 정교한 개념과 거창한 명제들을 얽어서 멋진 구조물들을 만들었다.[9] 치열한 경쟁 속에서 유행이 가끔 바뀌었다. 한나라 유학자들은 천도天道와 음양·오행으로 세상만사를 설명했는데, 송나라 유학자들은 이것을 이기理氣 패러다임으로 통합했다. 장재는 기氣 개념을, 정이는 이理 개념을 개발했고, 주희가 둘을 결합하여 이기론을 체계화했다. 동중서 이후 천여 년 만에 일어난 큰 변화였다.

이기론은 세상만사를 간명하게 설명한다. 이는 보편성의 근거, 기는 개별성의 근원이다. 그 표준형은 다섯 개의 명제로 구성된다. 첫째, 세상 만물은 이와 기의 작용으로 생긴다. 둘째, 이는 모든 존재

---

8 중국에서 1973년부터 발굴한 전국시대(기원전 403~221)의 무덤에서 당시의 원전들이 많이 나왔다. 맹자 이후의 오랜 공백을 메우는 이들 유가 서적에는 심心과 성性, 수신修身과 신독愼獨 등, 송대 성리학의 핵심 개념들이 보인다. 심성론의 근원을 외래 사상(불교)이 아닌, 중국의 전통 사상에서 찾는 연구도 꽤 활발하다. 아이반호, 위의 책, 13~16쪽.

9 콜링우드에 따르면, 형이상학은 실체가 없는 대상을 연구하는 사이비 학문이다. 그러나 그는 형이상학을 사상사의 중요한 연구 주제로 인정하고 새로운 연구방법을 모색했다. R. G. Collingwood, *An Essay on Metaphysics*(Oxford, Clarendon Press, 1940.

의 원리로서 무형無形·무위無爲며, 불변하고 선험적(형이상形而上)이다. 셋째, 기는 사물의 존재와 운동의 실체로서 유형有形·유위有爲며, 변화하고 경험적(형이하形而下)이다. 넷째, 이와 기는 함께 있지만, 작용은 따로따로 한다. 이른바 불상리不相離·불상잡不相雜이다. 하나이자 둘이고, 둘이자 하나다. 다섯째, 시간적으로는 둘 사이에 선후가 없으나, 논리적으로는 이가 앞선다.

아주 멋진 패러다임이다. 그러나 여기 근본적인 모순이 숨어 있다. 이와 기는 하나면서 둘일 수 없다. 논리적 모순을 해결하려면, 어느 한쪽에 우선권을 주어야 한다. 성리학자들은 주리主理와 주기主氣로 갈라졌고, 둘을 절충하기도 했다. 저마다 같은 개념을 달리 정의하여 논의가 꽤 혼란스럽다. 장재와 정이는 각각 주기론과 주리론의 원조元祖였고, 둘을 계승한 주희는 주리론으로 기울었다. 대체로 주리론이 우세하여 성리학을 이학理學이라 불렀다. 이기론을 심성론과 엮으면 쟁점이 더욱 복잡해진다.

심성론도 달라졌다. 성리학자들은 불교의 마음 이론에 자극되어 4서 5경에서 쓸만한 개념과 명제들을 뽑아, 이기론과 합쳤다. 예컨대 《상서》에 나오는 인심人心과 도심道心, 《맹자》에 나오는 사단, 《예기》에 나오는 희횸·노怒·애哀·구懼·애愛·오惡·욕慾의 칠정七情 등이 대표적이다. 주희는 장재의 '심통성정心統性情'과 정이의 '성즉리性卽理'를 이어받고, 사단은 이의 발현(이지발理之發), 칠정은 기의 발현(기지발氣之發)이라는 명제를 새로 만들었다. 그는 이 토대 위에 매우 복잡한 이론을 구축했다.

주자 수기론의 바탕은 성선설이다. 사람의 본성은 천리天理(하늘의 이)를 받아서 순수하다. '성즉리性卽理'다. 그러나 감정은 몸의 기를 받아서 불순하고, 악으로 흐르기 쉽다. 수기는 착한 본성을 보존하고, 나쁜 욕망을 억제하여 밝고 맑은 마음을 되찾는 일이다. 회복 모델이다. 일찍이 공자는 '예'로 돌아가자고 했는데, 성리학자들은 '천리'를 되찾자고 했다. 방법은 무엇인가? 주희는 '존덕성尊德性'(마음공부)과 '도문학道問學'(책 공부)을 강조했지만, 지식이 먼저였다. 세상만물 속에서 천리부터 찾았다.

육구연陸九淵(1139~1192, 호는 상산象山)의 수기론도 같은 '회복 모델'이다. 그러나 '심즉리心卽理'에서 출발하고, 마음수련을 강조했다. 천리가 마음속에 있으니, 이기적인 욕심만 극복하면 바로 깨닫는다. 왜 천리를 밖에서 찾느라고 고생하나? 수기는 일상에서 진실하게 사는 것이고, 많은 독서는 오히려 방해가 된다. 1175년, 주희와 육구연이 아호사鵝湖寺에서 학문과 수기를 놓고 논쟁했다. '도문학'을 강조하는 주희는 육구연의 방법이 너무 쉽다고 생각했고, '존덕성'을 강조하는 육구연은 주희의 방법이 너무 번거롭다고 비판했다. 마치 불가의 점수漸修·돈오頓悟 논쟁 같았다.

명나라 왕수인王守仁(1472~1529, 양명陽明)은 존덕성을 필수로, 도문학을 선택으로 만들었다. 사람은 양지良知라는 완전한 도덕성을 타고났으니, 이것을 드러내면 된다. 수기는 마음속에 있는 천리를 깨닫고 실천하는 일이다. 방법은 뜻을 진실하게 하여〔성의誠意〕, 저마다 매일 하는 일을 가장 진실하게 하는 것이다. 사사로운 마음만 끼어들지 않으면, 효도와 충성은 저절로 나온다. 먼저 알고 나서 행동하는 것이 아니다. 둘이 하나, 곧 '지행합일知行合一'이다. 알면서 행하지 않는다면, 그것은 참된 앎이 아니다. 경서는 꼭 읽을 필요가 없고, 독서와 명상은 자칫 수기를 방해할 수 있다.

앞서 맹자와 순자는 인간의 본성 및 수기 방법을 놓고 의견을 달리했다. 뒷날 경서 학습을 강조한 주희는 순자를 계승하고, 마음공부를 강조한 왕수인은 맹자를 이었다고 볼 수도 있다.[10] 두 방법론은 계속 맞섰고, 일부 성리학자들은 절충을 시도했다. 명나라 말기에는 성리학을 몽땅 버리고, 경서를 본래대로 복원하려는 운동이 일어났다. 그들에게 수기는 마음속의 천리를 찾는 것이 아니라, 옛 성현의 가르침을 배우고 실천하는 일이었다. 그러나 후대 유학자들이 성리학의 긴 그늘을 벗어나기는 어려웠다.[11]

중국 유가의 수기론은 뒷날 조선에서 큰 위력을 발휘했다. 앞서 원나라 때 중국 성리학이 고려로 들어왔다. 원나라가 정통 유학으로 인정한 주자학이었다. 그러나 고려에서는 불교가 계속 유행하여, 소수의 유학자들이 주자의 저술 일부분을 소개하는 데 그쳤다. 1392년 조선 왕조가 출범하던 무렵에 정도전鄭道傳의 〈불씨잡변佛氏雜辨〉과 〈심기리편心氣理篇〉, 권근權近의 《입학도설入學圖說》과 《오경천견록五經淺見錄》 등이 나왔다. 이들은 조선 성리학의 출발점을 알리는 이정표였다.

15세기 백 년 동안 조선의 이기심성론은 출발점에서 맴돈 것 같지만, 유학자들은 큰 비약을 준비하고 있었다. 세종은 명나라에서 갓 들여온 '삼대전三大全', 곧 《성리대전性理大全》·《오경대전五經大全》·《사서대전四書大全》을 대량 인쇄하여 전국에 보급하고, 이 책들을 집현전

---

10 아이반호, 위의 책, 140~141쪽. 주자가 주관을 강조했다는 주장도 있다. 예컨대 이상돈은 《주자의 수양론》(문사철, 2014)을 이런 관점에서 썼다. 이 주장이 맞다면 주자학과 양명학의 경계도 물론 달라진다. 맹자가 죽을 때쯤 순자가 태어나서, 둘이 논쟁할 수는 없었다.

11 아이반호는 새로운 수기론의 대표로 안원顏元과 대진戴震을 꼽고, 위의 책 제6장과 제7장에서 각각 다루었는데, 조선의 경연 담론과는 관련이 거의 없다.

학자들과 함께 연구했다. 문종은 경연에서 《근사록近思錄》을 처음 공부했고, 중종은 《심경心經》 강독을 검토했다. 성리학 이해가 꾸준히 향상되고, 그 성과가 점차 지방으로 퍼졌다. 연구와 보급은 성종 때와 중종 때도 계속되었다. 마침내 16세기 중엽에 '사단칠정四端七情' 논쟁으로 이기심성론이 활짝 꽃피고, 수기론도 많이 달라졌다.

돌이켜 보면, 유가의 수기 담론은 2천 년 동안 변화했고, 새 이론은 옛 이론들을 계승했다. 송대의 유학자들은 경서에 실린 옛 성현들의 말씀을 구구절절 새롭게 해석했다. 경서의 텍스트는 그대로 두고, 이전의 해석에 새로운 해석을 계속 덧붙였다. 주자의 《사서집주四書集註》와 정민정程敏政의 《심경부주心經附註》 등이 대표적이다. 따라서 공자와 맹자가 처방한 수기방법은 언제나 유효했다. 그래서 조선의 경연 강의에는 수기론의 여러 지층地層들이 함께 나타난다.

2. 수기(정심正心)의 중요성

조선의 경연관들은 중국에서 개발한 수기론을 임금에게 가르쳤다. 공자 이후 이천 년 동안 쌓인 성과였다. 다만 육구연과 왕양명의 이론은 늘 배격했다. 여러 강의 주제들 가운데 유독 수기론은 한참 뒤늦게 활발해졌다. 성리학을 깊이 이해하는 데 백 년 이상 걸렸기 때문이다. 성종 및 중종 때 경연관들이 가끔 수기를 논의하더니, 명종 때 사단칠정 논쟁이 벌어졌다. 이 무렵부터 경연에서도 수기를 자주 논의했다. 왜, 무엇을, 어떻게 하라는 것인가? 하나씩 살펴보자.

왜 임금이 수기해야 하나? 수기는 유가가 살아가는 방식이다. 《대학》에 이르기를 "천자天子부터 서인庶人까지 모두 수신修身을 근본으로 삼는다."고 했다. 또 이르기를 "수신은 마음을 바르게 함(정심正心)을 근본으로 한다."고 했다. 임금의 수기는 더욱 중요했다. 그의 마음이 발라야 국정이 잘 돌아간다. 백성들의 세금과 부역이 줄고, 신하들도 합당한 대우를 받는다. 그의 마음이 비뚤면 국정이 꼬인다. 백성들의 삶이 힘들고, 어진 신하들이 날벼락을 맞는다. 임금의 마음 바루기는 세상에서 가장 중요한 일이었다. 정종의 경연에서 지사 권근權近이 말했다.

> 임금의 학문은 독서만이 아닙니다. 반드시 그 마음부터 바르게 해야 합니다. 그래서 부열傳說이 (은나라) 고종에게 "오직 배움에는 뜻을 겸손히 해야 합니다."라고 했습니다. 겸손이란 마음을 비운다는 말입니다. 마음을 가리는 것이 있으면, 말 한마디, 일 한 가지 대응이라도 반드시 비뚤어집니다.[12]

중종 28년, 야대에서 경연관들이 역대의 치란治亂과 흥망興亡을 문답했다. 동부승지 조인규趙仁奎가 치란과 흥망의 원인을 묻자, 검토관 구수담具壽聃이 대답했다. "임금의 한마음은 곧 사해四海(천하)의 근본입니다. 한마음이 바르면 다스려지고, 바르지 않으면 어지러워집니다."[13] 임금도 수기의 중요성을 잘 알았다. 영조 38년, 69세의 왕이

---

12 정종 2.1.1④. 이 날짜에 아흐레 기사를 실었고, 경연 기사가 넷이다. 설을 쇠고 나서 경연을 처음 열었으니, 2일이나 3일로 보인다. 교재는 《통감촬요通鑑撮要》였다. 인용문(유학손지惟學遜志)은 《상서》〈열명(하)〉에 나온다.
13 중종 28.11.16②.

11세의 세손(뒷날 정조)을 불러, 《대학》을 읽히고 임금의 길을 물었다. 신하들이 왕에게 문안하는 자리였다. 어린 손자도 수기의 중요성을 대충 알고 있었다.

> 영조: 요堯와 걸桀은 무엇이 다르냐?
> 세손: 수기修己하면 요가 되고, 하지 않으면 걸이 됩니다.
> 영조: 요와 걸의 마음은 어찌하여 다르냐?
> 세손: 걸은 욕망을 따랐기 때문에, 그리 되었습니다.
> 영조: 너는 장차 어찌하여 요가 되려느냐?
> 세손: 마음을 굳게 정하겠습니다.[14]

　일찍이 동중서가 왜 임금의 정심이 중요한지 잘 설명했다. 임금은 하늘·땅·사람을 잇는 중심축이다. 그의 마음이 바르면, 천지와 인간 사회가 조화롭다. 굴대가 바르면 바퀴가 잘 굴러가는 것처럼. 경연관들은 동중서의 격언을 끝없이 되풀이했다. 세종이 경연에서 《대학연의》를 공부할 때 동지사 이지강李之剛이 말했다. "임금의 학문은 정심을 근본으로 합니다. 마음이 바른 뒤에야 백관이 바르고, 백관이 바른 뒤에야 만백성이 바릅니다."[15] 문종이 처음 경연을 열고 《근사록》을 공부할 때 지사 김종서金宗瑞가 이렇게 말했다.

---

14 영조 38.3.30②. 대신들이 왕에게 문안하는 '약방입진藥房入診' 자리였다. 세자에게 국정을 대리代理시키던 때라 왕은 경연을 열지 않았다. 그래서 이날 《승정원일기》에는 세손과 문답한 내용이 실리지 않았다. 세자(사도세자)는 두 달 남짓 지나 윤 5월에 죽었다.
15 세종 0.10.12①.

> 마음은 일신一身의 주재主宰요, **만사萬事의 근본입니다. 마음이 바**
> **르지 않으면 만사가 어긋납니다. 하물며 임금의 자리는 만백성의**
> **위에 있고, 만 가지 국정國政이 (그의) 한 몸에 모입니다. 그렇다면**
> **마음부터 바르게 하여, 다스림이 나오는 근원을 맑게 해야 하지 않**
> **겠습니까?**[16]

세조는 경연을 없앴지만, 세자 교육에는 열심이었다. 하루는 경복
궁 사정전에서 여러 신하들과 국정을 논의할 때 세자와 대군들도 불
렀다. 왕이 원로대신 정인지鄭麟趾에게 세자를 위한 가르침 한마디를
부탁했다. 이에 수신修身·제가齊家·치국治國·평천하平天下의 요점은 임
금 노릇하기가 어려움을 아는 것이라고 말했다. 세조가 무슨 뜻이냐
고 묻자, 정인지가 대답했다. "임금은 마음을 바르게 함으로써 조정
과 백관을 바르게 합니다. 어찌 어렵지 않습니까?"[17] 임금의 정심이
가장 중요하다는 말이다.

원래 유가가 세상을 다스리는 원리는 교화敎化였다. 윗사람이 모범
을 보여 아랫사람이 따르게 하는 것이다. 가장 윗사람인 임금이 지극
한 표준을 세워야 한다. 《상서》〈홍범〉편에 나오는 '황극皇極'이다.
인조의 경연에서 특진관 윤방尹昉이 말하기를, 임금의 마음은 만화萬
化의 근원이니 지극한 표준을 세우라고 했다. 그래야 말과 행동이 하
나하나 의리에 맞는다는 것이다. 인조가 지극함에 이르기 어렵다고
대꾸하자, 윤방은 지극히 공정한 마음을 가지라고 했다. 시독관 이민

---

16 문종 0.8.11①.
17 세조 11.7.15①. 임금 노릇의 어려움을 안다는 말은 《논어》〈자로〉편 및 《상서》
   〈대우모〉 첫머리.

구李敏救는 이렇게 덧붙였다.

> 지극함은 바깥 사물이 아니라 마음속에 있습니다. 무편무당無偏無黨
> 이 곧 지극함이니, 높고 멀어서 하기 어려운 일이 아닙니다. 항상 마
> 음을 바르게 하여 상제上帝를 대하(듯 하)면, 표준이 저절로 섭니다.[18]

‘임금의 한마음이 만화萬化의 근원’이라는 말도 동중서의 말만큼
자주 인용되었다.[19] 여기서 ‘만화’의 뜻은 포괄적이다. 백성의 경우에
는 교화敎化를, 만물의 경우에는 화육化育을 의미한다. 임금의 마음이
바르면, 세상만사가 잘 돌아간다는 말이다. 이 구절은 대간을 비롯한
신하들의 상소문에 으레 들어가고, 경연 강의에도 자주 나왔다. 가령
단종이 석강에서 《논어》〈위정爲政〉편을 공부하다가 ‘사무사思無邪’(생
각에 사특함이 없음)의 뜻을 물었다. 입시했던 경연관 두 명이 차례
로 대답했다.

> 시독관 박팽년朴彭年: 생각하는 바에 사특함이 없음이니, 마음이 바
> 르다는 말입니다. 마음이 이미 바르면, 사물事物마다 바름을 얻습
> 니다.
>
> 참찬관 박중손朴仲孫: 마음이 한몸을 주재主宰하니, 마음이 바른 뒤
> 에야 (하는) 일이 바를 수 있습니다. 하물며 임금의 마음은 만화
> 萬化의 근원이니, 바루지 않으면 안 됩니다. 대개 임금의 마음이

---

18 인조 1.3.26②.

19 “인주일심人主一心, 만화지원萬化之源”의 출처는 확실하지 않다. 북송의 여조겸呂祖
謙이 《주례周禮》의 ‘삼공三公·삼고三孤’를 풀이한 주석註釋에 나온다.

　　바르지 아니한데 만백성을 바루려고 하면, 명령을 어기지 않는
　　자가 드뭅니다.[20]

　어디서나 같은 소리였다. 앞서 〈위임론〉에서 보았듯이, 신하에게
국정을 맡기려면, 군자와 소인을 잘 구별해야 한다. 〈간쟁론〉에도 나
온다. 어찌해야 바른말과 교묘한 아첨을 잘 구별하나? 명종이 헐뜯
는 말에 현혹되지 않는 방법을 물었다. 시독관 목첨睦詹이 대답하기
를, 임금의 마음이 명경지수明鏡止水 같으면 아름다움과 추함이 그대
로 드러난다고 했다.[21] 성종이 주강에서 《상서》의 〈열명說命〉편을 공
부하다가 관리 임명을 논의한 대목에서 물었다. 재주가 뛰어난 악인
도 있는데, 어떻게 알아보나? 시강관 김흔金訢이 대답했다.

　　임금이 먼저 마음을 바르게 하면, 사람들의 바름과 간사함을 알
　　수 있습니다. 임금의 마음은 만화의 근원입니다. 임금의 마음이 바
　　르면, 어진 사람을 쓰고 간사한 사람을 물리치니, 조정이 바르지 않
　　을 수 없습니다. 임금의 마음이 바르지 않으면, 간사함과 바름이 섞
　　여, 사람을 쓰고 안 씀이 마땅함을 잃습니다. 간사한 사람을 없애려
　　해도 방법이 없습니다.[22]

20　단종 0.윤9.7①. 실록은 이들의 경연관직을 적지 않았다. 박팽년은 이때 집현전
　　직제학(시독관)이었고, 10월에 부제학(시강관)으로 승진했다. 박중손은 7월 2일부
　　터 우승지였다.
21　명종 1.3.19①. 명경지수明鏡止水(밝은 거울과 고요한 물)는 《장자》에 나오는 비유
　　인데, 불가와 유가에서도 즐겨 썼다.
22　성종 16.4.18③.

경연관들의 말은 간명했다. 세상만사가 임금의 마음에 달렸으니, 그의 마음이 발라야 한다. 이 절대 명제가 임금 길들이기의 토대였다. 임금은 천지와 인간의 중심이었다. 자리가 제일 높은 만큼 책임도 가장 무거웠다. 세상만사가 임금의 책임인데, 그의 마음이 바르면 만사가 모두 잘 돌아간다. 얼마나 멋진 족쇄인가? 어느 임금도 이를 거부하지 못하고, 순순히 받아들였다. 그래서 동중서의 명언은 2천 년 이상 그대로 통용되었다.

3. 마음의 생김새

마음이란 무엇인가? 왜 비뚤어지나? 비뚤어진 마음을 어떻게 바로잡나? 원인을 알면, 해법이 나온다. 물론 학파에 따라 진단과 처방이 자못 달랐다. 성리학의 마음 이론은 꽤 복잡하고, 문제점이 많다. 경서들 여기저기서 다양한 개념들을 모아서 함께 엮었기 때문이다. 이론적인 다툼은 치열해도, 실제 수기방법은 비슷했다. 또 조선은 주자학파의 독판이어서 쟁점이 중국과 달랐다. 먼저 주자학파의 마음 이론을 요약한 다음, 수기 방법론을 살펴보겠다. 철학자들의 최근 논저를 일부 참고했다.[23]

---

23 안유경, 《성리학이란 무엇인가》(새문사, 2015)는 조선시대 이기심성론의 개념과 쟁점들을 잘 정리하고, 주자의 주요 명제들과 전거를 제공하여, 참고하기에 편하다. 여러 철학자들이 주자학 이론을 재활용하려는 것 같다. 가령 이상돈은 《주자의 수양론》(문사철, 2013)에서 한국과 중국 및 영어권 연구자들의 주자 해석을 검증하고, 새로운 해석을 시도했다. 정은혜의 《유교 명상론》은 유교와 불교와 현상학을 넘나들며 수양론의 지평을 넓혔다. 책 끝에 유교 명상 프로그램 열 가지를

주자는 마음을 이理와 기氣로 설명했다. 세상 만물은 이와 기로 이루어진다. 이는 만물의 원리를 모두 합친 것인데, 태극太極이라고도 한다. 기는 만물의 형체를 이루는 물질적 속성이고, 음양과 오행은 기의 구체적인 표현이다. 이는 사물에게 보편적 원리를, 기는 다양한 형체를 부여한다. 사람과 만물은 같은 이를 받았지만, 서로 다른 기를 받아서 외형과 내용이 다양하다. 이일분수理一分殊다. 기가 바르고 통하면 사람이고, 치우치고 막히면 사물이다. 사람들도 차이가 있다. 맑은 기를 받으면 지혜롭고, 탁한 기를 받으면 어리석다. 왜 차별이 생기는지, 주자는 설명하지 않았다.

한자 '心'은 원래 심장의 모양을 그린 글자로, 심장과 마음, 두 가지 뜻이 있다. 예로부터 중국인들은 마음이 심장 한가운데 사방四方 일촌一寸의 공간에 있다고 생각했다. 그래서 마음을 '방촌方寸'이라고도 일컫는다. 그들은 마음이 생각과 느낌의 주체라고 여겼고, 마음의 상태를 표현하는 '심방변(忄)' 한자를 많이 만들었다. 유가·도가·불가는 각각 마음 이론을 개발하며 서로 영향을 주고받았다. 이를 토대로 북송의 유학자들이 새로운 마음 이론을 모색했고, 남송의 주희가 이를 집대성했다.

마음은 어떻게 생겼나? 주자는 경서를 주석하면서 마음을 '지각知覺'·'허령虛靈'·'일신一身의 주재主宰' 등으로 다양하게 풀이했다. 가령 《대학》의 첫 구절에 나오는 '명덕明德'(참마음)을 '허령불매虛靈不昧'라고 설명했다. 형체가 없어서 눈에 보이지 않지만, 그 작용이 신령스럽고 밝다는 뜻이다. 《중용》에 붙인 서문에서는 《상서》〈대우모〉에

덧붙였다.

나오는 '인심'과 '도심'을 새롭게 정의定義했다. 그리고 그의 문집에는 제자들과 문답한 내용이 많이 실렸다. 그는 문맥이나 질문에 따라 마음을 다양하게 설명했고, 이를 하나로 통합하지 않았다.

조선의 국왕들은 경서와 성리학 책들을 차례차례 공부하면서 주자의 주석들을 읽고, 심성론의 주요 개념들을 학습했다. 경연관들은 주자의 다양한 풀이를 왕에게 가르쳤다. 대개 자주 인용되는 주석들을 줄줄 외웠고, 일부 정통한 경연관들은 주자의 언설들을 나름대로 종합했다. 가령 한원진韓元震은 영조에게 《맹자》를 강의하다가, 마음의 여러 개념들을 엮어서 설명했다. 그는 이렇게 시작했다.

몸은 마음의 집이고, 마음은 몸의 주인입니다. 오장五臟의 피와 살로 된 심장은 겉이 둥글고 속에 구멍이 있는데, 그 가운데가 방촌方寸입니다. 방촌 가운데 오행五行의 정기精氣가 모였으니, 이것이 이른바 허령지각虛靈知覺이며, 신명神明하고 헤아릴 수 없는 마음입니다. 오행의 기氣가 이미 모여 마음이 되었으니, 오행의 이理가 또한 그 가운데 갖추어졌습니다.[24]

중종 28년, 검토관 구수담具壽聃이 야대에서 마음을 설명했다. "무릇 사람은 태극의 이理를 타고났는데, 음양과 오행의 정기가 묘하게 합치고 엉겨서 저절로 허령虛靈한 지각知覺이 생겼습니다."[25] 앞서 중종

24 《승정원일기》 영조 2.8.29. 주강. 교재는 《맹자》〈이루(하)〉였다. 한원진은 재야의 학자인데, 왕이 특별히 경연에 초빙했다. 주자의 다양한 마음 개념은 《성리학이란 무엇인가》, 148~152쪽에 잘 정리되었다. 가령 "마음이 신명神明의 집이고 한 몸의 주재主宰"라는 구절의 원문과 출전(《주자어류》 권98)은 이 책 149쪽에 나온다.
25 중종 28.11.16②. 이날 비현각 야대 끝머리에 임금이 '일문일답'식 종합토론을 명

5년에 왕이 경복궁 사정전에 입시入侍한 대신 세 명에게 문난問難을 명했다. 《대학》의 내용을 한 사람이 묻고, 두 사람이 대답했다. 우찬성 김응기金應箕는 이 책의 핵심 개념인 '명덕'을 이렇게 설명했다.

> **명덕**明德이란 곧 마음입니다. 하늘이 음양과 오행으로 만물을 낳는데, (기가) 바르고 통하면 사람이고, 치우치고 막히면 사물입니다. 사람의 본성은 착하지만, 태어날 때 기품氣品에 구애되고 태어난 뒤에는 물욕物慾에 가려집니다. 이런 까닭에 허령불매한 것이 어두워집니다. 거울에 먼지가 쌓이고, 물이 파도치는 것과 같습니다. 그러나 그 본체의 밝음은 멎은 적이 없습니다.[26]

이 설명은 주자의 마음 이론을 잘 요약했다. 사람의 본성은 착하고 신령스러운데, 타고난 기질과 욕심 때문에 마음이 혼탁해진다. 마치 파도가 치면 물이 흐려지는 것 같다. 마음이 어떻게 생겼기에 이런 문제가 생길까? 주자의 마음 이론은 용어가 다양하고 개념이 복잡하다. 그는 마음을 둘로 나누고, 둘을 다시 나누었다. 경서 여기저기 실린 대립 개념들을 모으고, 새로 의미를 부여해서 헷갈리기 쉽다. 〈표 5-1〉은 주자의 마음 개념들을 한데 뭉뚱그린 것이다. 이 표를 참고하며, 마음의 생김새를 알아보자. 주제어 가운데 심心·성性·성정情은 일상용어인 마음·본성·감정으로 바꿨다.

했다. 주제는 역대 제왕의 치란과 흥망이고, 동부승지 조인규趙仁奎가 묻고, 검토관 구수담과 사경 이준경李浚慶이 대답했다. 매우 긴 문답인데 이례적으로 실록에 실렸다.

26 중종 5.8.15①. 이에 앞서 전강殿講이 있었다. 임금 앞에서 대신들이 성균관 유생들에게 경서의 내용을 물었고, 그 뒤풀이로 대신들끼리 문난問難했다.

〈표 5-1〉 마음의 이분법

본성	이理·〔기氣〕	본체	미발未發	본연지성本然之性			선善
본성	이理·〔기氣〕	본체	미발未發	기질지성氣質之性			선善
감정	이·기	작용	이발已發	도심道心	천리天理	사단四端 (이발理發)	선
감정	이·기	작용	이발已發	인심人心	인욕人欲	칠정七情 (기발氣發)	선악미정 善惡未定

*〔기氣〕: 본성이 기질로 둘러싸였다는 뜻.

첫째, 주자는 마음을 본성과 감정으로 나누었다. 셋의 관계는 '심통성정心統性情'이다. 마음이 본성과 감정을 포함하고(구조), 통제한다는(기능) 말이다. 본성은 마음의 본체며, 하늘의 이(천리)를 받아 순수하고 선하다. '성즉리性卽理'다. 감정은 마음의 작용인데, 하늘의 이와 몸의 기를 함께 받아서, 혼탁하고 불안정하며, 자칫 악으로 흐르기 쉽다. 시간적으로 본성은 미발未發, 감정은 이발已發이다. 마음이 아직 발현하지 않았으면 본성, 이미 발현했으면 감정이다. 악은 기가 작용하는 감정에서 생긴다.[27]

명덕明德은 마음과 같은 말이다. 주자는 《대학》에서 명덕을 "허령불매虛靈不昧, 구중리구衆理, 응만사應萬事"라고 풀이하고, '심통성정'의

---

27 이황의 《성학십도》 제6 〈심통성정도心統性情圖〉는 주희의 기본 개념들을 잘 설명했다. 심통성정은 주자의 이른바 '중화신설中和新說'의 근거인데, 구설舊說이 더 논리적이다. 마음은 미발의 본성을 통제할 수 없는데, 미발일 때도 수기하기 위해서 억지 근거를 만든 셈이다.

틀을 여기에도 적용했다. 선조 즉위년(1587), 시강관 기대승이 소대에서 명덕을 이런 방식으로 자세히 설명했다.[28] 정조가 원년(1777)에 전강殿講에서 물었다. 명덕은 마음인가, 본성인가? 신하가 대답하지 못하자, 왕이 '심통성정'이라고 알려 주었다. 명덕이 마음이자 본성과 감정을 아우른다는 말이다. 정조 4년에 왕이 조강에서 《대학》을 공부할 때, 영사(우의정) 이휘지李徽之도 주자의 주석 세 구절을 각각 마음·본성·감정에 안배했다.

> 명덕은 곧 사람의 마음을 가리킵니다. '심통성정'이기 때문에, 주자가 그것(明德)을 풀이하여 "텅 비고 신령스럽고 밝으며(虛靈不昧), 뭇 이치를 갖추어(具衆理), 만사에 대응한다(應萬事)"고 했습니다. 허령이 곧 마음이고, 여러 이치를 갖춘 것이 본성이며, 만사에 대응하는 것이 감정입니다. 사람의 마음은 본래 스스로 허령한데, 물욕에 가리면 그 본연지성을 잃지 않을 수 없습니다.[29]

둘째, 주자는 본성을 본연지성本然之性과 기질지성氣質之性으로 다시 나누었다. 본성은 천리(하늘의 이)를 받아서 순수하다. 이런 의미에서 본연지성이다. 그러나 본성을 담은 마음은 이와 기를 함께 받았다. 즉 본성이 기질로 둘러싸여 그 제약을 받는다. 이런 의미에서 기질지성이다. 본성은 하나인데, 안에서 보면 본연지성, 밖에서 보면 기질지성이다. 주자는 장재가 만든 '기질지성' 개념으로 사물의 다양성을 설

---

28 선조 0.12.9①.
29 《승정원일기》 정조 4.5.11. 전강에서 왕이 응시자(강원講員)에게 명덕이 마음인가, 본성인가 물은 것은 정조 1.1.13.

명하고, 맹자의 성선설이 빠뜨린 악惡의 근원도 살짝 다루었다. 그러
나 문제가 더 복잡해졌다. 본성은 하나인가, 둘인가? 악은 어디서 생
기나? 조선의 유학자들도 이런 문제로 헷갈렸다.

정조 5년 3월 18일, 왕이 창덕궁 이문원摛文院에서 장시간 회강會
講했다. 규장각 15명(현임 6명, 전임 9명)이 토론에 참가하고, 경연관
14명과 승지 6명 및 사관 4명은 청강했다. 《근사록》에 나오는 여러
주제들을 토론했는데, 악의 근원을 놓고 의견이 갈라졌다. 제학提學
김종수金鍾秀와 직각直閣 정지검鄭志儉은 뱃속의 아기도 기질 속에 악
이 있다고 주장했다. 대교待敎 정동준鄭東浚은 본성 속에 악을 타고난
다고 했다. 국왕과 직각直閣 김희金熹의 생각은 달랐다. 아기는 양심
良心을 가지고 태어나지만, 자라면서 악이 생긴다는 것이다. 여기서
김희는 본성의 이중성을 이렇게 정리했다.

> 이른바 본연지성은 그 이理만 가리켜서 말한 것이고, 소위 기질
> 지성은 그 기氣를 함께 가리켜 말한 것입니다. 이것이 이미 성선性
> 善을 말하고 또 성악性惡을 말하는 까닭입니다. 어찌 사람의 마음속
> 에 본디 두 가지 본성이 있겠습니까?[30]

셋째, 주자는 감정을 다시 인심과 도심, 천리와 인욕, 사단과 칠정
으로 나누었다. 각각 순수와 불순의 한 쌍이다. 인심人心과 도심道心
은 《상서》〈대우모〉에 나온다. 순舜이 우禹에게 왕위를 넘기면서 당

---

[30] 《승정원일기》 정조 5.3.18. 《정조실록》에도 회강의 내용이 실렸는데, 분량은 절반
정도(약 1만 6천 글자)이다. 이날 오후에는 왕이 홍문관에서 경연관들과 따로 학
술토론을 벌였다.

부했다. "인심은 위태하고, 도심은 은미隱微하다. 오직 정일精一하고, 진실로 그 가운데를 잡아라." 주자는 《중용》에 쓴 서문에서 인심과 도심을 각각 기질과 본성에 연결했다. 마음은 하나인데, 공정公正하면 도심이고, 사사로우면 인심이다. 성명性命(본성)은 순수하지만 은미하고, 형기形氣(기질)는 불순하고 악에 기울기 쉬워 위태하다. 이로써 악의 근원을 설명하고, 수기의 가닥을 찾아냈다.

도심은 선하고, 인심은 선악이 미정未定이어서 어느 쪽이나 될 수 있다. 단종 즉위년 8월, 명나라 사신 진둔陳鈍이 성균관을 방문하여 공자묘에 참배하고 유생들과 경서를 문답했다. 인심과 도심을 묻다가, 음식을 먹는 것은 어느 쪽이냐고 물었다. 유생도 이쯤은 알았다. 마땅히 먹을 것을 먹는 것은 도심이라고 대답했다.[31] 204년 뒤 송준길宋浚吉이 효종에게 《심경》을 강의하다가 말했다. 성인도 모두 인심이 있는데, 인심이 발현한 것이 법도에 맞아서 도심이다.[32] 법도에 어긋나면 물론 악이다. 영조 10년, 소대에서 《근사록》을 강의하던 경연관이 잠시 헷갈렸는데, 왕이 그 자리에서 바로잡았다.

검토관 유건기兪健基: 도심에서 나온 것은 모두 선하고, 인심에서 나온 것은 모두 악합니다. 무릇 인심에 관계되는 것은 모두 없어도 됩니다.

영 조: 그렇지 않다. 배고프면 먹고, 목마르면 마시는데, 모두 인심에서 나오지만, 도심에도 맞는다. 이것도 악이라고 할 수 있나?

---

31 단종 0.8.23③. 생원 구치동具致峒이 대답하고, 병조참판 이변李邊이 중국어를 통역했다.
32 효종 8.10.14①.

《상서》에 "인심은 오직 위태하다."고 했는데, '위危'라는 글자에 의미가 있다. 모든 인심이 반드시 악한 것이 아니라 욕심에 흐르면 악이 된다. 그래서 위태하다고만 하고, 악하다고 하지 않았다.

유건기: 본성에는 본래 인심이 없습니다.

* 사관의 논평: 사람들이 그를 '인심 없는 옥당(홍문판원)'이라고 불렀다.[33]

다음, 천리天理와 인욕人欲(慾)은 《예기》〈악기樂記〉(6)에 나온다. 예악禮樂으로 교화하지 않으면, 사람들이 "천리를 없애고, 인욕을 채운다."는 구절이다. 《맹자》〈양혜왕(하)〉의 주석에도 나온다. 왕이 재물과 여색을 좋아하거든 백성과 함께하라는 대목이다. 양웅揚雄이 풀이하기를, 재물과 여색을 좋아하는 것은 모두 천리고 인욕인데, 성현은 천리를 따르므로 공변되다고 했다. 주자는 천리—인욕을 도심—인심과 같은 뜻으로 썼다. 선조 8년 11월 말, 야대에서 참찬관(부제학) 이이李珥는 천리와 인욕을 그런 뜻으로 설명했고, 왕도 그렇게 이해했다.

이 이: 천리와 인욕 사이에는 터럭만한 틈도 없고, 둘은 본디 뿌리가 하나입니다. 미발 때는 온통 천리였다가 발현할 때마다 선악이 나뉩니다. 마음이 움직인 뒤에야 인욕이 생깁니다.

선 조: 움직임은 기로 말미암고, 기에 청탁이 있기 때문에, 선악으

---

33 영조 10.1.29①. 인심은 본성이 아니라 감정이다. 인심이 없어도 된다는 말은 생뚱 맞다. 이 날짜 《승정원일기》를 보면, 토론을 계속하여 오해가 풀렸다. 9년 뒤 영조가 《심경》을 공부할 때 경연관 박필주朴弼周가 쟁점을 잘 정리했다. 영조 19.3.27②.

로 나뉜다. 천리와 인욕이 처음부터 마음속에 함께 있는 것이 아니다.[34]

마지막은 사단과 칠정이다. 사단이란 맹자가 말한 측은지심惻隱之心·수오지심羞惡之心·사양지심辭讓之心·시비지심是非之心이다. 주자는 이 넷을 인仁·의義·예禮·지智, 곧 도덕성의 근거로 삼았다. 칠정은 《예기》〈예운〉편에 나오는 일곱 가지 감정, 희喜·노怒·애哀·구懼·애愛·오惡·욕欲이다. 《중용》에서는 희·노·애·락 네 가지 감정만 말했다. 천년 뒤 주자가 사단과 칠정을 이기와 연결하여 사단은 이발理發이고, 칠정은 기발氣發이라고 했다. 그러면 사단은 기와, 칠정은 이와, 각각 어떤 관계인가? 이 문제가 뒷날 조선에서 '사단칠정'(사칠) 논쟁'을 일으켰다.[35]

마음이 이처럼 여러 갈래라면, 어디에 손을 써야 할까? 어디가 문제인지 확인하고, 그 부분을 다스리면 된다. 〈마음의 이분법〉에서 본성은 아무 문제가 없다. 잘 보존하면 된다. 감정의 범주에서도 인심과 도심, 천리와 인욕은 마음의 상태 또는 구성요소다. 문제는 감정이 구체적으로 작용하는 사단과 칠정이다. 불쌍함과 부끄러움, 기쁨과 노여움 등은 누구나 흔히 체험하는 생생한 감정이다. 칠정은 인욕

---

34 선조 8.11.28②. 뒷날 영조의 주강에서 찬선 박필주가 《심경》을 강의하다가 인심과 인욕을 관련시켰다. 영조 19.3.27②.

35 Edward Y. J. Chung이 '사칠 논쟁'을 철저히 분석했다. *The Korean Neo-Confucianism of Yi T'oegye and Yi Yulgok : A Reappraisal of the "Four-Seven Thesis" and Its Practical Implications for Self-Cultivation*(State University of New York Press, 1995). 논쟁을 치밀하게 분석하고, 주리파와 주기파의 수기 방법이 어떻게 다른지 잘 밝혔다.

과도 통한다. 진단과 처방은 사단과 칠정에 집중되기 마련이고, 사칠 논쟁은 필연적이다.

4. 사단칠정 논쟁

조선 초기에는 사단칠정을 논의하지 않았다. 세종 때도 사단을 논의한 기록이 없고, 경연을 없앤 세조가 재위 말년에 두세 번 신하들에게 사단을 물은 적이 있다.[36] 성종 13년 11월 24일, 왕이 대신 열한 명을 창덕궁 선정전에 불러 모아 성리학을 토론했다. 예조판서 이파李坡가 사단은 이의 발현이라 기가 없다고 주장하자, 나머지 열 명이 모두 반대했다. 기가 없으면 사단이 발현할 수 없다는 것이다. 왕이 승지와 사관들에게도 의견을 물었는데, 모두 반대에 가담했다.[37] 사단칠정 논쟁이 처음 싹튼 셈이다.

한편 칠정은 연산군과 중종의 경연에서 한두 번 거론되었다. 연산군의 주강에서 시강관 홍한洪瀚이 말했다. 사단과 칠정은 모두 '본성'인데, 감정을 알맞게 조절하는 것이 중요하고, 특히 임금은 기쁨과 성냄, 사랑과 미움이 알맞아야 상과 벌이 마땅해진다는 것이다.[38] 중

---

36 가령 13년 11월, 왕이 후원에 신하들을 불러 성리학 및 역사를 토론시켰다. 사람의 본성에 사단 이외에 무엇이 있나? 왕이 박식하다는 구종직具從直에게 물었으나, 대답이 신통치 않았다. 세조 13.11.8①. 12년 7월 21일과 23일에도 세조가 신하들에게 사단을 물었다.

37 성종 13.11.23③. 예조판서 이파처럼 주자의 이론을 받아들인 유학자는 아직 소수였던 것 같다.

38 연산군 2.1.23①. 주희는 사단과 칠정을 감정으로 분류했는데, 홍한은 본성으로

종의 경연에서는 마음공부 방법도 논의했다. 참찬관 조광조는 지경持敬(경건한 마음가짐)과 상성성常惺惺(의식이 늘 깨어 있음)을 말했다.[39] 중종이 재위 후반에 가끔 신하들을 모아 이기심성론을 토론했는데, 이해 수준이 자못 높아졌다.[40]

마침내 명종 때 이른바 '사칠 논변論辨'(논쟁)이 시작되었다. 주장과 비판, 반박과 재반박이 오래도록 끊이지 않았다. 왜 조선에서만 이 논쟁이 뜨거웠나? 중국에서는 주자학파와 양명학파가 '성즉리性卽理'와 '심즉리心卽理'라는 더 큰 쟁점을 놓고 다투었고, 온갖 비판과 절충안이 나왔다. 뒷날 일본에서도 비슷한 현상이 일어났다. 그러나 조선에서는 주자학파가 권력을 독점하고 양명학을 배척해서, 논쟁은 '성즉리'의 테두리 안에서만 가능했다. 주제의 폭이 좁은 만큼 논의가 외곬으로 더 깊이 파고들었다.[41]

'사칠 논쟁'의 핵심은 사단과 칠정, 이와 기의 관계였다. 사단과 칠정은 연속인가, 대립인가? 이는 기를 통해서만 작용하나, 스스로 작용하나? 주자가 사단을 이에, 칠정을 기에 연결하자, 이기심성론이 주리主理와 주기主氣로 갈라졌다. 이에 따라 수기 방법도 갈라졌다.

착각했다.

39 중종 10.8.15①, 중종 13.10.5①. 실록에 '상성성常惺惺'이란 말이 처음 보인다. '지경持敬'은 두 번째로, 처음은 115년 전 권근權近의 상소였다. 정종 1.10.8④.

40 가령 중종 28.11.16②, 38.11.1①. 두 번 다 토론 내용을 이례적으로 길게 수록했다.

41 Chung은 이 문제를 중요하게 다루었다. 위의 책, 32~36쪽. Michael C. Kalton은 사칠논쟁의 발달로 양명학이 불필요해졌다고 본다. *To Become A Sage*(Columbia University Press, 1988), 141쪽 하단. 칼튼이 《성학십도》를 영어로 번역하고 자세한 주석과 해설을 덧붙인 책이다. 《하늘은 말이 없고 도는 형상이 없다》(퇴계학연구원, 1999)는 《성학십도》의 우리말 번역, 한문, 칼튼의 영문 번역과 주석을 함께 실었다. 칼튼의 해설을 모두 빼서 아쉽다.

사칠 논쟁은 먼저 기대승과 이황 사이에 17년 동안(1559~1766) 벌어졌고, 이황이 죽은 지 2년 뒤(1572) 이이와 성혼成渾의 집중토론이 있었다. 두 차례 논변을 이황과 이이의 논쟁으로 정리하면, 쟁점이 분명해지고, 수기방법의 차이도 드러난다.

이황은 사단과 칠정을 대립으로 보았다. '사대칠四對七'이다. 사단은 이의 발현이라 순수하고 선하다. 도심이고 천리다. 칠정은 기의 발현이라 선악이 미정이다. 인심이고 인욕이다. 한편 이와 기는 함께 있지만, 작용은 따로 한다. '이기호발理氣互發'이다. 사단은 이가 먼저 발현하고 기가 따르며(이발기수理發氣隨), 칠정은 기가 먼저 발현하고 이가 올라탄다(기발·이승氣發理乘). 말과 말 탄 사람의 비유가 이·기 이원론의 모순을 해결할 수 있을까? 불상잡不相雜을 강조하면, 사단과 칠정은 남남이 된다.

이이는 칠정이 사단을 포함한다고 보았다. '칠포사七包四'다. 칠정은 모든 감정이고, 사단은 그 순수한 부분이다. 본연지성과 기질지성도 부분과 전체다. 도심과 인심도 연속이고, 선과 악은 뿌리가 같다. 인욕이 알맞으면 선이고, 지나치면 악이다. 그의 이기론은 표준형이다. 이는 무형無形이고 무위無爲며 주인이다. 기는 유형有形이고 유위有爲며 하인이다. 이가 시키면, 기가 작용한다. 둘은 늘 붙어 있고, 작용하는 것은 기뿐이다. 사단과 칠정 모두 '기발·이승氣發理乘'이고, 이발理發은 있을 수 없다.

어느 쪽이 옳은가? 둘의 강점과 약점이 맞물려서, 승부가 나기 어려웠다. 이황처럼 사단과 칠정을 대립으로 보면, 선악의 경계가 분명하다. 호발은 원래 주자의 명제여서 그의 권위에 기댈 수 있다. 그러나 이가 무위無爲라는 이기론의 근본 명제에 어긋난다.[42] 이이처럼 둘을 연속으로 보면, 강점과 약점이 이황과 정반대다. 이와 기의 관계가 간명한 것이 장점이다. 이는 시키기만 하고, 기는 시키는 대로 움직인다. 그러나 선과 악의 경계가 모호하고, 주자의 명제를 부정한 것은 약점이 된다. 시비를 가리기도 어렵고, 당파를 벗어날 수도 없었다.

사단칠정 논쟁은 3백 년 넘게 계속되었고, 경연에서도 가끔 논의되었다. 효종의 소대에서 이조판서 송시열宋時烈이 《심경》을 강의하다가, 이황의 호발설과 이이의 기발이승설을 설명했다. 문제가 불상리不相離와 불상잡不相雜의 모순에서 생긴다고 지적할 뿐, 어느 쪽도 편들지 않았다. 찬선 송준길이 논란 배경을 말했다. 개국 초기에 권근의 논의가 있었고, 뒤에 정지운鄭之雲의 〈천명도天命圖〉를 계기로 이황과 기대승이 논쟁했고, 이이가 논변을 이었다고 설명했다.[43] 그 뒤 당쟁이 격화되자 시비가 가열되었다.

숙종 3년, 주강에서 《맹자》를 풀이하던 참찬관 유명천柳命天은 이황의 '기발氣發—이수理隨'가 옳고, 이이의 '호발'설이 그르다고 말했다. 두 사람의 주장을 잘못 이해하여 거꾸로 이황을 비난한 셈이다.[44] 숙

---

42 앞서 주자가 사단은 이발, 칠정은 기발이라고 말한 것도 이가 무위라는 명제에 어긋난다. 주자가 시작한 논의를 이황이 마무리한 셈이다. 주자는 종종 논리적 비약을 멋진 비유로 덮었는데, 이황이 이와 기를 말과 말 탄 사람에 비유한 것도 같은 방식이다.

43 효종 9.12.17③. 찬선贊善은 세자시강원世子侍講院의 정3품 관직. 재야학자들을 불러, 여기 임명하는 것이 관행이었다.

44 숙종 3.5.14①. 유명천은 이황을 맹자에, 이이를 고자告子에 견주었다. '기발—이수'는 명백한 오류다. 함께 입시했던 주서는 그날 《승정원일기》에 '이발—기수'라고 기록했다. 사관은 논평에서 이황과 이이의 주장을 정확히 인용했다. 주서가 유의 틀린 말을 고쳐 적은 것 같다.

종 23년, 주강에서 《성학집요》를 강의하던 시강관 민진형閔震炯은 이황이 맞고, 이이가 틀렸다고 했다. 검토관 조태채趙泰采는 후배가 선배들을 감히 시비할 수 없다고 했고, 왕은 잠자코 있었다. 사관은 왕이 시비를 가리지 않는다고 아쉬워했다.[45] 유명천과 민진형은 남인, 조태채는 소론이었다.

영조 7년, 소대에서 《성학집요》를 공부할 때 시강관 김상성金尚星이 사칠 논쟁의 쟁점과 과정을 간단히 설명했다. 왕이 다른 신하들의 의견을 물었다. 참찬관 신치운申致雲, 시독관 윤휘정尹彙貞, 가주서 이종연李宗延, 상번 기사관(사관) 홍창한洪昌漢은 감히 선정先正들의 주장을 시비할 수 없다고 사양했다. 하번 한림(사관) 조명리趙明履가 마지못해 두 주장의 공통점과 차이점을 잘 정리했다. 이황은 학문과 도덕이 고매하고, 이이는 그의 명언名言을 극도로 비판했는데, 누가 옳은지는 판단할 수 없다고 덧붙였다. 여기서 오랜 시비가 재발하자, 다른 신하들이 말렸고, 왕도 궁금증을 거뒀다.

> 신치운: …… 주자가 말하기를, 사단은 이의 발현이고, 칠정은 기의 발현이라고 했습니다. 이황의 말은 오로지 여기서 나왔습니다. 왜 그것을 문제 삼는지 신은 끝내 알 수 없습니다.
>
> 조명리: 이와 같이 말하면, 선정신先正臣 이이의 말이 그르다는 것과 같습니다. 말을 이렇게 해서는 안 됩니다.
>
> 신치운: 하번下番 한림은 신의 말이 마치 선정先正을 그르다고 배척한 것처럼 여깁니다. 그렇다면 (이황의) 명언이 선정의 의견에 맞

---

45 숙종 23.10.21①. 사관의 논평은 익명이다. 물론 입시한 두 명 가운데 한 명이 썼다.

지 않았다는 한림의 말은 선정신 이황의 말을 의심하는 것 같습
니다.

조명리: 신의 말씀은 신의 소견이 아닙니다. 선정신 이이의 의견이
이와 같다는 것인데, 승지가 잘못 들었습니다. 또 승지가 어찌
감히 선정신 이이의 말을 의심하겠습니까?

김상성: 승지의 말은 본래 선정 이이의 말이 그르다고 한 것이 아
닙니다. 한림의 말도 선정신 이황의 말이 그르다고 한 것이 아닙
니다.

윤휘정: 만약 피차의 우열을 논했다면 곧 윗사람을 범한 것이니,
전하께서 물리치셔야 마땅합니다.

영 조: 옛사람도 안연顏淵과 맹자의 기상氣象을 논했다. 무릇 의리
의 문제는 확신할 수 없으면 의심하지 않을 수 없다. 비록 두 선
정의 말이라도 정말 의심이 난다면, 어찌 말하지 않는 것이 옳겠
는가? 그러나 피차 힐난하는 것은 내가 질문한 본뜻이 아니고,
또 다툴 일도 아니다.[46]

앞서 말했듯이, 정조 5년 3월 18일에 창덕궁 이문원에서 학술토론
이 열렸다. 이문원 신축을 기념하는 큰 행사였다. 참석자는 왕과 신
하 39명, 모두 40명이었다. 교재는 《근사록》, 주제는 태극·무극을 비
롯한 이기심성론 전반이었다. 왕이 쟁점들을 묻고, 규장각 신하들(15
명)이 대답하고, 왕이 길게 논평하고 다시 묻는 방식이었다. 문답한
내용이 《승정원일기》에 실렸는데, 모두 33,125 글자에 이른다. 회강이
끝날 무렵, 왕이 사단칠정 논변의 핵심을 요약하고 나서 물었다. 지

---

46 《승정원일기》 영조 7.6.24.

금도 논쟁이 계속되는데, 어느 쪽이 옳은가? 직각 김희가 이이의 주장이 옳다고 대답했다.[47] 파장罷場할 때라 그랬는지, 추가 질문이나 반론이 없었다. 조선 최대의 심포지엄인데, 끝마무리가 자못 아쉽다.

사단과 칠정을 보는 방법이 다르면, 수기 방법도 달라진다. 둘을 대립으로 보면, 수기는 경건한 마음[경敬]으로 사단과 천리를 보존하고, 칠정과 인욕을 억누르는 일이다. 마음속의 천리를 체험하는 일이므로 엄격하고 내향적이다. 둘을 연속으로 보면, 수기는 진실한 마음[성誠]으로 순수한 기를 키우고, 탁한 기질을 바로잡는 일이다. 인심을 도심으로 바꾸고, 세상도 바꾸려는 것이어서 낙관적이고 외향적이다. 다만 수기는 이론보다 실천이 중요하다. 어느 방법이든 열심히 수련하는 만큼 성과가 났을 것이다.

5. 책 공부, 마음공부

경연관들은 어떤 수기 방법을 가르쳤나? 주자가 말한 '존덕성尊德性'과 '도문학道問學'이다. "군자는 덕성을 높이고, 묻고 배움의 길을 좇는다."는 《중용》 제27장에서 따온 구절이다. 쉽게 말해 존덕성은 마음공부, 도문학은 책 공부다. 앞서 말한 아호사鵝湖寺 논쟁에서 주희는 책 공부를, 육구연은 마음공부를 강조했다. 주희는 젊어서 존덕성에, 중년에 도문학에, 말년에는 다시 존덕성에 치중했다.[48] 그는 두

---

47 《승정원일기》 정조 5.3.18. 오후에 홍문관으로 자리를 옮겨 신시申時부터 《심경心經》을 교재로 인심과 도심을 토론했다. 이번에는 홍문관원 15명이 참여하고, 규장각 각신閣臣(전임자들은 뺌) 등이 청강했다.

공부를 새의 두 날개, 수레의 두 바퀴에 비겼지만, 실제로는 도문학 쪽에 기울었다.

경연관들은 주자가 양쪽 공부를 다 강조했다고 가르쳤다. 가령 영 조의 소대에서 시독관 이득배李得培는 둘을 표리表裏 공부, 쌍방雙方 공부라고 불렀다.[49] 한편 경연관들은 도문학을 경시한 육구연(상산) 과 왕수인(양명)을 이단으로 몰았다. 두 사람은 마음공부가 높은 경 지에 이르렀지만 존덕성에 치우쳐 선불교에 빠졌으니, 이들을 따르지 말라고 경고했다. 주자가 젊을 때 불교에 빠졌다가 돌아선 것도 본받 을 일이 아니었다. 효종 8년, 소대에서 《심경》을 공부하다가, 임금이 경연관과 의견을 나누었다.

> 찬선 송준길: 우리 유가의 학문 공부는 존덕성과 도문학에서 벗어 나지 않습니다. 마치 수레의 두 바퀴나 새의 두 날개와 같아서, 한쪽을 없애면 안 됩니다. 그런데 육상산은 오직 존덕성뿐이어서, 불가의 돈오頓悟 공부와 같습니다. 그러나 마음을 함양하는 법이 상산象山 같지 않으면, 이는 곧 상산의 죄인입니다.
>
> 효 종: 호걸스러운 선비가 종종 이단에 들어가는데, 왜 그런가? 도 학이 어두워서, 자기도 모르게 잘못 들어가는 것이 아닌가?
>
> 송준길: 장횡거張橫渠(장재)와 주자도 초년에 모두 선학禪學에 빠졌 지만, 끝내 잘못을 뉘우치고 깨달아 오도吾道(유교)로 돌아왔습니 다. 큰 현인의 바탕으로도 오히려 이와 같으니, 그 나머지야 말 할 것도 없습니다.[50]

---

48 《승정원일기》 숙종 11.5.16. 주강에서 시독관 이돈李墩이 그렇게 지적했다.
49 영조 37.12.3①.

육구연과 왕양명의 학문은 이단異端이고 선학禪學인가? 1175년 '아호사 논쟁' 이래 주자학파는 육학陸學을 선학으로 몰았고, 두 학파의 논쟁은 수백 년 계속되었다. 1313년, 원 세조(쿠빌라이)가 주자학을 정통 유학으로 인정하여, 주자학파는 마침내 지식권력이 되었다. 그러나 명나라 때는 양명학이 자못 유행했다. 조선은 2백 년 가까이 주자학의 독무대였는데, 양명학이 어느새 들어왔다. 가령 노수신盧守愼은 19년 동안 유배지에서 양명학을 공부하여 이황의 비판을 받았다.[51] 그는 선조 때 조정에 돌아와서 뒤에 영의정까지 지냈다. 인조 때 대신으로 활약한 장유張維와 최명길崔鳴吉 등은 양명학을 더욱 깊이 공부했다. 이 무렵부터 주자학파가 총공격에 나섰다.

영조 2년 9월, 조강에서 지평 이정박李挺樸이 성균관 좨주祭酒 정제두鄭齊斗를 탄핵했다. 사헌부에서 두 달 전부터 탄핵해 온 죄목은 양명학을 공부하여 이단에 빠졌다는 것이었다. 왕이 대답하기를, 유학자를 이단으로 모는 것은 지나치다고 했다.[52] 정제두는 강화江華학파(양명학)의 중심이었다. 다음 달, 소대에서 경연관 세 명이 육상산과 왕양명을 이단으로 논죄했다. 격물치지를 배척하고 마음공부에 치중하여 선불교에 가깝고, 선비들을 이단의 쉬운 길로 현혹한다는 것이었다.[53] 마음공부를 더 강조하면 이단이다. 주자학파와 다른 생각은

---

50 효종 8.12.13②.

51 노수신은 명종 때 을사사화로 진도珍島에 유배되었다가, 선조가 즉위한 뒤에 풀려났다. 신향림, 《조선 주자학 양명학을 만나다》(심산, 2015)는 노수신의 시詩를 통해서 그의 사상을 살폈다. 김세정은 《한국 성리학 속의 심학》(예문서원, 2015) 제1장에서 이황의 심학과 왕양명의 심학은 범주가 다르다는 점을 밝혔다.

52 《승정원일기》 영조 2.9.2. 정제두는 당시 78세의 원로 학자였다.

53 《승정원일기》 영조 2.10.8. 이날 육상산과 왕양명을 길게 논의한 것이 그대로 실

절대 용납할 수 없었다.

도문학은 격물格物 공부였다. 주자는 《대학》 8조목의 '격물'을 '성의誠意' 앞으로 옮겼다. 책 공부가 마음공부보다 먼저라고 믿었기 때문이다. 격물은 사물의 이치를 하나하나 끝까지 밝히는 일, 곧 궁리窮理다. 목표는 활연관통豁然貫通, 모든 이치를 훤히 꿰뚫는 것이다. 치지致知는 격물의 결과로서 음식을 먹으면, 배가 부른 것과 같다. 성인들은 세상의 모든 이치를 알았고, 아는 바를 경서에 남겼다. 이치는 바깥 사물에서 찾을 필요가 없다. 주자는 경서와 역사책을 포함하는 방대한 교과과정을 만들었고, 책마다 자신의 해석을 잔뜩 실었다.[54] 그래서 주자학파는 책 공부에 평생을 바쳤다.

존덕성은 《대학》 8조목의 성의誠意·정심正心에 해당한다. 주자는 공부 방법을 따로 개발했다. 존양存養은 마음속의 순수한 부분을 보존하고 키우는 것이다. "존천리存天理, 알인욕遏人欲"과 같다. 천리를 보존하고 인욕을 막는(또는 조절하는) 것이다.[55] 마음속의 순수한 부분(천리)이 늘면 혼탁한 부분이 줄고, 혼탁한 부분이 줄면 순수한 부분이 그만큼 는다. 이 처방은 인심과 도심, 사단과 칠정의 틀에 딱 맞는다. 존양에는 거경居敬이 필요하고, 집중에는 정좌靜坐가 최선이다.

렸다.

54 주자는 《예기》에서 〈대학〉과 〈중용〉을 따로 떼어 방대한 주석을 달았다. 이렇게 만든 두 책은 《논어》《맹자》와 함께 '4서'가 되었다. 《대학혹문》과 《중용혹문》 같은 해설집도 만들고, 《자치통감강목》《근사록》《가례》 등 주요 서적의 편찬을 주도했다. 그는 자연현상도 많이 공부했다. 야마다 케이지, 《주자의 자연학》(김석근 옮김, 통나무, 1991) 참고.

55 '멸천리滅天理, 궁인욕窮人欲'을 거꾸로 뒤집은 표현이다. '욕欲' 대신 '욕慾'을, '알遏' 대신 '거去'나 '거祛'를 쓰기도 했다.

영조의 야대에서 참찬관 유정柳綎이 말했다. "삿된 욕심의 싹은 어디서나 나오는데, 막고 끊으면 천리가 눈부시게 빛납니다. '천리를 보존함'은 곧 《대학》의 '명덕을 밝힘'입니다."[56] 13세 순조가 경敬 공부 방법을 묻자, 영사 이시수李時秀가 '존천리, 알인욕'으로 마음을 경건하게 한다고 대답했다.[57] 2년 뒤 순조가 인욕을 없애는 방법을 묻자, 시독관 홍병철洪秉喆이 대답했다. "마음속에 사사로운 생각이 하나라도 싹트면, 칼로 베듯 없앱니다. 이것이 소위 극기克己인데, 인욕이 싹트려 할 때 막아서 본연의 천리를 보존하는 방법입니다."[58] 방법이 꽤 까다롭다.

주자는 '일도양단—刀兩斷'하라고 했는데, 쉬운 일이 아니다. 먼저 마음의 움직임을 계속 감시해야 한다. 사사로운 생각이 아무 때나 싹트니, 늘 깨어 있어야 한다. '상성성常惺惺'이다. 다음은 성찰省察이다. 생각이 하나 떠오를 때마다 그 싹을 살펴서, 사사로운지 공변된지 가려야 한다. 끝으로 일도양단이다. 삿된 싹이면 싹둑 잘라 내고, 싹이 다시 나오면 거듭 잘라야 한다. 방심하지 말고, 조심操心해야 한다. 마음을 놓지 말고, 잡고 있어야 한다. 매우 철저한 공부 방법이다. 영조 4년, 《중용》을 강의하던 검토관 정우량鄭羽良이 왕에게 당부했다.

마음이 한 번 움직이고 한 번 멎을 때마다 어느 것이 천리이고 어느 것이 인욕인지, 하나하나 살피십시오. 천리면 북돋우고 이끌어 완성하고, 사욕이면 물리치고 잘라 버십시오. 이기기 어려운 것을

56 《승정원일기》 영조 4.2.15. 이날 야대에서 《심경》을 공부.
57 《승정원일기》 순조 2.2.14. 주강에서 《상서》〈소고召誥〉를 공부.
58 《승정원일기》 순조 4.12.3. 소대.

이겨서 없애면, 이것이 바로 '존천리, 알인욕'이며, '극기복례'입니다.
덕이 요·순처럼 되기가 어찌 어렵겠습니까?[59]

수기修己하려면 특별한 마음가짐이 필요하다. 경敬과 성誠이다. 일찍이 공자는 '경으로써 수기한다(수기이경修己以敬)'고 했다. '경敬'이란 무엇인가? 정이는 '주일무적主一無適'과 '정제엄숙整齊嚴肅'으로 풀이했다. 정신을 집중하여 흐트러짐이 없고, 겉모습이 단정하고 엄숙하다는 뜻이다. 그의 제자 사량좌謝良佐는 '상성성常惺惺(의식이 늘 깨어 있음)'으로, 다른 제자 윤돈尹焞은 '기심수렴其心收斂(마음을 한곳에 모음)'이라고 해석했다. 요컨대 정신 집중이다. 주자는 '대월상제對越上帝'를 추가했다. 상제를 마주하듯 공경하고 두려워하라는 것이다. 그는 이런 뜻으로 〈경재잠敬齋箴〉을 썼다.[60]

거경居敬 또는 지경持敬은 이런 마음을 지속하는 일이며, 마음공부의 핵심이다. 주자의 마음공부 이론은 아주 까다롭다. 미발일 때 함양涵養하고, 이발일 때 성찰省察한다. 또 미발 때의 중中과 이발 때의 화和를 구별한다. 계신戒愼과 공구恐懼 등 개념과 방법도 갈래가 많다. 유가 마음공부의 최종 목표는 균형이다. 감정의 지나침과 모자람이 없다는 뜻에서 '중'이고, 규범에 맞는다는 점에서 중절中節이다. 완전한 균형이 대중大中이다. 정조의 소대에서 《근사록》을 강의하던

---

59 《승정원일기》 영조 4.2.8. '일도양단'하라는 표현은 《주자어류》 권117에 나온다. 안유경, 《성리학이란 무엇인가》, 256~257쪽.

60 공자의 말은 《논어》 〈헌문〉편에 나온다. 주자는 '경'에 대한 선배들의 설명을 《대학혹문大學或問》에서 인용했다. 이황은 《성학십도》 제9 〈경재잠도〉에서 경의 중요성을 부연했다. 이이는 《성학십도》 III-8 '정심' 도입부에서 '경은 성학의 첫째 원칙'이라고 말했다.

시독관 이도묵李度默이 말했다.

> '중'은 천하에 으뜸가는 근본입니다. 마음이 한번 (욕심에) 가려
> 지면, 중에서 어긋납니다. …… 무릇 성학 공부는 반드시 성誠과 경
> 敬으로 아래위를 꿰뚫고, 처음부터 끝까지 한결같은 공부라야 합니
> 다. 중간에 끊어지면, 칠정의 발현이 이미 지나치고 모자라서 대중
> 大中의 본체를 잃습니다.[61]

'성誠'(진실함)은 '경'과 짝을 이루는 마음가짐이다. 본래 《대학》의
8조목에는 '성의誠意'만 있고 '경'은 없다. 앞서 맹자는 '성'이 곧 천도
天道라, 지성至誠이면 무엇이든 감동시킬 수 있다고 했다. 성의란 뜻
을 진실하게 한다는 말이고, 주자는 이 구절을 '무자기無自欺'로 풀이
했다. 뜻을 진실하게 함은 곧 '스스로 속이지 않음'이다. 제자가 '성'
의 뜻을 묻자, 주자는 '진실무망眞實無妄'이라고 대답했다. 진실하여
거짓이 없다는 말이다.[62] 두 구절은 같은 뜻이다. 영조 4년, 소대에서
시독관 서종옥徐宗玉이 《대학연의》를 강의하다가, '진실무망'이 '성'자
풀이 가운데 최고라고 말했다.[63]

정조 4년 5월, 주강에서 《대학》을 공부할 때 검토관 윤상동尹尙東
은 '성의'가 수기의 으뜸이며, '무자기'가 성의 공부의 강령綱領이라고
말했다. '사무사思無邪' 세 글자가 《시경》 삼백 편을 요약하듯 '무자
기' 세 글자가 《대학》을 요약한다는 것이다. 왕은 아주 까다로운 질

---

61 정조 3.3.3①. '대중'은 《상서》〈홍범〉의 '황극'을 풀이한 말이다. 가장 큰 '중'이다.
62 《맹자》〈이루(상)〉 12. 《대학장구》 전傳 6.
63 《승정원일기》 영조 4.10.14. 맹자의 말은 《맹자》〈이루(하)〉 12에 나온다.

문으로 신하들을 애먹였다. 성은 체體와 용用, 미발未發과 이발已發, 본本과 말末, 내內와 외外를 아우르나? 아니라면 어느 쪽인가? 성의·정심을 '성심·정의誠心正意'로 바꿔야 옳지 않는가?[64] 헌종의 권강勸講에서 검토관 이시재李時在가 성의 공부는 오로지 '신독愼獨'에 있으며, 그 핵심은 '무자기'라고 말했다.[65]

요컨대 마음공부의 핵심은 성誠과 경敬이다. 진실하고 경건하면, 마음이 물처럼 맑고 거울처럼 밝게 된다. 마음속에 온갖 잡념이 생기는데, 어떻게 다스리나? 영조 19년, 왕이 재야학자 박필주朴弼周를 초빙한 자리에서 물었다. 어찌하면 부념浮念(뜬생각)을 없애나? 고요한 가운데 함양涵養하라고 대답했다. 함양이 불가佛家의 공부로 빠지지 않겠느냐고 묻자, 함양은 천리를 보존하는 공부여서 불가의 적멸寂滅 공부와 다르다고 대답했다. 왕이 고요할 때도 뜬생각이 난다고 하자, 박필주가 말했다.

> 성경誠敬 공부가 날마다 달마다 쌓이면, 뜬생각이 저절로 점점 없어집니다. …… 갑자기 없애기는 어렵습니다. 마음을 잡는[조심操心] 요령은 바로 사물에 얽매이지 않고, 기쁨과 노여움에 휘둘리지 않는 것입니다. 오래 잡으면 보존되고, 오래 보존하면 밝아집니다. 뜬생각을 없애려고 하지 않아도 저절로 없어집니다.[66]

---

64 《승정원일기》 정조 4.5.29.

65 《승정원일기》 헌종 2.10.9. 순조 즉위 뒤 2년 남짓, 경연을 '권강'이라고 부르다가 다시 '진강進講'으로 돌아갔다. 순조 0.8.29③, 2.9.25①.

66 《승정원일기》 영조 19.3.25.

고요히 앉아 생각을 집중하는 정좌靜坐는 유가가 선불교에서 배운
수련 방법이다. 불가는 정좌하여 견성見性을 추구한다. 유가가 수련하
는 최종 목표는 무엇인가? 활연관통豁然貫通이다. 세상의 모든 이치를
환히 깨닫는 것이다. 다만 임금은 국정 업무 때문에 차분하게 수련할
때가 드물다. 어찌하나? 진실하고 경건한 마음만 유지하면, 국정 처
리도 궁리하고 함양하는 공부가 된다. 중종이 석강에서 《대학연의》를
공부할 때 시강관 한충韓忠이 이렇게 말했다.

> 정좌 공부는 공사公事 처리와 다르지만, 사물의 이치는 어디에나
> 있습니다. 공사를 처리할 때 이런 마음이 잠시도 끊어지지 않고, 지
> 성至誠이 멈추지 않는다면, 모두가 배움입니다. 배움과 일은 다른
> 것이 아닙니다. …… 착실한 공부는 어디에나 있습니다. 닥치는 일
> 을 잘 처리한다면, 배움 아닌 일이 없습니다.[67]

일찍이 북송의 정이程頤가 어린 철종에게 이렇게 충고했다. "매일
현사賢士와 대부大夫들을 사귀는 때가 많고, 환관과 궁첩들을 가까이
하는 때가 적으면, 기질이 변화하여 덕기德器가 저절로 이루어집니
다." 경연에서 열심히 격물하고 함양하면, 성군이나 현군이 될 수 있
다는 말이다. 경연은 수기하는 곳이고, 경연관은 황제의 스승이다. 성
종 2년 3월, 지사 구종직丘從直이 제왕은 격물치지格物致知 공부가 필
요 없다고 말했다가 경연관직을 잃었다.[68] 조선의 임금들은 경연에서

---

67 중종 11.12.12③. 실록 원문의 '무왕부재無往不在'를 '무소부재無所不在'로 바로잡아
　'어디에나 있습니다.'로 번역했다. 뒤의 '무처부재無處不在'와도 잘 맞는다.

68 3월 12일 성균관 행차 때 사고가 났다. 왕이 문묘文廟에 참배하고, 명륜당에서 시

수기 공부하느라고 고생이 많았다. 다스림에 큰 효과가 있었을까? 가늠하기 어렵다.

이제 수기론을 마무리하자. 수기는 임금 길들이기의 처음이자 끝이다. 수기를 잘하면, 성군이 되고, 위임·간쟁·재이·절검 등은 저절로 해결된다. 왜 임금이 수기해야 하나? 답은 자명하다. 유가에게 수기와 치인은 삶의 방식이자 목적이다. 자신의 도덕성을 높여서 살기 좋은 세상을 만들자는 것이다. 하물며 임금은 세상의 중심이다. 그의 마음이 바르면 세상만사가 제대로 돌아가고, 그의 마음이 삐뚤면 모두 어긋난다. 그래서 제왕의 마음을 바르게 하는 것은 세상에서 가장 중요한 일이다.

마음이란 무엇인가? 마음은 몸의 주인이고, 몸은 마음의 집이다. 마음은 심장 한가운데 있는데, 텅 비고 신령스럽고 밝다. 마음은 본성과 감정으로 구성된다. 본성은 하늘의 이理를 받아서 순수하다. 감정은 몸의 기氣를 함께 받아서 순수하지 않고, 선과 악(불선不善)이 함께 있다. 선한 마음이 도심道心이고, 선악이 섞인 마음이 인심人心이다. 마음의 혼탁한 부분만 잘 다스리면, 마음 전체가 순수해진다. 마치 거울에 쌓인 먼지를 닦으면, 맑고 밝은 거울이 나타나듯이.

어떻게 하면 마음이 순수해지나? 방법은 책 공부와 마음공부다. 이른바 도문학道問學은 책을 읽으며, 만물의 이치를 하나씩 깨치는

학視學한 다음 뒤풀이 잔치가 있었다. 이 자리에서 수행한 대신과 근시들의 4서 문난問難이 있었다. 구종직이 제왕은 격물치지格物致知 공부를 할 필요가 없다고 주장하자, 원로대신들이 사태를 바로 수습했다. 17일 사헌부와 19일 사간원이 차례로 탄핵하고, 20일 석강에서 시강관까지 파면을 요청하자, 22일 성종이 그를 경연관직에서 해임했다.

일이다. 성현들은 세상의 이치를 책에 기록했다. 그들이 남긴 경서와 역사책을 부지런히 공부하면, 마침내 모든 이치에 통달하게 된다. 책 공부를 강조하면 좋은 점이 많다. 치인治人 공부를 따로 하지 않아도 저절로 이루어지고, 책 공부를 경시하는 양명학을 이단으로 몰 수 있다. 또 양명학파가 마음공부에 참여시킨 농부와 상인과 여자들이 거의 다 배제된다.

이른바 존덕성尊德性은 도덕성을 높이는 공부인데, 바로 《대학》에서 말한 성의誠意와 정심正心이다. 뜻을 진실하게 하여 마음을 바르게 함이다. 실천 방법은 마음속의 순수한 부분(천리)을 키우고, 불순한 부분(인욕)을 억제하는 존양存養 또는 함양涵養이다. 마음속의 불순한 부분을 모두 순수하게 바꾸면, 곧 성인이다. 진실하고 경건한 마음, 곧 성경誠敬이 핵심이다. 어떻게 바꾸나? 정신을 집중하여 마음의 움직임을 주시하다가, 허튼 생각이 떠오르면 단칼에 베고, 착한 생각이 떠오르면 북돋운다.

임금은 언제, 어디서, 어떻게 수기하나? 혼자서 공부하나, 누구와 함께하나? 경연은 이런 문제들을 모두 해결하는 맞춤형 교육이자, 평생교육이다. 임금은 하루에도 여러 차례 경연관들을 만나서 경서·역사책·성리학 책을 반복해서 공부한다. 경연관들은 임금의 스승, 또는 학우學友요, 교재는 임금이 자신을 비춰 보는 거울이다. 경연은 임금의 수기와 치인을 위한 최상의 장치인데, 문제는 임금의 학구열이다.

유가의 수기론에는 큰 약점이 있었다. 내세울 만한 성공 사례가 거의 없다는 사실이다. 소위 삼대의 성군들은 모두 타고난 성인이었고, 춘추전국시대 이후에는 성인이 공자밖에 없었다. 그래도 역대 제왕이나 신하들 가운데 현군賢君이나 현신賢臣은 더러 있었다. 성공 사

레가 드문 것은 방법 탓인가? 아니면 임금의 노력이 부족하기 때문
인가? 물론 후자 때문이다. 성현들의 수기 방법은 틀릴 수 없다. 가
끔 자신의 자질 부족을 핑계하는 임금도 있었지만, 경연관들은 이를
인정하지 않았다.

수기 담론의 강점은 환원주의還元主義다. 유가는 세상만사를 임금
의 수기로 환원했다. 임금이 수기를 잘하면 온 세상이 태평하고, 수
기를 잘못하면 온갖 궂은일이 일어난다. 세상에는 좋은 일이 적고,
궂은일이 많다. 앞서 〈재이론〉에서 말했듯이, 가뭄과 홍수, 기상 이
변, 흉작과 기근, 화재와 각종 범죄까지 모두 임금의 수기가 부족한
탓이다. 임금은 천명天命을 부정할 수도 없고, 수기라는 족쇄에서 벗
어날 수도 없었다.

수기론은 임금 길들이기에 어떻게 기여했을까? 유교는 삶의 방식
을 규정했고, 수기는 유가의 첫째 의무였다. 임금도 예외가 아니며,
수기 담론은 그를 길들이는 가장 중요한 방법이었다. 임금이 경연을
열지 않아도, 수기 이론을 잘 몰라도, 마찬가지다. 그는 평생 '예'라
는 틀을 벗어날 수도, 언관들의 간쟁을 피할 수도 없었다. 이단에 빠
질 겨를도 없었다. 수기 담론은 매우 철저하고 근본적인 임금 길들이
기 장치였다.

맺음말

1 성군 담론의 구조

성군은 어떤 임금인가? 자격조건이 무엇인가? 경연관들은 다섯 가지를 강조했다. ① 국정을 신하들에게 맡긴다. ② 바른말을 잘 따른다. ③ 재이가 일어나면 자신을 탓한다. ④ 조세를 줄이고 검소하게 산다. ⑤ 내 몸과 마음을 닦아 남의 모범이 된다. 곧 위임委任·간쟁諫諍·재이災異·절검節儉·수기修己다. 유가의 성군담론은 임금을 길들이는 무기로서, 이론 구조가 자못 탄탄하다. 하나씩 확인해 보자.

첫째, 성군은 국정을 신하들에게 위임한다. 왜 국정을 위임하나? 역할 분담이다. 국정은 업무가 너무 많아서 임금 혼자 감당할 수 없다. 임금은 전체를 총괄하고, 실무를 신하들에게 맡긴다. 먼저 임금이 재상을 잘 뽑아서 국정을 도맡긴다. 재상은 대신들을, 대신들은 각각 소신小臣(부하)들을 뽑아 업무를 나누어 맡긴다. 이것이 옛날 성군들의 방식, 곧 '선왕先王의 제도'다.

친정親政은 임금이 몸소 국정을 처리하는 방식이다. 곧 전제專制다. 진시황이 그 원조元祖였고, 뒤에 명 태조가 이를 더 강화했다. 명·청과 같은 시대의 조선에서는 이를 '시왕時王의 제도'라고 불렀다. 중국의 역대 왕조에서는 친정이 대세였다. 본래 위임은 신권臣權을 강화하고, 친정은 왕권을 강화한다. 경연관들은 당연히 친정을 배격하고, 위임을 역설했다. 그것이 신하들에게 유리하다. 잘하면 이득이고, 밑져야 본전이다.

성군은 국정을 어떻게 맡기나? 오로지 맡긴다. 전임專任이다. 믿고 맡기며, 간섭하지 않는다. 누구에게 맡기나? 옛날 성군들은 성현에게 맡겼지만, 후대에는 성현이 없어서 군자에게 맡긴다. 누가 군자인가? 군자는 의리를 따르고, 소인은 이익을 좇는다. 군자는 유학자들이고, 소인은 법가나 경제 전문가들이다. 군자는 임금에게 바른말을 잘하고, 소인은 아첨을 잘한다. 그래서 위임은 군자─소인과 연결되고, 후자는 다시 간쟁 담론과 연결된다.

둘째, 성군은 신하들의 간쟁을 모두 받아들인다. 이 명제도 논지가 간명하다. 임금은 모든 국정을 최종 결정한다. 그가 잘못하면, 국정이 혼란하고 나라가 위태롭다. 어찌하나? 신하들이 간쟁으로 임금의 잘못을 바로잡아야 한다. 신하들은 온갖 방법으로 임금이 잘못을 고칠 때까지 간쟁해야 한다. 그리고 임금은 간쟁을 모두 받아들여야 한다. 특히 언관의 바른말은 '공론公論'이어서 무조건 따라야 한다.

간쟁은 임금을 길들이는 가장 강력한 무기다. 간쟁을 전담하는 언관들은 늘 임금의 언행과 국정 수행을 감시하다가, 잘못하면 당장 지적한다. 다만 이론과 달리, 신하가 바른말 하기는 매우 어렵다. 소위 역린逆鱗을 잘못 건드리면, 날벼락을 맞는다. 임금도 간쟁을 수용하기가 힘들다. 권위가 흔들리고, 감정에 상처받기 쉽다. 그래도 간쟁을 계속해야 임금과 신하들이 조금씩 익숙해진다. 버릇 들이기다.

한편 아첨은 반칙이다. 유가는 간쟁 계명에 이렇게 덧붙였다. "신하는 아첨하지 말고, 임금은 아첨하는 간신을 즉시 물리쳐라." 신하의 아첨은 독약과 같다. 임금을 나쁜 길로 인도하고, 나라를 망친다. 임금도 가끔 칭찬받고 싶겠지만, 이를 인정하면 아첨하는 문이 활짝 열린다. 아첨을 반칙으로 규정해야 왕에게 동조하는 신하들의 언행을 억제할 수 있다. 그래야 신하들이 권력 게임에서 더 유리해진다.

셋째, 재이가 생기면, 임금이 스스로 반성하고 잘못을 고친다. 이 담론은 구조가 좀 복잡하다. (1) 임금은 하늘의 명령으로 백성들을 보살핀다. (2) 임금이 잘못 다스리면, 백성들이 힘들다. (3) 백성들의 원망이 쌓이면, 음양의 조화가 깨져서 하늘과 땅의 이변으로 나타난다. (4) 이때 임금이 잘 반성하고 잘못을 고치면, 전화위복轉禍爲福할 수 있다. (5) 임금이 하늘의 경고를 자꾸 무시하면, 나라가 망한다.

재이는 하늘이 임금에게 보내는 경고요, 유죄판결이다. 일식과 혜성, 가뭄과 기후 이변 등 재이는 종류가 많고 자주 생기는데, 모두 임금 탓이다. 임금이 책임을 피하려면, 천명天命이란 명분도 포기해야 한다. 다만 재이 담론에는 모순이 있다. 가령 일식은 규칙적이라 예측까지 하면서 왜 임금을 탓하나? 유가는 이런 문제를 알고도 덮어버렸다. 임금 길들이기에 이처럼 좋은 무기를 버릴 수가 없었다.

임금은 하늘의 경고에 어찌 대응하나? 두려워하고 반성한다. 가령 가뭄이 계속되면 음식을 줄이고, 협소한 공간에서 지내다가, 비가 넉넉히 와야 근신을 그만둔다. 또 '내 탓이오'라고 선언하고, 신하들에게 비판을 요청한다. 비판이 틀리거나 지나쳐도 처벌하지 못한다. 재이는 간쟁의 최고 원군이었다. 한편 상서祥瑞의 출현은 아예 불가능하다. 후세에는 성군도 없고, 이상 정치도 없기 때문이다.

넷째, 임금은 백성들을 사랑하고, 세금을 덜 거두며, 재물을 아껴

쓴다. 이 명제는 유가의 도덕규범에서 출발한다. 임금은 백성들을 위해서 존재하며, 그들을 사랑하고 돌볼 의무가 있다. 사랑하는 방법은 세금을 덜 거두고, 노동력을 덜 동원하는 것이다. 그렇게 하면 임금이 쓸 수 있는 재화가 줄어든다. 물론 그만큼 절약하고 검소하게 살아야 한다. 사치와 낭비는 금물이다. 이 강령도 내용이 간명하다.

절검 담론의 바탕은 재화財貨에 대한 유가의 생각이다. 무릇 재화는 총량이 일정해서, 국가가 많이 차지할수록 백성들의 몫이 그만큼 줄어든다. 제로섬 게임이고, 부국富國과 부민富民은 모순이다. 유가는 부민을 지향했고, 방법은 작은 정부와 불간섭이다. 이와 달리, 법가는 부국과 재화(총량)의 증가를 함께 추구했고, 큰 정부와 적극 간섭이 필수였다. 한나라 이후 중국의 역대 왕조는 부국을 추구했는데, 유가의 부민 사상은 이를 완화하는 브레이크 노릇을 했다.

본래 절검 담론은 임금의 행동 지침이다. 재화를 낭비하지 말고, 절검을 솔선수범하라는 것이다. 경연관들은 국가 재정의 부족을 걱정하지 않았다. 재정이 부족하면, 지출을 그만큼 줄이라고 가르쳤다. 임금이 절검하면, 백성들이 직접 그 혜택을 받았을까? 농민들의 조세 부담이 줄면, 지주들이 잉여를 그만큼 더 거둘 수도 있다. 절검 담론이 임금의 몫을 줄이고, 신하들의 몫을 늘렸을 가능성이 크다.

다섯째, 임금은 수기를 잘해서 남의 모범이 된다. 수기는 스스로 길들이는 일이다. 공자가 말한 극기복례克己復禮, 곧 나의 욕망을 조절하여 예禮로 돌아감이다. 임금이 수기를 잘하면 성군이 되고, 치인은 저절로 된다. 한나라 동중서는 임금의 수기를 정심正心으로 내면화하고, 마음공부의 효과를 인간세상 밖으로, 우주 전체로 확장했다. 이로써 임금의 수기는 세상에서 가장 중요한 일이 되었다.

송나라 유학자들은 도가와 불가의 이론을 빌려 이기심성론을 새로 개발했다. 불교의 도전에 대한 유가의 대응이었다. 이에 따라 수기 방법도 달라졌다. 이기설은 사람과 우주 만물을 이理와 기氣라는 형이상학의 원리로 설명하고, 심성론은 같은 원리로 마음의 구조와 작용을 설명했다. 이제 수기는 독서와 명상으로 내 안의 천리天理를 체득體得하는 일이 되었다. 방법은 불교와 비슷하지만, 목표가 달랐다. 불가는 열반涅槃을, 유가는 치인治人을 지향했다.

요컨대 임금은 세상만사를 책임져야 한다. 천재지변, 국정 문란, 민생의 어려움 등이 모두 내 탓이다. 내 마음이 바르지 않아서 생긴다. 어찌 해결하나? 내 마음의 사사로움을 모두 없애고, 거울처럼 밝게 만들면 된다. 국정을 어진 신하에게 위임하고, 신하들의 비판을 잘 들으며, 민생을 잘 보살피면, 천지의 운행도 조화롭게 된다. 임금은 늘 공부하고 반성해야 하며, 평생 길들이기에서 벗어날 수 없다.

경연 담론은 오랜 역사의 산물로서, 이론 구성이 매우 치밀하다. 바탕은 공자가 말한 수기와 치인이다. 그 뒤 2천 년 동안 맹자와 순자, 동중서와 주희 등 무수한 유학자들이 이 바탕 위에 복잡하고 정교한 지적 구조물을 만들었다. 그 정점인 성군은 그들이 바라던 임금의 이상형理想型이고, 성군 담론은 '임금 길들이기' 프로그램이다. 조선의 임금들은 죽을 때까지 이 담론을 들으면서 살았다.

2. 성군과 이상 정치

성군이란 어떤 임금인가? 앞에 말한 다섯 강령을 모두 지키는 임금이다. 그는 국정을 신하들에게 도맡긴다. 그들이 임무를 완수하도록 독려할 뿐 실무에 간섭하지 않는다. 성군은 신하들의 바른말을 모두 따른다. 천재지변이 생기면 자기 탓으로 돌리며, 두려워하고 반성한다. 그는 검소하게 살고, 백성들의 생산물과 노동력을 적게 거둔다. 성군은 먼저 자신을 수양하여 신하들에게 모범을 보인다.

이런 조건들을 다 갖춘 성군이 있었나? 물론 없었다. 요와 순, 탕왕과 문왕 등은 행적이 흐릿하여 구체적인 사실을 확인할 수 없다. 기록이 많은 진시황 이후로는 계명 하나를 잘 지킨 제왕도 드물었다. 경연관들은 두세 명을 손꼽았다. 한 문제는 매우 검소하게 살았고, 세금을 자주 감면했다. 당 태종은 늘 신하들의 간쟁을 받아들이고, 유능한 인재들을 잘 활용했다. 당 현종은 잘하다가 뒤에 일을 망쳤다.

조선의 성군이라는 세종과 영조는 어떤가? 둘 다 국정을 신하들에게 위임하지 않고 직접 주도했고, 그래서 더 많은 업적을 남길 수 있었다. 간쟁을 잘 따르지도 않았다. 세종이 만년에 불교에 귀의하자, 집현전이 세차게 비판했지만 듣지 않았다. 영조는 간쟁이 대개 당론이라, 그냥 무시했다. 두 임금은 검소하게 살았고, 국가와 백성들을 위해서 조세제도를 개혁했다. 사실 이 정도면 뛰어난 임금이다.

그러면 성군이란 무엇인가? 이상형이자 도덕규범의 화신化身이다. 유가는 왜 이런 성군을 만들었나? 임금을 교육하려면, 좋은 모델이 필요하다. 지금도 아이들에게 위인전을 읽힌다. 부모와 교사들이 바라는 자질을 모두 갖춘 본보기다. 하물며 임금의 모델이랴. 마땅히 최고의 지혜와 도덕성을 갖춰야 한다. 《국조보감》에 나오는 역대 임금들의 모습은 실제보다 훨씬 더 멋지다. 후대가 본받도록 미화했다.

미국 대통령 링컨의 모습도 그렇다. 남북전쟁 때 동부 청교도들은 그를 경건하고 신앙심 깊은 '성자'로 그렸다. 서부(일리노이) 사람들에게 그는 키 크고 힘세고 용감하고 관대하며 장난스러운 '서부 사나이'였다. 남부 사람들에게 링컨은 가장 비열한 '악인'이었다. 전쟁은 북부의 승리로 끝났고, 남부 사람이 링컨을 암살했다. 이로써 그는 남북 화해의 제단에 바친 희생양이 되었다. 곧 동부 성자와 서부 사나이를 합친 링컨의 이미지가 생겼고, 그에 대한 비판은 금기가 되었다.

조선의 임금들도 성군이란 우상偶像이 필요했다. 경연관들은 임금에게 조종祖宗을 본받으라고 했지만, 선왕先王들은 대개 부족한 점이 많았다. 성군으로 칭송받는 세종의 경우에도 만년의 불교 신앙이 유가의 기준에 어긋났다. 이에 견주면, 고대 중국의 전설적 성군들은 흠 잡을 데가 없었다. 유가가 이 우상들에게 온갖 미덕을 부여했기 때문이다. 성군들은 미덕의 화신으로, 경연 담론에 꼭 필요했다.

그렇다면 성군들이 베푼 지치至治란 무엇인가? 임금이 위의 다섯 계명을 잘 지키면, 이상 정치가 실현되나? 아니다. 지주들이 토지의 대부분을 차지하면, 농민들은 거의 다 굶주린다. 옛날부터 어느 제왕도 전국의 토지를 재분배할 수 없었고, 백성들의 가난을 구제할 수 없었다. 경연관들은 이 근본 문제를 외면했다. 지치는 꿈이었고, 현실적 대안은 사대부가 살기 좋은 세상이었다.

경연관들은 성군과 지치라는 허구를 마치 진실처럼 말했다. 유가 경서는 옛 성인들의 가르침을 기록했고, 역사책은 가장 중요한 사실들을 담았다. 경사經史는 유교의 알맹이고, 임금 교육의 바탕이다. 진덕수가 《대학연의》를, 이이가 《성학집요》를 편찬할 때 그들은 세상에서 가장 중요한 진실을 다루고 있었다. 그들은 유가로서 같은 인생관과 세계관을 공유했으며, 임금에게 절대 거짓말할 수 없었다.

이와 달리, 필자는 성군 담론을 임금 길들이기 프로그램으로 본다. 본래 임금과 신하들은 공생하며 경쟁하는 관계였다. 둘은 권력과 자원의 배분을 놓고 제로섬 게임을 벌였다. 임금 몫이 하나 늘면, 신하들 몫이 하나 줄어든다. 본래 임금 몫은 많고, 신하들 몫은 적다. 그래서 신하들이 자신의 몫을 늘리려면, 임금의 몫을 줄여야 한다. 경연 담론은 신하들 몫을 최대한 늘리는 프로그램이다.

권력관계를 게임으로 보면, 임금과 신하들의 갈등과 공생관계를 이해하기 쉽다. 성군 담론을 게임 규칙으로 보면, 담론의 구조가 더 단순하고 투명해진다. 위의 다섯 명제들은 게임 규칙이다. 이 규칙들은 모두 임금에게 불리하고, 신하들에게 유리하다. 유가가 그렇게 만들었다. 임금이 이것들을 모두 따르면, 그는 한낱 허수아비가 된다. 임금이 규칙들을 조금만 따라도 신하들의 몫이 그만큼 늘어난다.

요컨대 경연은 임금을 길들이는 틀이고, 성군 담론은 구체적인 프로그램이다. 임금이 제 몫을 좀 더 양보하게 만드는 수단이고, 그 최대 수혜자는 사대부들이다. 이렇게 보면 편리하지만, 놓치는 부분이 크다. 바로 유학자들이 2천 년 이상 품었던 성군과 이상국가의 꿈이다. 그들은 이를 실현하겠다고 열정을 불태웠다. 그들의 꿈과 노력을 권력 게임으로 다 설명할 수는 없다. 다른 관점이 필요하다.

한 가지 방법은 성군 담론을 신화神話로 보는 것이다. 이상 정치는 유가의 신화였고, 성군은 이 신화의 주인공이다. 원래 신화는 천지의 생성과 인간의 출현 등 만물의 시원始原에 관한 '신성神聖한 이야기'다. 신화에는 대홍수, 잃어버린 낙원, 황금시대 같은 공통 주제들이 있다. 지치는 유가의 황금시대, 성군은 거기 등장하는 영웅들이다. 성군 담론을 신화라고 보면, 성군과 지치의 의미가 다시 살아난다.

엘리아데(Eliade)에 따르면, 신화의 가장 중요한 기능은 "인간의 모든 의례와 중요한 활동—식사·결혼·노동·교육·예술·지혜의 이념형을 제시하는" 것이다. 홍코(Honko)는 신화가 사회의 종교적 가치와 규범들을 정립하고, 본받을 행동 양식을 제공한다고 했다.[1] 이런 생각을 성군 담론에도 적용할 수 있다. '성군 신화'는 유가 정치에 표준을 제공했고, 유가는 이를 실현하려고 2천 년 동안 애썼다.

이런 관점을 21세기 대한민국에도 적용할 수 있다. 자유·평등·정의 같은 원칙들은 현대의 신화다. 모든 사람들이 자유와 평등과 정의를 누린 세상은 과거에도 없었고, 미래에도 없을 것이다. 그러나 우리가 이런 가치를 믿고 이를 실현하려고 노력하면, 세상을 다소 바꿀수 있다. 최근의 '촛불 혁명'이 이를 잘 보여 준다. 이 큰 사건은 새로운 신화가 되어 세상을 더 바꾸려는 운동의 원동력이 된다.

그런 의미에서 유가의 '임금 길들이기' 프로그램은 우리가 당면 과제를 해결하는 실마리를 제공한다. 최근 수십 년 동안 권력의 집중과 남용은 청와대·입법부·사법부·기업·종교단체 등 곳곳에서 심각한 문제를 일으켰다. 누가 해결하나? 시민들 개인이나 각종 사회단체의 구성원들이다. 어떻게 해결하나? 유가처럼 좋은 프로그램을 적극 개발하여, 시민들이 자본과 국가권력 등을 길들여야 한다. 그래야 링컨이 그 멋진 연설에서 말한 민주주의가 실현된다.

---

1 미르치아 엘리아데(Mircea Eliade), 《신화와 현실》(이은봉 옮김, 한길사, 2011), 70 쪽. 원본은 Myth and Reality (Harper & Row, 1963). Lauri Honko, "The Problem of Defining Myth" in Alan Dundes, ed., Sacred Narrative: Readings in the Theory of Myth (Univ. of California Press, 1984), p.49. 홍코가 열거한 신화의 기능 네 가지 가운데 첫째와 둘째다.

　이렇게 보면, 조선시대의 경연 담론이 우리에게 조금 더 의미를 갖는다. 본래 이상국가의 꿈은 옛날부터 있었고, 지금도 계속된다. 사람들의 가장 절실한 소망을 담은 만큼 내용이 다양하다. 지금 우리는 어떤 세상을 바라나? 어떻게 실현하나? 소설가 조정래는《천년의 질문》에서 이런 문제를 제기하고, 해결의 실마리를 모색했다. 정치학자 하상복은《푸코 & 하버마스》에서 두 석학을 서울로 소환하여, 촛불시위(2008)에 대한 가상 대담을 펼쳤다. 철학자 김영진과 경영학자 김상표는《화이트헤드와 들뢰즈의 경영철학》에서 '과정 공동체'라는 모델을 새로 개발했다.

　과거를 공부하면, 현재가 더 잘 보인다. 지금 우리는 권력의 집중, 부의 양극화, 성차별, 언론의 횡포, 공직자 부패 등 오랜 문제들과 씨름하고 있다. 옛날에도 경연관들이 권력과 자원의 분배라는 문제와 씨름했다. 그들의 방식은 현재 우리와 어떻게 다른가? 이렇게 살피다 보면, 현재의 상황과 나의 어설픈 생각들이 모습을 드러낸다. 나 자신을 더 잘 알게 되는 것은 과거와 현재의 대화가 주는 덤이다.

3. 나머지 말

　'길들이기'라는 말을 들으면, 왠지 마음이 조금 불편해진다. 그것이 우리 삶에서 큰 부분을 차지한다는 것을 인정하면, 더욱 그렇다. 가족·이웃·친척·학교·직장·시장·군대·신앙공동체 등 우리가 속한 모든 집단들이 각각 우리를 길들인다. 무릇 교육이나 사회화는 정해진 틀에 내 생각과 말과 행동을 맞추는 과정이다. 길들이기의 주체와 객체는 셀 수 없이 많고, 내용과 방법도 다양하다.

길들이기는 필수다. 각자 멋대로 행동하면, 세상이 너무 혼란해진다. 그래서 이상사회는 모두 사람들을 체계적으로 길들인다. 토마스 모어(Thomas More)의 《유토피아》와 올더스 헉슬리(Aldous L. Huxley)의 《멋진 신세계》가 대표적이다. 누가 누구를, 얼마큼 길들이나? 이것이 문제고, 지나치면 디스토피아가 된다. 조지 오웰(George Orwell)의 《1984》가 그렇고, B. F. 스키너(Skinner)의 《월든 투》는 논란의 대상이다. 셰익스피어의 《말괄량이 길들이기》는 어떤가? 남편이 아내를 노예로 만든 성공담인가? 그렇게 하지 말라는 도덕극인가?'

생텍쥐페리(Antoine de Saint-Exupéry)의 《어린 왕자》에 색다른 길들이기 방법이 살짝 나온다. 여우가 어린 왕자를 처음 만나서 동무가 되는 장면이다. 둘은 좀 떨어져 앉아 있다가 서로 조금씩 다가간다. 거리와 속도를 조절하면서. 이를테면 서로 길들이기, 또는 수평적 길들이기다. 조선 중종의 경연관들은 임금과 함께 책상에 둘러앉아 토론하자고 건의했다. 같은 학우學友로서 수평적인 관계를 원했다. 최근의 촛불 집회는 수평적 길들이기의 멋진 사례가 아닐까?

원래 유가와 법가는 길들이기의 최고 전문가였다. 그들은 각각 '예'와 '법'이라는 길들이기 프로그램을 잘 개발하여, 사람들이 말과 생각과 행동을 여기 맞추게 했다. 예치禮治와 법치法治 모두 난세를 극복하는 처방이었다. 예치는 규범의 내면화를 더 중시하고, 법치는 강제적인 규제를 더 강조했다. 한나라 이후 유가는 예치와 법치, 두 프로그램을 결합하여 사람들을 길들이고, 사회 질서를 잘 유지했다. 그리고 황제를 길들이는 프로그램까지 개발했다. 이것은 세계사에 드문 일이다.

　유가의 성군 담론은 정치사상의 보물창고다. 중국의 유가는 2천 년 넘게 이상군주와 이상사회를 모색했고, 조선의 유학자들도 5백 년 동안 같은 문제를 고민했다. 그리고 그들의 집단지성이 오랫동안 축적한 성과가 성군 담론에 오롯이 담겨 있다. 저자가 이 책에서 그 일부를 선보였지만, 보물 대부분이 아직 창고 속에 그대로 쌓여 있다. 앞으로 훌륭한 연구 성과가 많이 나오기를 바란다.

　맨 앞에서 말했듯이, 이 책은 성군 담론을 재구성하면서, 소이小異가 아닌 대동大同, 변화가 아닌 지속持續에 초점을 맞추었다. 앞 책이 경연제도의 변화와 차이에 초점을 맞춘 것과 대조적이다. 여기서는 시대와 지역과 사람에 따라 성군 담론이 변화하는 모습은 다루지 못했다. 그것은 저자의 관점 및 역량의 한계 때문에 불가피한 일이다. 이 과제는 다른 연구자들에게 미룰 수밖에 없다.

　소동파는 그 유명한 시의 후반에서, 내가 여산廬山 속에 있으니, 이 산의 참모습을 알지 못한다고 했다. 짐작컨대 그는 참과 거짓, 앎과 모름의 경계를 이미 넘어선 것 같다. 성군 담론의 참모습은 어떤가? 유가의 정치사상은 마치 히말라야 산맥 같다. 덩치가 거대하고, 산줄기도 복잡하며, 빼어난 봉우리들은 이루 다 헤아릴 수 없다. 참모습일랑 잊고, 그냥 곳곳을 바라보며 즐기는 편이 좋겠다.

참고 문헌

* 이 책의 본문이나 각주에 나온 문헌만 적음. 가나다순.

1. 기본 자료 ─한국고전종합DB

《승정원일기承政院日記》
《조선왕조실록朝鮮王朝實錄》
《한국문집총간韓國文集叢刊》

2. 중국 고전

1) 유가 경서

《논어論語》, 《대학大學》, 《맹자孟子》, 《상서尙書》, 《순자荀子》, 《시경詩經》, 《예기禮記》, 《주례周禮》, 《주역周易》, 《중용中庸》, 《춘추곡량전春秋穀梁傳》, 《춘추공양전春秋公羊傳》, 《춘추좌전春秋左傳》, 《춘추호전春秋胡傳》, 《효경孝經》

2) 역사책

《강목속편綱目續編》, 《구당서舊唐書》, 《당감唐鑑》, 《사기史記》, 《사략史略》, 《삼국지三國志》, 《송감宋鑑》, 《송사宋史》, 《육선공주의陸宣公奏議》, 《자치통감資治通鑑》, 《자치통감강목資治通鑑綱目》, 《정관정요貞觀政要》, 《통감속편通鑑續編》, 《통

감속편절요通鑑續編節要》,《통감찰요通鑑撮要》,《한서漢書》

3) 기타

《관자管子》,《근사록近思錄》,《대학연의大學衍義》,《설원說苑》,《성리대전性理大全》,《소학小學》,《심경心經》,《열자列子》,《염철론鹽鐵論》,《장자莊子》,《주문공문집朱文公文集》,《춘추번로春秋繁露》,《한비자韓非子》

3. 조선 문헌

《경국대전經國大典》,《고봉집高峯集》,《국조오례의國朝五禮儀》,《동강집東岡集》,《미암집眉巖集》,《성학십도聖學十圖》,《성학집요聖學輯要》,《속경연고사續經筵故事》,《오례五禮》(《세종실록》부록),《증보문헌비고增補文獻備考》,《퇴계집退溪集》

4. 현대 저작

1) 국내

경석현,〈조선후기 재이론의 변화: 이론체계와 정치적 기능을 중심으로〉, 경희대학교 대학원 사학과 박사학위 논문, 2018.

권연웅,〈세조대의 불교정책〉,《진단학보》 75, 1993.

김범,《사화와 반정의 시대: 성종·연산군·중종대의 왕권과 정치》, 역사의 아침, 2015(개정판).

김세정,《한국 성리학 속의 심학》, 예문서원, 2015.

김영주,〈조선왕조 초기 공론과 공론형성과정 연구〉,《언론과학연구》 2-3, 2002.

김영주,〈'언론' 유사 개념으로서의 '간쟁'에 대한 역사적 고찰〉,《커뮤니케이션 이론》 5-1 2009.6.

김영진·김상표,《화이트헤드와 들뢰즈의 경영철학》, 솔과학, 2020.

남지대, 〈조선 성종대의 대간 언론〉,《한국사론》(서울대) 12, 1985.

박성래,《한국과학사상사》, 책과함께, 2012.

신채식, 〈사마광·왕안석의 군자소인론〉《역사와 인간의 대응》. 고병익선생
　　회갑기념 사학논총, 한울, 1984.

신향림,《조선 주자학 양명학을 만나다》, 심안, 2015.

안유경,《성리학이란 무엇인가》, 새문사, 2015.

윤인숙, 〈조선 전기 내수사 폐지 논쟁과 군주의 위상〉,《대동문화연구》84,
　　2013.

이상돈,《주자의 수양론》, 문사철, 2013.

임주탁, 〈명칭가곡 수용의 양상과 의미〉,《한국문학논총》51 (2009.4).

장현근,《성왕 : 동양 리더십의 원형》, 민음사, 2012.

정두희, 〈조선 성종대 대간의 탄핵활동〉,《역사학보》109, 1986.3.

정은혜,《유교 명상론》, 성균관대출판부, 2014.

정혜경,《조선 왕실의 밥상》, 푸른역사, 2018.

조정래,《천년의 질문》전 3권, 해냄출판사, 2029.

차장섭,《조선후기 벌열 연구》, 일조각, 1997.

하상복,《푸코 & 하버마스》, 김영사, 2009.

함규진,《왕의 밥상》, 21세기북스, 2010.

함규진, 〈조선 역대 왕들의 감선: 그 정치적 함의〉,《한국학연구》(고려대) 34,
　　2010.

함석헌,《뜻으로 본 한국 역사》, 한길사, 2003.

　2) 국외 ―번역본 포함

곽존복郭存福,《권력장權力場》, 김영수 옮김, 도서출판 푸른숲, 1998.

라이, 카린(Karyn L. Lai),《케임브리지 중국철학 입문 : 지성사로 본 중국 사유
　　의 계통과 맥락》, 심의용 옮김, 유유, 2018.

리쩌허우李澤厚,《중국고대사상사론》, 정병석 옮김, 한길사, 2005.

브룩, 티모시(Timothy Brook), 《하버드 중국사 : 원·명》, 조영현 옮김, 너머 북스, 2014.

쓰다 소키치津田左右吉의 《儒教の研究》(岩波書店, 1950/1955), 제2편 〈前漢の儒教と陰陽說〉.

아이반호, 필립(Philip J. Ivanhoe), 《유학, 우리 삶의 철학》, 신정근 옮김, 동아시아, 2008. 영문 제목은 "Confucian Moral Self Cultivation."

엘리아데, 미르치아(Mircea Eliade), 《신화와 현실》, 이은봉 옮김, 한길사, 2011.

염수성閻守誠·오종국吳宗國, 《당현종》, 임대희·우성민 옮김, 서경문화사, 2012.

위잉스余英時, 《주희의 역사세계》 상·하, 이원석 옮김, 글항아리, 2015.

위중喩中, 《상서 깊이 읽기》, 이은호 옮김, 글항아리, 2013.

펑유란馮友蘭, 《중국철학사中國哲學史》, 박성규 옮김, 까치, 1999.

풍우馮寓, 《천인관계론》, 김갑수 옮김, 신지서원, 1993. 뒤에 개정판(《동양의 자연과 인간이해 : 중국의 천인관계론》, 논형, 2008)이 나옴.

Chung, Edward Y. J. *The Korean Neo-Confucianism of Yi T'oegye and Yi Yulgok : A Reappraisal of the "Four-Seven Thesis" and Its Practical Implications for Self-Cultivation*, State University of New York Press, 1995.

Collingwood, Robin G. *An Essay on Metaphysics*, Oxford : Clarendon Press, 1940.

Honko, Lauri, "The Problem of Defining Myth" in Alan Dundes, ed., *Sacred Narrative : Readings in the Theory of Myth*, Univ. of California Press, 1984.

Kalton, Michael C. *To Become A Sage*, Columbia University Press, 1988.

찾아보기

1. 등장 인물

1) 중국

2. 주제어·관용구·기타

ㄱ